Die Erfindung des Buchs

ITERMINAI O GIOCONDISSIMO imperadore con epistola forse di troppa licétia narrarti elibri della historia naturale: opera no uella alle muse romane: nata apresso di me nel lultima genitura. Sia adunq; questa prefatiõe uerissima di te métre che gia inuecchia nel grã dissimo tuo padre: per che usando el uerso di Catullo mio compatriota tu soleui pure stima re qualche cosa le mie ciacie. Tu conosci que sta castrense & militare parola. Et lui chome tu sai mutando le prime syllabe si fece alquanto piu duro che non uolea essere stimato da tuoi familiari & serui. Per questo adunq; determi nai scriuerti: & achora per che le nostre chose apparischino & sieno manifeste p questa mia audacia maxime dolédoti tu che pel passato non lhabbi facto in una altra nostra procace epistola. Et accio che tutti glhuomini sappino quanto di pari lomperio techo uiua: Tu elquale hai triomphato & se stato censore & sei uolte cõsolo & participe del la tribunitia potesta: Se stato prefecto del pretorio: ilche hai facto piu nobile che tutti glaltri magistrati: perche per piacere a tuo padre & allordine equestre lacceptasti: Et tutte queste cose per rispecto della republica hai facto: Et me chome nel contubernio castrense tractasti? Et certo niéte ha mutato inte lamplitudine & grandezza della tua fortuna: se non che tanto piu possi & uogla giouare: quáto quella e maggiore. Adúq; béche a tutti glaltri huomini sia aperta la uia a impetrare ogni chosa da te uenerãdoti: Niente di meno solo laudacia fa che io piu familiarmente te honori. Questa audacia adunq; imputerai a te medesimo: & a te medesimo nel nostro fallo perdonerai. Io mi stroppicciai la faccia: & niente di meno nessuno proficto ho facto: perche per unaltra uia mapparisti grande: & di lontano mi rimuoui con le faccelline del tuo ingegno. Et certo in nexuno piu ffolgora quella: laquale piu ueramente e decta in te che in altri for za deloquentia. In te e quella facundia che alla tribunitia potesta si conuiene: Con qta risonantia tuoni tu le laude paterne? Cõ quanta(non sanza amore)dimostri quelle di tuo fratello? Quanto se excellente & sublime nella poetica faculta? O gran fecondita danimo. Certo hai trouato inche modo possi imitare tuo fratello. Ma queste chose chi potrebbe sanza paura considerare: hauendo a uenire al giudicio dellongegno tuo: maxime essendo quello dame prouocato? Certamente non sono in simile conditione quegli che publicano alchuno libro: & quegli che ate glintitolano. Impero che se io lo publicassi & non lo intitolassi ate: potrei dire perche leggi tu queste chose o imperadore: lequali sono scripté albasso uulgo & alla turba de glagricultori & de glar tefici & a quegli che cõsumano elloro otio negli studii? Perche adunq; ti fa tu giudice: concio sia che quando io scriueuo questa opera: non thaueuo posto nella tauola doue sono descripti egiudici: Et eri di tanta excellentia: che non stimauo che tu ti degnassi scendete si basso: Preterea quando bene non fussi in si excelso grado: nientedimeno gli scriptori comunemente fuggono el giudicio de docti. Questo fa Cicerone: elquale e di tanta eloquentia: che puo sottomettere longegno al giuocho della fortuna: & quel

JOHN BOARDLEY

Die Erfindung des Buchs

Zwölf Innovationen
der frühen
Druckgeschichte

Aus dem Englischen von
Gisella M. Vorderobermeier

wbg Academic

Die englische Originalausgabe erschien unter dem Titel *Typographic Firsts.*
Adventures in Early Printing. © Bodleian Library, University of Oxford, 2019.
Alle Abbildungen, wenn nicht anders angegeben, © Bodleian Library, University of Oxford, 2019.
Diese Ausgabe erscheint gemäß der Vereinbarung mit der Bodleian Library
in deutscher Erstübersetzung bei der Wissenschaftlichen Buchgesellschaft, Darmstadt.
Copyright der deutschen Übersetzung © 2020 Wissenschaftliche Buchgesellschaft, Darmstadt

Die Deutsche Nationalbibliothek verzeichnet diese
Publikation in der Deutschen Nationalbibliografie;
detaillierte bibliografische Daten sind im Internet
über http://dnb.d-nb.de abrufbar.

Das Werk ist in allen seinen Teilen urheberrechtlich geschützt.
Jede Verwertung ist ohne Zustimmung des Verlags unzulässig.
Das gilt insbesondere für Vervielfältigungen, Übersetzungen,
Mikroverfilmungen und die Einspeicherung in und Verarbeitung
durch elektronische Systeme.

wbg Academic ist ein Imprint der WBG.

© 2020 by wbg (Wissenschaftliche Buchgesellschaft), Darmstadt
Die Herausgabe des Werkes wurde durch die Vereinsmitglieder der wbg ermöglicht.
Satz: Textbüro Vorderobermeier, München
Gedruckt auf säurefreiem und alterungsbeständigem Papier
Printed in Europe

Besuchen Sie uns im Internet: www.wbg-wissenverbindet.de

978-3-534-27123-8

Inhalt

Zeittafel 6
Einleitung 9

1. Prototypografen 21
   DER ERSTE DRUCK

2. Stempelschneiden, justieren, gießen 33
   DIE ERSTEN SCHRIFTEN

3. Die Heilige Katharina und die Piraten 45
   DIE ERSTEN KURSIVSCHRIFTEN

4. Allen Widrigkeiten zum Trotz 57
   DIE ERSTEN TYPOGRAFINNEN

5. Vom Blockbuch bis zu Plinius 65
   DIE ERSTEN GEDRUCKTEN BUCHILLUSTRATIONEN

6. Mehrfarbigkeit im Druck 79
   DER ERSTE FARBDRUCK

7. Gedruckte Illuminationen 91
   DER ERSTE GOLDDRUCK

8. Alchemie und Antimon 99
   DIE ERSTEN DRUCKERMARKEN

9. Anfänge über Anfänge 107
   DIE ERSTEN TITELSEITEN

10. Polyphonie im Druck 117
    DER ERSTE NOTENDRUCK

11. Gedruckte Atlanten 127
    DIE ERSTEN KARTEN

12. Der Tugendbold und der Fabeldichter 139
    DIE ERSTEN KINDERBÜCHER

Epilog 147
Glossar 152
Abkürzungen 154
Anmerkungen 155
Weiterführende Literatur 175
Bildnachweis 186
Register 188

Zeittafel

1452	Leonardo da Vinci: geb. 15. April, Vinci, Florenz	
1453	Eroberung Konstantinopels durch Mehmed II.: 29. Mai	
1454		Datierte, mit beweglichen Lettern gedruckte Ablassbriefe
ca. 1454–55		Vollendung der 42-zeiligen Bibel: Johannes Gutenberg, Mainz
1455	Papst Nikolaus V.: † 24. März	
1457		Johann Fust und Peter Schöffers Mainzer Psalter: erster gedruckter Kolophon, erste gedruckte zweifarbige Initialen
ca. 1460		Buchdruck nach Straßburg eingeführt: Johann Mentelin
ca. 1461		36-zeilige Bibel gedruckt in Bamberg
1462	Plünderung von Mainz: 28. Oktober	Erstes Druckersignet: Fust und Schöffers lateinische Bibel, Mainz
1463		Erste „versuchsweise" Titelseite: Fust und Schöffer, Mainz
ca. 1463		Fragmente der *Leiden Christi* [gedruckt in Italien?]; Ulrich Zell beginnt in Köln zu drucken.
1464	Nikolaus von Kues: † 11. August, Todi, Italien	
1465		Erstmalige Verwendung einer Antiqua-Schrift: Subiaco
1466	Johann Fust: † 30. Oktober, Paris	
1467		Buchdruck in Rom eingeführt: Ulrich Han sowie Konrad Sweynheym und Arnold Pannartz
1468		Johannes Gutenberg: † 3. Februar, Mainz Buchdruck in Augsburg eingeführt: Günther Zainer
1469		Johann und Wendelin von Speyer publizieren in Venedig ihr erstes Buch. Buchdruck in Nürnberg eingeführt: Johann Sensenschmidt
1470		Erste gedruckte Blattzählung: Arnold Ther Hoernen, Köln Nicolas Jenson beginnt in Venedig zu drucken. Buchdruck in Frankreich (Paris) eingeführt Buchdruck in Mailand und Neapel eingeführt
1471		Erster Bibeldruck in einer Antiqua-Schrift: Sweynheym und Pannartz, Rom Buchdruck in Padua eingeführt: Clement Patavinus, der erste einheimische italienische Drucker
1472		Erste gedruckte Karte: Günther Zainer, Augsburg
ca. 1472		Buchdruck in Spanien eingeführt: [Johannes Parix]
1473	Nikolaus Kopernikus: geb. 19. Februar 1473, Torun, Polen Papst Sixtus IV. gibt die Sixtinische Kapelle in Auftrag.	
ca. 1473		Erster erhaltener Notendruck: Süddeutschland Erstes gedrucktes Buch in Englisch: William Caxton, Brügge
ca. 1473–75		Erstes gedrucktes Buch in Hebräisch: [Spanien/Italien]
ca. 1474		Erste „illustrierte" Bibel: Günther Zainer, Augsburg

1475	Michelangelo: geb. 6. März, Caprese, Italien	
1476	Regiomontanus: † 6. Juli, Rom	Erste Titelseite mit Ornamenten: Ratdolt & Co., Venedig
		Erster bedeutsamer Notendruck: Ulrich Han, Rom
		Erster Druck in England: William Caxton, Westminster
		Erstes datiertes und signiertes, ganz in Griechisch gedrucktes Buch: Mailand
1477		Erster Atlas mit gedruckten Karten: Bologna
ca. 1477–79		Erste gedruckte Werbeanzeige in England
1478	Pazzi-Verschwörung gegen Lorenzo de' Medici	Erste Druckerpresse in Oxford
	Die Spanische Inquisition setzt ein.	Erste gedruckte Errata: Gabriele di Pietro, Venedig
		Erstmalige Verwendung von in Metall gegossenen Ornamenten
1479	Vertrag von Konstantinopel unterzeichnet zwischen der Republik von Venedig und dem Osmanischen Reich	
1480		Nicolas Jenson: † in Venedig
1481		Buchdruck in München eingeführt: Johann Schauer
1482		Erster Druck in Gold: Erhard Ratdolt, Venedig
ca. 1482		Buchdruck in Dänemark eingeführt: Johann Snell
1483	Raffael: geb. 6. April, Urbino, Italien	Buchdruck in Schweden eingeführt: Bartholomaeus Ghotan
ca. 1483		Erste englische Titelseite
1484		Erste Druckerin, die einen Kolophon signiert: Anna Rügerin
1485		Erster dreifarbiger Hochdruck von Bildern: Erhard Ratdolt, Venedig
1486	Maximilian I. zum König des HRR gewählt: 16. Februar	Erstes Schriftmusterblatt: Erhard Ratdolt, Venedig
		Erste Farbillustrationen in einem Buch (England)
1491		William Caxton: † in London
		Erste kyrillische Schrift
1492	Kolumbus' erste Amerikareise unter der Schirmherrschaft von Ferdinand und Isabella von Spanien	
1493		Brescia: Einführung des Kolumnentitels
1494	Französische Invasion Italiens unter Karl VIII.	
1495		Erste Antiqua-Type von Aldus Manutius, die „Bembo", geschnitten von Francesco Griffo
1497	Hans Holbein d. J.: geb. in Augsburg	
1499		Erste bekannte Illustration aus einer Druckerpresse: Lyon
1500		Erster Gebrauch einer Kursive: Aldus Manutius, Venedig
1501		Erstes ganz in einer Kursive gesetztes Buch: Venedig
1503		Peter Schöffer: † in Mainz
		Robert Estienne: geb. in Paris
1505		Erstes gedrucktes Hedera-Ornament: Erhard Ratdolt, Augsburg
1508	Beginn des Kriegs der Liga von Cambrai	Buchdruck in Schottland eingeführt
1509		Erste Antiqua in England verwendet: Richard Pynson, London
1510	Sandro Botticelli: † 17. Mai, Florenz	
1514		Erstes in arabischer Schrift gedrucktes Buch: Fano, Italien
1515		Aldus Manutius: † in Venedig
1518		Francesco Griffo: † [in Bologna]
1519	Leonardo da Vinci: † 2. Mai, Amboise, Frankreich	Notendruck in einem Druckgang: John Rastell, London

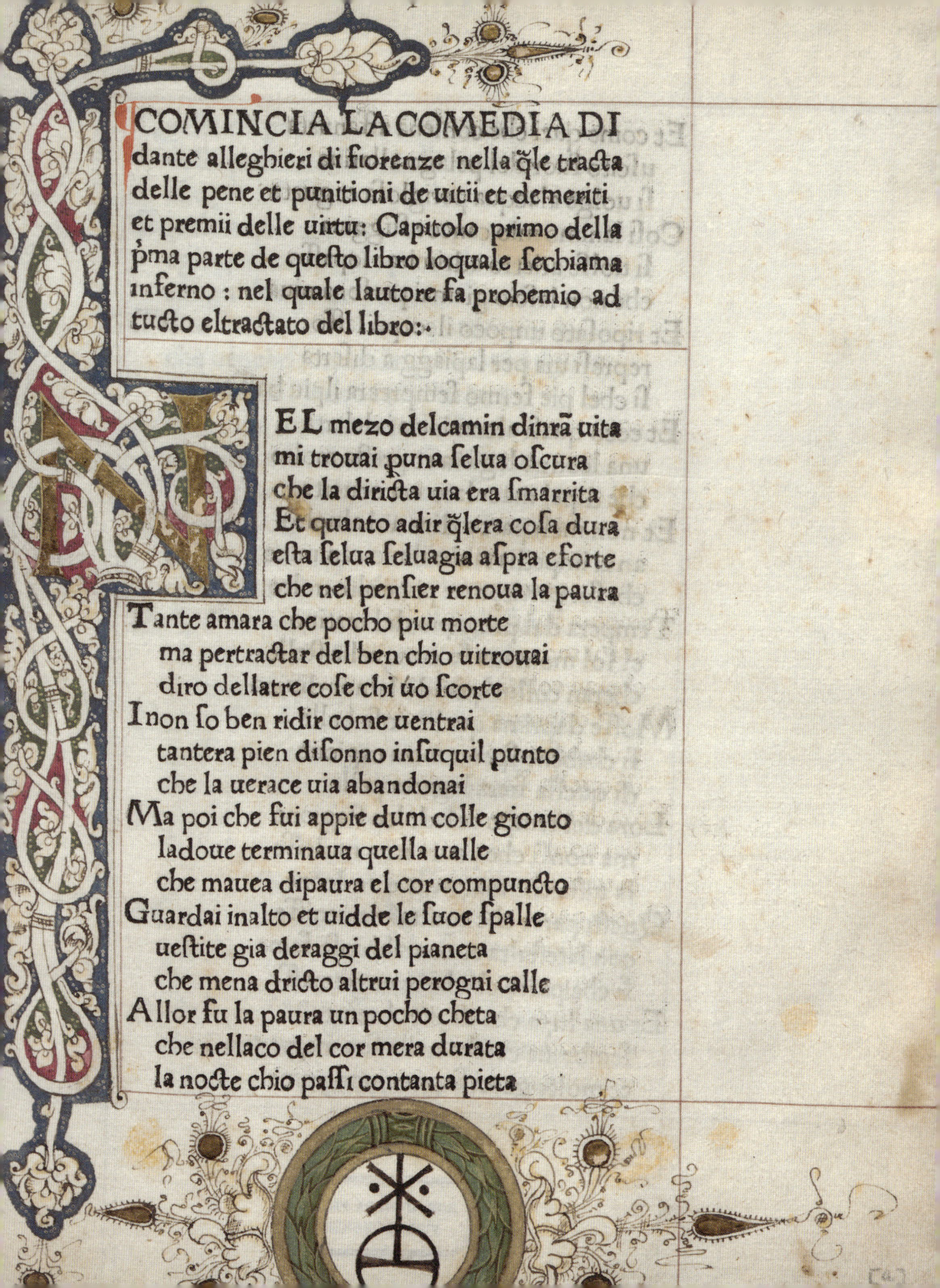

COMINCIA LACOMEDIA DI
dante alleghieri di fiorenze nella q̃le tracta
delle pene et punitioni de uitii et demeriti
et premii delle uirtu: Capitolo primo della
p̃ma parte de questo libro loquale sechiama
inferno: nel quale lautore fa probemio ad
tucto eltractato del libro:·

NEL mezo delcamin dinr̃a uita
mi trouai puna selua oscura
che la diricta uia era smarrita
Et quanto adir q̃lera cosa dura
esta selua seluagia aspra eforte
che nel pensier renoua la paura

Tante amara che pocho piu morte
 ma pertractar del ben chio uitrouai
 diro dellatre cose chi uo scorte
Inon so ben ridir come uentrai
 tantera pien disonno insuquil punto
 che la uerace uia abandonai
Ma poi che fui appie dum colle gionto
 ladoue terminaua quella ualle
 che mauea dipaura el cor compuncto
Guardai inalto et uidde le suoe spalle
 uestite gia deraggi del pianeta
 che mena dricto altrui perogni calle
Allor fu la paura un pocho cheta
 che nellaco del cor mera durata
 la nocte chio passi contanta pieta

Einleitung

> Wir haben von einer Sache Kenntnis in erster Linie durch ihre Ursache, und es liegt auf der Hand, dass ein Wissen über ihr Entstehen wesentlich ist für ein verständiges Erfassen ihrer Natur und ihrer Bestimmung.
> STANLEY MORISON[1]

Fünfeinhalb Jahrhunderte lang hat sie gebildet, schockiert und beschwichtigt; sie hat in Traktaten ermahnt und durch die Dichtkunst gepriesen; sie hat den Krieg angefacht und den Frieden befördert. Ob mit Bleilettern, solchen aus Holz oder auch mit den physisch nicht greifbaren digitalen Buchstaben von Schriftdateien – die Typografie, „das erste Massenkommunikationsmittel", hat unsere Art zu kommunizieren revolutioniert.[2] „Die Erfindung des Buchs" erzählt die Geschichte davon, wie diese Revolution in Gang gesetzt wurde.

DIE URSPRÜNGE DER TYPOGRAFIE und von Büchern, die mit beweglichen Lettern aus Metall gedruckt wurden, sind wohlbekannt, und vielen sind die Namen Johannes Gutenberg, Nicolas Jenson und Aldus Manutius geläufig: ein aus Deutschland, Frankreich und Italien stammendes typografisches Dreigestirn, Ausnahmeerscheinungen, die die Kommunikation ein für alle Mal tiefgreifend verändert und damit unseren kulturellen und intellektuellen Horizont erweitert haben.[3] Auf Gutenberg geht die Erfindung einer neuen mechanischen Produktionsweise zurück, außerdem hat er ab den 1450er Jahren die allerersten gedruckten Bücher hervorgebracht. Jenson ist bekannt für seinen bedeutenden Beitrag zur ästhetischen Entwicklung der Antiqua. Manutius wiederum ist berühmt für die erste Kursivschrift, seine frühen griechischen Lettern (beide in Zusammenarbeit mit dem Stempelschneider Francesco Griffo) und seine *libelli portatiles*, kleine Klassiker im Oktavformat, die ein begeistertes Publikum fanden und in unzähligen Raubkopien nachgeahmt wurden. In der Geschichte der Typografie stößt man immer wieder auf diese Namen, zusammen mit dem des deutschen Druckers Erhard Ratdolt.

Was aber war es, das die Erfindungen dieser Männer im Europa der Renaissance gedeihen ließ? Frühe Experimente mit beweglichen Lettern aus Ton, Holz und Bronze in China und Korea hatten sich nicht durchsetzen können. Seit der Gründung von Universitäten im 11. und 12. Jhdt.

1 Blatt aus der *editio princeps* von Dante Alighieris *Göttlicher Komödie*, gedruckt von Johann Neumeister in Foligno, 1472.

(beginnend mit Bologna, Paris, Oxford und Salamanca) kam es durch die zunehmende Verbreitung von höheren Schulen im 14. und 15. Jhdt. und die damit einhergehende Anhebung der Alphabetisierungsrate zu einer Zunahme bei der Produktion von Handschriften. In Europa erfuhr diese zwischen dem 14. und dem 15. Jhdt. einen Anstieg um 82 % auf eine Zahl von fast 5 Millionen (Gesamtproduktion während des 15. Jhdts.); dasselbe Jahrhundert erlebte die Produktion von etwa 12,6 Millionen gedruckten Büchern.[4] Die gesteigerte Nachfrage nach Büchern hatte die Einführung des *Pecia*-Systems in Paris in der zweiten Hälfte des 13. Jhdts. zur Folge. Dabei verlieh der an der Universität angesiedelte Buchhändler, der *stationarius*, nicht ganze Manuskripte, sondern Lagen ungebundener Exemplare.[5] Diese geniale (und bei näherer Betrachtung auf der Hand liegende) Neuerung erleichterte die schnellere Herstellung von handschriftlichen Kopien. Papier, erfunden in China und über die Iberische Halbinsel nach Europa eingeführt, war ebenfalls eine unabdingbare Voraussetzung für den Erfolg des gedruckten Buchs. Europa erlebte im 15. Jhdt. eine deutliche Expansion von Papiermühlen und eine merkliche Verschiebung von Pergament (Tierhäuten) hin zu Papier. Im 14. Jhdt. wurden etwa 34 % der Manuskripte auf Papier geschrieben; bis zum 15. Jhdt. stieg diese Zahl auf 72 %.[6] Es war das Zusammentreffen dieser günstigen Umstände – ein durch verschiedene Faktoren erhöhter Bedarf an Büchern, die leichte Verfügbarkeit vergleichsweise günstigen Papiers und ein allgemeines Grundgefühl intellektueller Neugier –, welches das Europa der Renaissance zu einem besonders fruchtbaren Boden für das gedruckte Buch werden ließ.

Das 15. Jhdt. markiert den Beginn eines modernen Europa, das sich von dem des Mittelalters losreißt. Die Bevölkerung erholte sich endlich von der Dezimierung, die ihr im 15. Jhdt. durch den Schwarzen Tod beigebracht worden war, sowie von den Jahren der Auszehrung durch Hungersnöte in seinem Gefolge: „Das 15. Jahrhundert sah eine allgemeine Erholung in ganz Europa: an dessen Ende waren die Gesamtzahlen fast in allen Gebieten wieder auf dem Stand von 1300."[7] Die Persönlichkeiten, die uns auf den folgenden Seiten begegnen, sind Zeitgenossen von Erfindern und Künstlern wie Da Vinci, Michelangelo, Raffael, Botticelli und Dürer; von Architekten wie Brunelleschi, Alberti und Palladio; von Entdeckern wie Vasco da Gama und Kolumbus; von brillanten Mathematikern und Astronomen wie Regiomontanus (auch er ein Drucker), Kopernikus, Toscanelli und Pacioli. Europa wurde Zeuge des endgültigen Niedergangs des Feudalismus, der Expansion des Bankwesens und des Handels sowie des Wachstums von Städten und Stadtstaaten. Ausgesät in Florenz, ging der Same der Renaissance überall in Europa auf, aber ihre vornehmsten Aspekte sollten uns nicht blind machen für die mit ihr einhergehenden Gräuel: Herrschaft von Tyrannen und Despoten, häufige Ausbrüche der Pest und brutale Vernichtungskriege.

ALDVS PIVS MANVTIVS.
Si priscos libros, veterum si volvere scripta,
Debemus quidquid jam licet, Alde, tibi.
Magna quidé laus est Scriptoribus; at tibi major;
Qui reddis veteres CHALCOGRAPHA *arte novos.*

2 Kupferstichporträt von Aldus Manutius, dem Drucker, der die Kursivschrift einführte.

Auf der italienischen Halbinsel befand sich Venedig im Krieg mit Mailand und Genua, Mailand mit Neapel, Rom mit Florenz und Florenz mit Pisa; andernorts stand Böhmen im Krieg mit Ungarn und in Deutschland fand die sogenannte Mainzer Stiftsfehde im Jahr 1462 ihren Höhepunkt in der Plünderung der Stadt Mainz, welche wiederum zur Diaspora der deutschen Drucker führte, eine Nebenfolge, die aber nicht ohne Bedeutung bleiben sollte. Das Janusgesicht der Renaissance zeigt sich beispielhaft an ihren Patriziern, Politikern und Päpsten, die sich einerseits durch Grausamkeit, Selbstgerechtigkeit und Kriegslüsternheit hervortaten und andererseits großzügige und enthusiastische Förderer der Künste und Wissenschaften waren, darunter auch, und vielleicht am folgenreichsten, des gedruckten Buchs. Die Renaissance war also nicht nur eine Wiedergeburt des Besten, was die klassische griechisch-römische Zivilisation zu bieten hatte, sondern sorgte

3 Holzschnitt eines Schriftgießers aus *Das Ständebuch*: Text des Schusters, Meistersingers und Spruchdichters Hans Sachs; Illustrationen von dem überaus produktiven Holzschnittkünstler Jost Amman. Frankfurt, 1568.

Die Erfindung des Buchs

für eine grundlegende Neukonzeption des Buchs, vom handgeschriebenen (und damit seltenen) zum gedruckten (und damit allgegenwärtigen) Buch.

Vom Manuskript zum Druckwerk

Gutenbergs Erfindung war eine Adaption existierender Technologien an einen neuen Zweck: eine Spindel- bzw. Weinpresse wurde zur Druckerpresse, während Techniken des Zinngusses angewandt wurden, um halt- und wiederverwendbare Lettern aus Metall herzustellen. Wir können nicht mit Sicherheit sagen, ob Gutenberg tatsächlich ein passgenaues Handgießinstrument erfunden hat und ob er Sandformen zur einmaligen Benutzung oder eine stabile Kupfermatrize benutzt hat, aber seine wichtigste Erfindung – einzelne Lettern aus Metall – bleibt von dieser Frage unberührt. Die anderen Verfahren bei der Buchherstellung waren über beinahe ein Jahrtausend hinweg praktiziert worden – Buchbinden, Rubrizierung (das Hinzufügen von Elementen zur textuellen Gliederung und Hervorhebung, üblicherweise in Rot) und Verzierung waren Arbeitsschritte, die auch nach Erfindung des Buchdrucks noch lange von Hand ausgeführt wurden. Daher glichen die frühesten gedruckten Bücher denjenigen, die zur gleichen Zeit von Schreibern verfertigt wurden.[8] Das war nicht etwa ein Versuch der Drucker, ihren Lesern vorzugaukeln, sie würden handgeschriebene Texte lesen. Eher ging es darum, eine Art von Büchern herzustellen, mit denen die Leserschaft vertraut war. Typografie war keine Neuerfindung des Buchs, sondern eine Neuerfindung von dessen Herstellung. Und so kam es, dass die erste Bibel in gotischer bzw. gebrochener Schrift nach dem Vorbild zeitgenössischer deutscher gotischer Buchschriften, in der sogenannten *Textualis formata* (*Textura*), gesetzt war. Südlich der Alpen jedoch brachte man dem kantigeren und schmaleren Erscheinungsbild, das für die gotischen Schriftformen des Nordens bzw. die vornehmlich dort verbreitete Ausprägung der *Textualis* charakteristisch war, Widerstand entgegen. So wurde in Italien und auf der Iberischen Halbinsel eine rundere gotische Schrift bevorzugt, die *Rotunda*.[9] Als der Buchdruck mit der Etablierung der Druckerei von Sweynheym und Pannartz in Subiaco östlich von Rom in den Jahren 1464–65 die Alpen überquert hatte, wurde für die Manuskripte klassischer und humanistischer Texte bereits den leichteren und offeneren Buchstabenformen der humanistischen Minuskel der Vorzug gegeben. Die Erfinder und Verfechter dieser neuen Schrift waren die italienischen humanistischen Schreiber der Renaissance, die auf die karolingische Minuskel des 9. und 10. Jhdts. zurückblickten und diese fälschlicherweise der Antike zuschrieben, daher auch die Bezeichnung *litterae antiquae*. So wurden also für die ersten erhalten gebliebenen Bücher aus der Presse von Sweynheym und Pannartz – klassische Texte von Cicero und Laktanz – Typen

4 Die Werkstätte eines Druckers, ca. 1600. Tafel 4 aus den *Nova Reperta* („Neue Erfindungen der modernen Zeit"), Stich nach Jan van der Straet (Stradanus), publiziert von Philips Galle, Antwerpen.

IMPRESSIO LIBRORVM.

Poteſt vt vna vox capi aure plurima: Linunt ita vna ſcripta mille paginas.

Ioan. Stradanus inuent. Phls Galle excud.

verwendet, die den zeitgenössischen formalisierten humanistischen Buchschriften nachempfunden waren und „von Coluccio Salutati inspiriert, von Poggio Bracciolini erfunden [und] von Niccolo Niccoli gefördert" worden waren.[10] Der Niedergang der gebrochenen oder gotischen Schrift und der Aufstieg von Antiqua-Schriften (insbesondere in Frankreich ab der zweiten Hälfte des 16. Jhdts.) lässt sich zu einem großen Teil Jenson zuschreiben, der eine verfeinerte Ästhetik in die Antiqua-Minuskeln einbrachte, sowie den aldinischen Typen aus dem späten 15. Jhdt. Jedoch sind Gutenberg, Jenson und Aldus nur drei unter Tausenden von Druckern, die in Hunderten von kleinen und großen Städten Millionen von Büchern, Pamphleten und Flugblättern herausbrachten. Viele Kleinstädte erlebten die Publikation nur einer oder zweier Bucheditionen, wonach deren Drucker entweder ihr Unterfangen aufgaben oder sich in eine der größeren Städte verlagerten. Wenig überraschend florierte das Druckwesen in den Handelszentren, so dass 60 % aller Inkunabeln in nur neun Städten gedruckt wurden: Venedig (3.784), Paris (3.263), Rom (2.089), Köln (1.629), Lyon (1.476), Leipzig (1.427), Augsburg (1.287), Straßburg (1.241) und Mailand (1.138).[11] Ebenso aufschlussreich sind aber auch die zahlreichen anonymen Drucker, Buchhändler, Buchbinder, Künstler, Briefmaler und Rubrikatoren, außerdem die Besitzer und Leser der Bücher selbst, die in der Zeit der Renaissance und der Frühmoderne lebten, arbeiteten und starben – und deren Vermächtnis in ihren Büchern oder Fragmenten ihrer Bücher überlebte, dem einzigen verbleibenden Zeugnis ihres Daseins.

Das Druckereigeschäft

Während eines Großteils des ersten halben Jahrhunderts des Buchdrucks war der aufkommende Buchmarkt unreguliert und zog so zahllose eifrige Unternehmer an. Erasmus bezog sich auf die wildwüchsige Natur des frühen Druckwesens, wenn er sagte: „Nicht jeder darf ein Bäcker sein, Erwerbstätigkeit im Druckereigewerbe ist dagegen keinem verwehrt."[12] Auch andere dachten, im Druckwesen lasse sich schnell und mühelos Geld machen. In den 1530er Jahren äußerte der Basler Drucker Thomas Platter: „Do ich aber gsach, wie Hervagius und andre trukerherren ein gutte sach hatten, mit wenig arbeit gross gut gewunnet, dacht ich, möchte ich ouch ein trukerherr werden." Johannes Herwagen (Hervagius), geboren 1497, zog 1528 nach Basel und heiratete Gertrud Lachner, die Witwe von Johann Froben (siehe S. 103). Er starb um etwa 1558.[13]

Aber das Druckergewerbe war in jenen frühen Jahrzehnten keineswegs einfach. Johann Neumeister (ca. 1435–ca. 1512), der wahrscheinlich in Mainz mit Gutenberg in Verbindung stand, hatte anfangs das Glück, in dem Goldschmied Emiliano Orfini (Aemilianus de Orfinis) einen Mäzen zu finden,

5 Als Stich ausgeführtes Porträt von Christoph Plantin mit seinem Motto, *Labore et Constantia* („Arbeit und Beharrlichkeit").

von dessen Wohnsitz in Foligno aus er mehrere Werke publizierte. Ungeachtet seines tapferen Bemühens und der Arbeit an mehreren Druckerpressen in drei Ländern musste er um seinen Lebensunterhalt kämpfen und verbrachte wegen unbezahlter Schulden einige Zeit im Gefängnis. Im Jahr 1498 angelangt, gehörte er zur Armutsbevölkerung; obwohl man ihn heute als Drucker der allerersten Ausgabe von Dantes *Göttlicher Komödie* kennt,[14] starb er im ersten Jahrzehnt des 16. Jhdts. völlig verarmt und zurückgezogen.

Auch viele andere, die in der Frühzeit des Buchdrucks eine Rolle spielten, kamen nur mit Mühe über die Runden: Ein Drucker verpfändete den Schmuck seiner Frau, die Rechnung eines anderen wurde mit einem Betttuch beglichen. In Venedig bat der Autor Niccolò degli Agostini seine Leser inständig, sein Buch nicht an einen Freund zu verleihen, sondern „ihn dazu zu bringen, es zu kaufen, damit ich das Geld hereinbekomme, das ich für Papier und Druck ausgegeben habe".[15] Für andere jedoch boomte das Geschäft. In der Zeit von 1471 bis 1472 waren die beiden Unternehmen von Nicolas Jenson und seinem Geschäftspartner Johann von Köln für die Hälfte der gesamten Buchproduktion Venedigs verantwortlich.[16] Über ein Dutzend weiterer Druckereien hatten sich in der Stadt etabliert, die der Brüder Johann und Wendelin von Speyer, die von Christoph Valdarfer, von Adam d'Ambergau, Clement Patavinus, Franz Renner, Bartholomaeus Cremonensis, Florentius de Argentina (auch Florentius von Straßburg) und Gabriele und Filippo di Pietro, dazu noch mindestens ein halbes Dutzend nicht näher belegte oder anonyme Druckerpressen. Vielleicht durch die hohen Kosten und die starke Konkurrenz durch diese noch in ihren Anfängen steckenden, aber schnell aufblühenden Syndikate dazu gebracht, seine eigenen Druckexperimente in Venedig aufzugeben, entschied Federicus de Comitibus in den frühen 1470er Jahren, sich südwärts entlang der italienischen Ostküste nach Jesi aufzumachen.[17] Aufgrund von Pestausbrüchen und räuberischen Überfällen von der anderen Seite der Adria aus war die pittoreske Stadt Jesi praktisch verlassen, was die lokale Obrigkeit dazu veranlasste, mit Landzuweisungen, Steuerbefreiungen und weiteren Vergünstigungen Siedler aus der nahegelegenen Lombardei anzulocken. Federicus, der erste und einzige Drucker im Jesi des 15. Jhdts., arbeitete etwa von 1473 bis zum Sommer 1476 an seiner Druckerpresse und publizierte mehrere Werke, darunter eine sehr frühe Dante-Ausgabe.[18] Aber selbst mit einem solchen Vorsprung landete er in Schuldhaft und musste, nachdem er entkommen war, feststellen, dass sein Besitz, seine Ausrüstung und seine unverkauften Bestände beschlagnahmt worden waren. Noch im selben Jahr starb er und seine verwaisten Kinder kamen unter Vormundschaft.

Christoph Plantin (ca. 1520–89) war einer der erfolgreichsten Drucker und Verleger des 16. Jhdts. Ursprünglich aus Tours in Frankreich stammend, ließ er sich 1549 in Antwerpen nieder, das während der ersten Hälfte

CHRISTOPHORVS PLANTINVS Architypographus Regius,
vixit annos LXXV. obijtque Antuerpiæ CIƆ.IƆ.LXXXIX.

Plantinum tibi, spectator, proponimus, vt cum
  Nomine perpetuo viuat et effigies.
Sic vbi posteritas miracula tanta librorum
  Eius et innumerum sera videbit opus;
Tune es Christophorus, tune ille es? dicat: in vnum
  Et sua conijciens lumina fixa virum;
Musarum o pater, exclamet, dignissime salue:
  Reddita sunt studio sæcula docta tuo.

I. BOCHIVS.

des 16. Jhdts. eines der europäischen Wirtschaftszentren war. Im Jahr 1562, während eines Aufenthalts in Paris, wo er ehemals das Druckerhandwerk gelernt hatte, druckten laut Plantin seine Mitarbeiter ein verbotenes Buch, was den örtlichen Behörden zu Ohren kam und so zur Verfolgung von Plantin führte und zu seiner drohenden Inhaftierung. Zwar konnte er sich einer Gefangennahme entziehen, indem er untertauchte, doch wurden binnen zwei Monaten sein gesamtes Vermögen und seine Druckereiausstattung konfisziert und versteigert.[19] Bei seiner Rückkehr nach Antwerpen konnte Plantin einiges von seinem Typenbestand wieder aufkaufen. Trotz des frühen Rückschlags erholte er sich und kam wieder zu einigem Vermögen, so dass er bis 1576 ganze 22 Druckerpressen in Betrieb hatte. Wir tun gut daran, uns vor Augen zu halten, dass selbst die großen Koryphäen der Typografiegeschichte nicht vor den Wechselfällen des Druckereigewerbes im 15. und 16. Jhdt. gefeit waren. Für jede Erfolgsgeschichte, jeden Manutius, Jenson oder Ratdolt, lassen sich Dutzende andere aufführen, die scheiterten. Im Druckereiwesen ging es nicht nur um die Handwerkskunst. Anders als bei der Herstellung von Handschriften war der frühe Buchdruck im Wesentlichen ein Spekulationsgeschäft (der Florentiner Vespasiano da Bisticci ist ein seltenes und spätes Beispiel für einen Händler von Handschriften, die keine Auftragsarbeiten waren), für das eine beträchtliche Kapitalinvestition notwendig war und das nur langsam (ungewisse) Einkünfte abwarf. Außerdem wurde es im Zuge der Ausdehnung des Buchhandels und der zunehmenden Konkurrenz vor Ort oder auch durch die Sättigung lokaler Märkte unumgänglich, Bücher über den Ort ihres Drucks hinaus zu vermarkten und zu verkaufen. Dies machte ein beträchtliches Maß an Planung und den Aufbau eines grenzüberschreitenden Netzwerks an kompetenten und vertrauenswürdigen Partnern erforderlich.

Selbst der Erfinder der Kunst hatte zu kämpfen, um über die Runden zu kommen. Gutenbergs monumentale *Biblia Latina*, die 42-zeilige „Gutenberg-Bibel", nahm zu ihrer Vollendung mindestens zwei Jahre in Anspruch und machte mehrere Anleihen notwendig, darunter eine bei seinem Cousin Arnold Gelthus und zwei bei seinem Geschäftspartner und Finanzier Johann Fust. Die Kredite machten zusammen mit den allein bei Fust aufgelaufenen Zinsen insgesamt 2.206 Gulden aus, „was einem Gegenwert von etwa vier Häusern entsprach".[20] Und auch Sweynheym und Pannartz, die doch immerhin für sich den Ruhm in Anspruch nehmen können, die Druckkunst nach Italien gebracht zu haben, häuften innerhalb weniger Jahre riesige Lagerbestände an unverkauften Büchern an.

Vorbemerkungen

Typografie, vom Altgriechischen *typos* (Abdruck) und *graphia* (Schreiben), wird von dem herausragenden Dichter und Typografen Robert Bringhurst ganz allgemein beschrieben als „die Kunst, der menschlichen Sprache eine dauerhafte bildliche Form zu verleihen".[21] Genauer gesagt ist es die Kunst, einzelne, wiederverwendbare und stets neu kombinierbare Lettern – materiell greifbare oder auch lediglich digitale Glyphen oder Buchstaben – zu verwenden, um im Idealfall lesbare Texte zu produzieren. Bei den in den folgenden Kapiteln diskutierten typografischen Erstlingen handelt es sich um Inkunabeln (oder Wiegendrucke), ein Begriff, der geprägt wurde, um die ersten Jahrzehnte des europäischen Druckwesens von dessen Entstehung etwa um das Jahr 1450 bis zum willkürlichen, aber bibliografisch komfortablen Jahr 1500 zu beschreiben.

Der Gebrauch von Superlativen birgt immer auch Gefahren. Die Ältesten, die Jüngsten, die Besten, die Schlechtesten, die Ersten, die Letzten – solche Zuschreibungen sind unweigerlich interpretations- und revisionsbedürftig. Zuweilen ist es unmöglich, auf ein Artefakt hinzudeuten und zu behaupten, es sei ganz bestimmt das erste seiner Art – manchmal können wir bestenfalls behaupten, es sei das früheste erhaltene Beispiel, und das wird es bleiben, bis womöglich ein noch früheres Exemplar entdeckt wird. Jede einzelne Äußerung über Erstlingswerke näher zu qualifizieren, als wollten wir zu einer philosophischen Debatte ansetzen, ist beschwerlich und lässt auch die Lektüre mühsam werden. So habe ich so viel Umsicht wie möglich walten lassen, und wo immer mir dies angebracht schien, habe ich meine „Erstlinge" mit entsprechenden Vorbehalten versehen, d.h. mit modifizierenden oder vergleichenden Ergänzungen. So ist es z.B. ganz offensichtlich unrichtig, zu behaupten, Gutenbergs 42-zeilige Bibel sei das erste Buch. Zu behaupten, es sei das erste mit Lettern gedruckte Buch, ist ebenso unrichtig, kommt der Wahrheit aber schon näher. Auf jeden Fall aber ist es das erste *bedeutende* in Europa gedruckte Buch und die erste gedruckte Bibel. Ich hoffe, dass es mir gelungen ist, einen Mittelweg zu finden zwischen Nachlässigkeit und Pedanterie. Wo dies möglich war, habe ich Anmerkungen hinzugefügt für diejenigen, die etwas genauer abgeklärt wissen möchten, und Quellen für jene, die sich weiter in die Materie vertiefen möchten. Letztere sollen auch die Inkunabelforscher, Historiker und Bibliografen würdigen, auf deren Schultern ich dankbar, stolz und unerschrocken stehe.

thanue stejai let filij
dras
az in
er nomen
sum
uxorimā
filijs
enige
et fraz go
et eicesuo a
filijs
filijs
z iehi
: heli
nael
itaz:

nai · matheth · azabeth · elpheleth · iermai · manasses semei. De filijs bani
maaddi · amram · z huel · baneas · z badaias · cheliau · bannia · marimuth · et
heliasib · mathanias · mathanai · z iasi · et bani · et bennui · semei · et salmias · z
nathan · et adaias · mechnedabai · sysai ·
sarai · ezrel · et selemau · et semeria · sellū ·
amaria · ioseph. De filijs nebui · ahihel mathathias · zabeth · zabina · ieddu · et iohel · z banay. Omnes hij acceperāt uxores alienigenas · z fuerūt ex eis
mulieres q̄ peperāt filios. Expl' liber esdre p̄m'. Incipit lib' neemie h̄ ē esdre secund'. cap'. j.

Uerba neemie filij helchie. Et
factū est in mēse casleu · āno vicesimo:
z ego erā in susis castro. Et venit anani
unus de fratribz meis · ipe et viri iuda
z interrogaui eos de iudeis · qui remanserant et superant de captiuitate z de

Prototypografen
Der erste Druck

> Ein gutes Buch ist das kostbare Lebensblut eines
> meisterhaften Geistes, einbalsamiert und ausgeschatzt
> für ein Leben nach dem Leben.
> JOHN MILTON[1]

AUF DER ITALIENISCHEN HALBINSEL, im Dorf Vinci im toskanischen Hügelland außerhalb von Florenz, wurde 1452 ein gewisser Leonardo geboren. Andernorts kamen in den frühen 1450er Jahren Christoph Kolumbus, Francesco Griffo und Filippo Giunti zur Welt und Francesco Sforza nahm Mailand ein. In England saß Heinrich VI. auf dem Thron, in Frankreich Karl VII., und Alfons der Prächtige, unter dessen Herrschaft im Herbst 1450 die Universität Barcelona gegründet wurde, regierte Spanien. Im selben Jahr eilten Hunderttausende nach Rom zu dem von Papst Nikolaus V. ausgerufenen Jubeljahr, während im Osten die osmanischen Türken im Begriff waren, das Byzantinische Reich zu Fall zu bringen. Indessen verfeinerte am westlichen Ufer des Rheins, in Mainz, Johannes Gutenberg (ca. 1400–1468), mittlerweile in seinen frühen Fünfzigern, seine Druckmethode mit beweglichen Lettern.

Ablassbriefe, Grammatiken und Propaganda

Auch wenn Gutenberg am bekanntesten dafür ist, das erste bedeutende Buch als Druckerzeugnis hervorgebracht zu haben, die Gutenberg-Bibel, auch bekannt als die 42-zeilige Bibel oder einfach B42, so war dies natürlich nicht das erste aus seiner Druckerpresse stammende Druckerzeugnis. Abgesehen von den kurzlebigen Probeabzügen für die Bibel druckte Gutenberg zahlreiche Ablassbriefe – es war dies ein sehr lukratives Geschäft. Ihre genaue Zahl ist unbekannt; Schätzungen reichen von „mehrere Tausend" bis „fast 20.000",[2] in späteren Aufzeichnungen aus demselben Jahrhundert ist von mehreren Zehntausend die Rede. Im europäischen Spätmittelalter wurden Ablassbriefe von sogenannten Ablasskrämern oder Ablasspredigern vertrieben. Sie wurden verkauft, um für alles Mögliche Gelder aufzustellen – von der Renovierung einer lokalen Kirche oder Kathedrale bis zum Führen eines Kreuzzugs. Vorgeblich waren diese päpstlichen Ablassbriefe Quittungen für den Erlass von Strafen für Sünden in diesem

6 Ausgeschmückte Initiale der Gutenberg-Bibel (Mainz, ca. 1455), aus dem Vorwort zum Buch Nehemiah. Auch die Rubrizierung (Text in roter Farbe) erfolgte von Hand.

[Ablassbrief-Text in lateinischer Schrift, nicht transkribiert]

Forma plenissime absolutionis et remissionis in vita

Misereatur tui etc. Dñs noster ihesus xps p sua sanctissima et pijssima miam te absoluat Et aucte ipius beatorumqz petri z pauli aplor eius ac aucte aplica michi cmissa z tibi ccessa Ego te absoluo ab omibz pctis tuis ctritis cfessis z oblitis Etiā ab omibz casibz excessibz criminibz atqz delictis quātūcūqz grauibz sedi aplice reseruatis Recnō a quibuscūqz excoicationū suspensionū z interdicti Aliisqz sententijs censuris z penis ecclesiasticis a iure uel ab hoīe pmulgatis si quas incurristi dando tibi plenissimā oīm pctōr tuor indulgentiā z remissionē Inquātū claues sancte matris eccle in hac parte se extendūt. In noīe patris z filij z spiritus sancti Amen.

Forma plenarie remissionis in mortis articulo

Misereatur tui etc. Dñs noster ut supra Ego te absoluo ab omibz pctis tuis ctritis cfessis et oblitis restituendo te vnitati fidelium z sacramentis ecclesie Remittendo tibi penas purgatorij quas propter culpas z offensas incurristi dando tibi plenariā oīm pctōr tuor remissionē. Inquantū claues sancte matris eccle in hac parte se extendūt. In noīe patris z filij z spiritus sancti Amen.

---

7 Ablassbrief, herausgegeben, um eine Militärkampagne gegen die Türken zu unterstützen, am 27. Februar 1455. Die Seite umfasst 30 Zeilen.

Leben und im Fegefeuer. 1452 erließ Papst Nikolaus V. einen Generalablass, gültig bis zum 30. April 1455. Ein Teil der so aufgebrachten Mittel wurde König Johannes II. von Zypern zur Verteidigung der Insel gegen die Türken und insbesondere zur Wiedererrichtung der Mauern der Hauptstadt Nikosia versprochen.³ Wie dies seit den ersten Ablassbriefen von der Mitte des 11. Jhdts. der Brauch war, wurden sie von Schreibern von Hand verfasst.⁴ Im Jahr 1454 – zu einer Zeit also, als der Druck der monumentalen 42-zeiligen Bibel zweifellos schon im Gange gewesen sein musste – erhielt Gutenbergs im Aufbau befindliche Druckerei den Auftrag über den Druck von Ablassbriefen, Auftraggeber war möglicherweise der Erzbischof von Mainz, Dietrich Schenk von Erbach. Gutenbergs Ablassbriefe wurden auf Pergament gedruckt, wobei Platz freigelassen wurde, um handschriftlich den Namen des gläubigen Empfängers sowie den Kaufort und das Datum einzutragen. Das früheste erhaltene Beispiel eines gedruckten Ablassbriefs trägt das handgeschriebene Datum 22. Oktober 1454, was ihn zum ersten präzise datierbaren typografischen Druckstück in Europa macht.⁵ Jedoch erscheint es plausibel, dass unter der Beteiligung von Nikolaus von Kues, der im Auftrag von Papst Nikolaus V. in ganz Norddeutschland und den Niederlanden unterwegs war, um den Jubiläumsablass zu verkünden und den Kreuzzug gegen die Türken zu befördern, bereits 1452 Ablassbriefe gedruckt wurden.[6] Einseitige Ablassbriefe als Handzettel waren schnell gesetzt und gedruckt und wurden so bis zur Reformation zu einer Hauptverdienstquelle für Drucker, die auf Gelegenheitsarbeiten angewiesen waren. „Für die Jahre 1488–90 beweisen erhalten gebliebene Exemplare von gedruckten Ablassbriefen für den Kreuzzug in Deutschland die Existenz von mehr als dreißig Ausgaben pro Jahr, hergestellt von Druckereien in einem Gebiet, das sich von Antwerpen bis Passau und von Lübeck bis Memmingen erstreckte,

8 *Türkenkalender* (*Eyn Manung der Christenheit Widder die Durken*): Ein polemisches Traktat von sechs Blättern, zwischen dem 6. und 24. Dezember 1454 in Mainz gesetzt in der Schrift der 36-zeiligen Bibel.

und die Auflage konnte jeweils gut 20.000 erreicht haben."⁷ Es gibt die Ansicht, dass es der Bedarf an Ablassbriefen war, der Gutenberg über eine Methode zur massenhaften Produktion des geschriebenen Wortes nachdenken ließ.⁸ Außer den Ablassbriefen druckte Gutenberg auch eine lange Zeit populäre Einführung in die lateinische Grammatik für Anfänger, Aelius Donatus' *Ars minor*.⁹ Zahlreiche Fragmente von mindestens zwei Dutzend Ausgaben sind erhalten geblieben, gedruckt mit Gutenbergs Lettern, davon wurden mindestens drei bereits vor der Fertigstellung der 42-zeiligen Bibel gedruckt.¹⁰ Und dann ist da der sogenannte *Türkenkalender*.¹¹ Ein Propagandastück in Form einer kurzen polemischen Abhandlung von sechs Blättern, stellte er sowohl eine Warnung als auch einen Sammelruf an die Anführer der Christenheit dar, als Vergeltung für die Einnahme von Konstantinopel im Frühjahr 1453 einen Kreuzzug gegen die Türken zu führen. Sehr wahrscheinlich druckte Gutenberg ihn im Dezember 1454 (Abb. 8).

Während der besagte Ablassbrief das erste datierte Druckstück aus der Gutenberg-Presse ist, das erhalten blieb, ist ein einzigartiges kleines Fragment eines Einzelblatts mit nur 11 Zeilen, das sich heute im Gutenberg-Museum in Mainz befindet, womöglich noch älter. Das *Sibyllenbuch*-Fragment aus einem Buch mit deutscher Dichtung aus dem 14. Jhdt., das Prophezeiungen über das Schicksal des Römischen Reichs enthält, wurde mit einem sehr frühen, wenn nicht dem frühesten Satz von Gutenbergs DK-Type gedruckt (siehe S. 35) und wird vorsichtig auf 1452–53 datiert. Durch Extrapolation von der bekannten Länge des Gedichts, durch den Schriftsatz und die Position des Wasserzeichens gelangte D.C. McTurtie zu der Einschätzung, das Pamphlet habe 37 Blätter (74 Seiten) umfasst.¹²

Die Gutenberg-Bibel

Am Ende des 4. Jhdts. gab es zahlreiche stark voneinander abweichende Übersetzungen der Bibel. Papst Damasus I. beauftragte Eusebius Hieronymus (den Hl. Hieronymus) mit der Herstellung eines verbindlichen Texts der Bibel in lateinischer Übersetzung. Während der folgenden 1.000 Jahre blieb die Vulgata des Hl. Hieronymus oder *Biblia Sacra Latina* die lateinische Standardübersetzung der Bibel. Im 13. Jhdt. kam es nicht nur zu einem merklichen Anstieg der Zahl der hergestellten Bibeln, sondern auch zu Änderungen beim Format. Der Text wurde in nummerierte Kapitel aufgeteilt und zweispaltig gesetzt. Die Kapitelnummerierung wurde lange Stephen Langton (ca. 1203) zugeschrieben, der bis 1206 an der Universität Paris Theologie lehrte. Die Unterteilung der Kapitel in Verse wurde erstmals 1551 durch den in Paris ansässigen Robert Estienne (Robertus Stephanus) eingeführt, der als Drucker eine Ausnahmeerscheinung war.¹³ Dasselbe Jahrhundert erlebte das Aufkommen von kleineren, tragbaren Bibeln, sogenannten Bibel-Pandekten (Gesamtbibeln) in nur einem Band. Für Gutenberg, der Einblattdrucke und kleine lateinische Grammatiken von lediglich ein paar Dutzend Seiten druckte, war eine imposante, zweibändige, 700.000 Worte und 1.282 Seiten umfassende lateinische Bibel im Folioformat keineswegs eine auf der Hand liegende Wahl.[14]

Die B42 (Abb. 9) ist eines der am intensivsten und gründlichsten untersuchten Bücher aller Zeiten. Type, Papierbestände, Tuschen, Bindungen, Buchmalerei, Rubrizierung, Marginalien und Kritzeleien, Wasserzeichen, Lagenstruktur – und sogar die winzigen Punkturen, um Deckungsgenauigkeit zu gewährleisten – waren Gegenstand detaillierter Untersuchungen.[15] Auch wenn die Bibel keinen Kolophon bzw. Druckvermerk aufweist, wurde sie mit allergrößter Wahrscheinlichkeit nicht später als 1455 fertiggestellt. 1454 sah Aeneas Silvius Piccolomini, von 1458 bis zu seinem Tod im Jahre 1464 Papst Pius II., zu dieser Zeit aber noch in den Diensten von Kaiser Friedrich III., Blätter aus der Bibel. In einem Brief vom 12. März 1455 an den spanischen Kardinal Juan de Carvajal in Rom schreibt Aeneas:

> Über jenen zu Frankfurt gesehenen erstaunlichen Mann ist mir nichts Falsches geschrieben worden. Vollständige Bibeln habe ich nicht gesehen, vielmehr einige Quinternionen mit verschiedenen Büchern [der Bibel] in höchst sauberer und korrekter Schrift ausgeführt, nirgendwo fehlerhaft; deine Gnade würde sie mühelos und ohne Brille lesen können. Von mehreren Gewährsmännern erfuhr ich, daß 158 Bände fertiggestellt seien; einige versicherten sogar, es handle sich um 180. Über die Zahl bin ich mir nicht ganz sicher; an der Vollendung der Bände zweifle ich nicht, wenn man [diesen] Leuten Glauben schenken kann. Hätte ich deinen Wunsch gekannt, dann hätte ich ohne Zweifel einen Band für dich gekauft. Einige Quinternionen sind auch hier zum Kaiser gebracht worden. Ich werde versuchen, wenn es sich machen läßt, eine noch käufliche Bibel hierher schaffen zu lassen, und sie für dich bezahlen. Ich fürchte aber, es wird nicht gehen, sowohl wegen der langen Wegstrecke als auch, weil es, wie man berichtet, noch vor der Vollendung der Bände (für sie schon) bereitstehende Käufer gegeben habe. Daß deine Gnade aber in so hohem Maße gewünscht hat, Gewißheit über diese Sache zu erlangen, schließe ich aus der Tatsache, daß du mir dieses durch einen Kurier mitgeteilt hast, der schneller als Pegasus ist. Doch genug des Scherzens![16]

Der „zu Frankfurt gesehene erstaunliche Mann" könnte Gutenberg selbst gewesen sein, ebenso gut aber auch Johann Fust, Peter Schöffer oder ein vertrauenswürdiger Repräsentant. Die Frankfurter Messe wurde zweimal im Jahr (Frühjahr und Herbst) abgehalten. Erst ab ca. Mitte der 1470er Jahre sollte sie sich dann als Buchmesse etablieren.[17] 1454 fiel die Messe mit der im Oktober abgehaltenen Reichsversammlung zu Frankfurt zusammen.

9 (Nächste Seite) Eine Eröffnung aus der Gutenberg-Bibel: Prolog und Beginn des Johannes-Evangeliums (Fol. 235r). Mainz, ca. 1455.

Prototypografen

Lucas

vidit lintheamina sola posita: z abijt secu mirans qd factum fuerat. Et ecce duo ex illis ibant ipsa die in castellu quod erat in spacio stadioz sexagita ab iherusale noie emmaus: et ipi loquebant ad inuicem de hijs omnibus que acciderant. Et factu est dum fabularentur et secu quererent: et ipse ihesus apropiquās ibat cu illis. Oculi aut illoz tenebantur ne eum agnoscerent. Et ait ad illos. Qui sūt hij sermones quos cōfertis ad inuicem ambulātes: et estis tristes? Et respondēs un⁹ cui noīe cleophas: dixit ei. Tu solus peregrin⁹ es i iherusalē z nō cognouisti que facta sunt in illa hijs diebz? Quibz ille dixit. Que? Et dixerūt. De ihesu nazareno qui fuit vir ppheta: potens in opere z sermoe· coram deo et omi populo. Et quomo eū tradiderūt sūmi sacerdotes z principes nostri in damnatione mortis: et crucifixerūt eū. Nos aut sperabam⁹: quia ipse esset redemptur⁹ israhel. Et nunc sup hec omnia tercia dies est hodie: q hec facta sunt. Sed z mulieres quedam ex nris terruerūt nos· que ante lucem fuerunt ad monumentū: z nō inuento corpore ei⁹· venerūt dicentes se etiā visione angeloz vidisse: qui dicūt eum viuere. Et abierunt quidā ex nris ad monumentū: z ita inuenerunt sicut mulieres dixerūt: ipm vero non inuenerunt. Et ipse dixit ad eos. O stulti z tardi corde ad credendū in omibus q locuti sunt prophete. Nonne hec oportuit pati cristū: et ita intrare in gloriā suā? Et incipiens a moyse z omibus ppheris: interpretabat illis in omibus scripturis que de ipo erāt. Et apropinquauerūt castello quo ibant: z ipse se finxit longius ire. Et coegerūt illū dicentes.

Mane nobiscū quoniam aduesperascit: z inclinata est iā dies. Et intrauit cum illis. Et factū est dum recumberet cum eis accepit panē· z benedixit ac fregit· z porrigebat illis. Et aperti sunt oculi eoz: z cognouerūt eū: z ipse euanuit ex oclis eoz. Et dixerunt ad inuicem. Nōne cor nrm ardēs erat i nobis· dū loqueretur in via: z aperiret nobis scripturas? Et surgentes eadem hora regressi sunt in iherusalē: z inuenerūt congregatos undecim· z eos qui cu illis erant dicentes q surrexit dūs vere: et apparuit simoni. Et ipi narrabant q gesta erāt i via: z quomo cognouerūt eum in fractione panis. Dum autem hec loquuntur: stetit ihesus in medio eorum z dixit. Pax vobis. Ego sū: nolite timere. Conturbati vero z conterriti existimabant se spiritū videre. Et dixit eis. Quid turbati estis: z cogitationes ascendūt in corda vestra? Videte manus meas z pedes: quia ego ipse sum. Palpate z videte: quia spiritus carne et ossa nō habet· sicut me videtis habere. Et cum hoc dixisset: ostendit eis manus z pedes. Adhuc aut illis nō credentibus et mirantibus pre gaudio·dixit. Habetis hic aliquid quod manducet? At illi obtulerūt ei partem piscis assi: z fauū mellis. Et cū māducasset coram eis: sumens reliquias dedit eis. Et dixit ad eos. Hec sunt verba q locut⁹ sū ad vos cū adhuc essem vobiscū: quoniā necesse est impleri omia que scripta sunt in lege moysi z pphetis z psalmis de me. Tūc aperuit illis sensum·ut intelligerēt scripturas: z dixit eis. Quoniā sic scriptū ē·et sic oportebat cristū pati z resurgere a mortuis tercia die: z pdicare in nomine ei⁹ penitentiā z remissionē peccatoz i omnes

Prolog̉ | Ioh̃s

gentes:incipientibus ab iherosolima. Uos aūt testes estis horū. Et ego mittam pmissum patris mei i vos: vos aūt sedete in ciuitate.quoadusq; induamini virtute ex alto. Eduxit aūt eos foras in bethaniam: z eleuatis manibus suis benedixit eis. Et factū est dū benediceret illis recessit ab eis: z ferebatur in celum. Et ipsi adorantes regressi sunt in iherusalem cum gaudio magno: et erant semper in templo laudantes et benedicentes deum amen. Explicit euāgeliū secdm lucā. Incipit prologus i euāgeliū secdm Iohannē.

Hic est iohannes euangelista vnꝰ ex discipulis dñi: qui virgo a deo electus ē: quē de nuptijs volentem nubere vocauit deus. Cui virginitatis in hoc duplex testimoniū datur in euangelio: cp̄ et pre ceteris dilectus a deo dicit: et huic matrem suā de cruce commendauit dñs: ut virgine virgo seruaret. Deniq; manifestans in euangelio cp̄ erat ipe incorruptibilis verbi opus inchoans.solus verbū carne factum esse.nec lumen a tenebris cōprehensū fuisse testatur:primū signū ponens qd in nuptijs fecit dñs ostendens cp̄ ipe erat:ut legentibz demonstraret cp̄ ubi dñs inuitatus sit deficere nuptiarū vinum debeat:et veteribus immutatis. noua omnia que a cristo īstituunt appareāt. Hoc aūt euāgeliū scripsit in asia.postea cp̄ i pathmos insula apocalipsim scripserat:ut cui i pricipio canonis icorruptibile pricipiū pnotat in genesi: ei etiā incorruptibilis finis p virgine i apocalipsi redderetur dicente cristo ego sum alpha et ω. Et hic ē iohannes:qui sciens superuenisse diem recessus sui. Conuocatis discipulis suis in epheso.per multa signorū experimenta pmens cristū descendens i defossū sepulture sue locū facta oratione.positus est ad patres suos:tam extraneꝰ a dolore mortis cp̄ a corruptione carnis inuenitur alienus. Tamen post omnes euāgeliū scripsit: z hoc virgini debebaꞇ. Quoꝗ tamē vel scriptorꝝ tēporis dispositio.vel librorꝝ ordinatio ideo a nobis per singula non exponitur: ut sciendi desiderio collato et querentibus fructus laboris: z deo magisterij doctrina seruetur. Explicit prologus Incipit euangeliū secdm iohannem.

In principio erat verbū: z verbū erat apud deū: et deꝰ erat verbū. Hoc erat in principio apud deū. Omnia p ipm facta sunt: z sine ipo factum est nichil. Quod factū est in ipo vita erat: z vita erat lux hominū: et lux in tenebris lucet: z tenebre eā nō comprehenderūt. Fuit homo missus a deo:cui nomē erat iohānes. Hic venit i testimoniū ut testimoniū phiberet de lumine: ut omnes crederent p illū. Nō erat ille lux: sed ut testimoniū phiberet de lumine. Erat lux vera: que illuminat omnē hominem venientem in hūc mundū. In mūdo erat: z mūdus p ipm factus est: et mūdus eū non cognouit. In ꝓpria venit: z sui eū nō receperūt. Quotꝗt aūt receperūt eū.dedit eis potestatem filios dei fieri: hijs qui credūt in nomine eiꝰ. Qui nō ex sanguinibz neqꝫ ex voluntate carnis .neqꝫ ex volūtate viri: sed ex deo nati sunt. Et verbū caro factum est: et habitauit in nobis. Et vidimus gloriā eiꝰ.gloriam quasi unigeniti a patre:plenū gratie z veritatis. Iohannes testimonium phibet de ipo. z clamat dicens. Hic erat quē dixi: q̄ post me venturus est . ante me factus est:

Aus dem frühen Neusatz einiger Seiten wird ersichtlich, dass Gutenberg die Auflage erhöht hatte.[18] 180 Exemplare zu produzieren, musste wohl etwa drei Jahre gebraucht haben – dazu gehörte das Gießen der Lettern, das Setzen und der eigentliche Druckvorgang, bei dem in späteren Phasen sechs Druckerpressen zum Einsatz kamen.[19] Dem stehen etwa zwei bis drei Jahre gegenüber, welche die Produktion eines einzelnen handgeschriebenen Exemplars in Anspruch nahm. War der Druckvorgang einmal abgeschlossen, musste jedes Blatt eines jeden einzelnen Exemplars von Hand vollendet werden: verzierte und illuminierte Initialen, Rubrizierung, Buchüberschriften, Kapitelnummerierung, Psalmen-*tituli* (Benennungen oder Überschriften, die verwendet wurden, um den Psalm einzuleiten oder den Sprecher zu identifizieren) und andere Überschriften. Erst dann konnten die Bögen, die 643 Blätter (1.286 Seiten) umfassten, in zwei Bände gebunden werden. Heute in München und Wien befindliche Exemplare der B42 sind in dieser Hinsicht von besonderem Interesse, da sie von achtseitigen Anleitungen für die Rubrizierung (*tabula rubricarum*) begleitet werden.[20] Zweifellos wurden diese Anleitungen bei allen Exemplaren zur Verfügung gestellt, aber man kann annehmen, dass die meisten davon weggeworfen oder für andere Zwecke verwendet wurden, sobald sie ihre Bestimmung erfüllt hatten. Manche erhalten gebliebenen Exemplare der Bibel entsprechen den Anleitungen sehr genau, während andere, wie etwa jene auf Papier und Pergament in den Beständen der British Library, sie vollständig ignorieren. Der Stil der Verzierungen reicht von aufwändig und luxuriös (wie bei den Exemplaren in Burgos, Göttingen und Wien) bis hin zur anmutigen Zurückhaltung des Exemplars auf Pergament in der British Library, das abgesehen von der Rubrizierung und einigen mit schlichter Eleganz verzierten Initialen keine weiteren Ausschmückungen aufweist. Das Papierexemplar der British Library ist ähnlich schmucklos, mit Ausnahme von drei Seiten: Da ist etwa der Beginn von Band 2 (Sprüche, Fol. 1r) mit verschlungenem Blattwerk, exotischen Vögeln, einem Affen am unteren Rand und einer historisierten Initiale, die König Salomo zeigt. Auch wenn die Bibel nicht fehlerfrei ist – eines der bekanntesten Beispiele ist das Versäumnis der Setzer, bei Matthäus 22 einen Freiraum oder Zeilenumbruch für die Kapitelnummerierung hinzuzufügen[21] –, ist sie ein eindrucksvolles Buch und ein wirklich bemerkenswertes typografisches Erstlingswerk. Die sehr gleichmäßigen Zeilenenden in den zwei Textspalten wurden erreicht, indem man Ausschluss aus Metall einfügte sowie variierende Interpunktionszeichen, Ligaturen und Kontraktionen verwendete. Überdies enden die 2.563 Textspalten immer mit einem vollständigen Wort – ein Wort wird nie über Seiten oder Spalten hinweg umbrochen oder getrennt, sieht man einmal von zwei Ausnahmen ab, eine in jedem Band: die erste in Psalm 104 gegen Ende von Band 1 und die zweite in 1 Timotheus 1:2 in Band 2.[22]

10 Ochsenkopfwasserzeichen aus der 42-zeiligen Bibel, ca. 1455. Das Wasserzeichen identifiziert als Ursprungsort des Papiers Caselle in Norditalien. Das Papier ist von feiner Qualität, hergestellt aus Leinenhadern.

Die größte Kapitalinvestition war die für Papier und Pergament. Es wird geschätzt, dass allein diese Kosten sich auf 1.000 Gulden beliefen, was dem Wert von zwei Häusern entsprach.[23] Dazu kommen noch die Kosten für die Schriftsetzer und für Arbeitskräfte zum Bedienen der sechs Druckerpressen sowie zum Einfärben der Druckformen, außerdem Materialien für den Guss der Lettern und die Produktion der Druckfarben – Ausgaben, die für etwa zwei, drei Jahre gedeckt sein mussten, während die Bibel hergestellt wurde. Die Tinten auf Wasserbasis, die von den Schreibern lange benutzt worden waren, waren gänzlich ungeeignet für den Druck, da sie nicht gleichmäßig an den Metall-Lettern haften blieben. Was Gutenberg brauchte, war eine vergleichsweise zähflüssige Tusche, eher wie Ölfarbe, die aber gleichzeitig schnell trocknete, um ein Verschmieren zu vermeiden. Seine Druckerschwärze enthielt einen Firnis, entweder Walnuss- oder Leinöl, außerdem Harz (destilliertes Terpentinöl) und Lampenruß (auch Lampenschwarz genannt). Gutenbergs Tuscherezept fiel mit bedeutsamen Entwicklungen in der Kunstwelt zusammen. Statt Tempera (Pigmente mit wasserverdünntem Eigelb als Bindemittel) wurden nun weithin Farben auf Ölbasis verwendet; eine Neuerung, die etwa von den frühen niederländischen Malern Jan van Eyck und Rogier van der Weyden mitgetragen wurde. Außerdem eignete sich die neue Tusche auf Ölbasis ebenso gut für den Druck mit Metall-Lettern wie für den mit Holzstöcken. Was das Auftun möglicher Papierquellen anbelangt, so mied Gutenberg die lokalen Papiermühlen in Deutschland und importierte stattdessen qualitativ hochwertige, aus Leinenhadern hergestellte Bestände aus Caselle im Piemont (Norditalien).[24] Das Vorhandensein von vier unterschiedlichen Wasserzeichen belegt den Gebrauch von vier verschiedenen Papierbeständen aus der Region: Die Wasserzeichen zeigen zwei Arten von Weintrauben und zwei Varianten eines Ochsen (Abb. 10).[25]

Für Gutenberg war 1455 sicherlich ein zwiespältiges Jahr. Die B42 war entweder fertiggestellt oder näherte sich ihrer Vollendung, aber Johann Fust, der Gutenberg zweimal, um 1449 und 1452, einen Kredit gewährt hatte, verklagte ihn auf sofortige Rückzahlung seines Geldes. Fust behauptete, Gutenberg habe die Zinsen für die Kredite nicht beglichen und beschuldigte ihn außerdem, er habe die Mittel teilweise zweckentfremdet, um seine persönlichen Projekte zu finanzieren – vielleicht ein Verweis auf Gutenbergs Grammatiken, Kalender und Ablassbriefe.

Trotz des Gerichtsverfahrens gegen Gutenberg gibt es keine Belege dafür, dass er etwa bankrott gegangen wäre oder seine gesamte Druckereiausstattung an Fust verloren hätte. Im Gegenteil hat es den Anschein, dass die Streitigkeiten beigelegt wurden und die Auflösung der Geschäftspartnerschaft durchaus gütlich vonstattenging. Gutenberg betrieb seine Druckerei unabhängig weiter, während Fust weiter in Kooperation mit Peter Schöffer druckte. Solche zeitweiligen Partnerschaften, die oft für einen ganz bestimmten Zeitraum oder sogar nur eine einzelne Ausgabe eingegangen wurden, waren insbesondere in der Frühzeit des Buchdrucks sehr verbreitet – oft zwischen einem Händler oder Finanzier, einem Drucker und vielleicht einem Advokaten oder Gelehrten. 1465 wurden Gutenberg besondere Zugeständnisse vom Erzbischof von Mainz bewilligt, darunter eine vollständige Steuerbefreiung und eine dauerhafte jährliche Zuwendung.[26]

Esther und der französische Kardinal

Von den 180 Exemplaren der Bibel, deren Druck Gutenberg um 1455 abschloss, sind 49 vollständige oder im Wesentlichen vollständige Exemplare erhalten. Zuletzt veräußert wurde eine vollständige Gutenberg-Bibel im Jahr 1978. Sie wurde für damals umgerechnet ca. 4 Millionen DM verkauft und befindet sich jetzt in Stuttgart. 1987 wurde in New York ein einzelner Band für 5,4 Millionen US-Dollar an einen japanischen Buchhändler verkauft. 1996 wurde dieses Exemplar von der Keio-Universitätsbibliothek Tokyo erworben, das einzige Exemplar der Gutenberg-Bibel in Asien. Wer schon einmal in Erwartung eines eventuell auf den Markt kommenden Exemplars sparen möchte, wird wahrscheinlich gut zehn Millionen Euro benötigen. Für denjenigen, dessen Möglichkeiten ein vollständiges Exemplar übersteigt, mag es interessant sein zu erfahren, dass 2015 acht Blätter, das gesamte Buch Esther, bei einer Auktion für 970.000 US-Dollar den Besitzer wechselten; 2019 wurde ein Einzelblatt für lediglich 56.250 US-Dollar veräußert.

Ob vollständige Exemplare oder Fragmente, die Geschichte ihrer Provenienz und ihres Überdauerns ist oft so wundersam wie die Bücher selbst. Beispielsweise hat das perfekte Papierexemplar der Gutenberg-Bibel in der Bodleian Library der Oxford University eine besonders interessante Reise hinter sich.[27] Um 1475 vermachte es der Bürgermeister von Heilbronn, etwa 140 Kilometer südöstlich von Mainz, dem Heilbronner Karmeliterkloster. 1632, im Dreißigjährigen Krieg, wurde das Kloster zerstört und die Bibel gelangte in den Besitz des schwedischen Generals Axel Oxenstierna. Sie fand dann ihren Weg in die Bibliothek des französischen Kardinals Étienne Charles de Loménie de Brienne und wurde 1793 für 100 Pfund von der Bodleian Library aufgekauft, ein Jahr, bevor de Brienne an einem Schlaganfall oder einer Vergiftung im Gefängnis verstarb.

Das in Harvard befindliche Exemplar hat ebenfalls eine besonders interessante und umfassend dokumentierte Provenienz. Nach dem Druck in Mainz wurde es zunächst in die Kathedrale von Utrecht gebracht. Im 17. Jhdt. kehrte es nach Deutschland zurück, wo es verblieb, bis es Anfang des 19. Jhdts. nach Paris gelangte. Kurz danach kam es nach England, dann gegen Ende des 19. Jhdts. nach New York. Anschließend wurde es von der Familie Widener in Pennsylvania gekauft, die es später, im Mai 1941, der Harvard College Library in Cambridge, Massachusetts, vermachte.[28] 1969 versteckte sich ein junger Mann, der sein eigenes Exemplar der legendären Bibel besitzen wollte, in einer Toilette im obersten Stock der Widener Library, wo er geduldig das Ende der Öffnungszeiten abwartete. Dann kletterte er aus dem Toilettenfenster und arbeitete sich zum Dach vor, von wo er sich in den Raum abseilte, in dem die Bibel ausgestellt war. Jedoch wogen die zwei Bände der kostbaren Bibel, die er an sich genommen hatte und die sich jetzt in seinem Rucksack befanden, mehr als 30 Kilogramm und behinderten sein Vorankommen zurück nach oben. Er stürzte sechs Stockwerke in die Tiefe, wo er am folgenden Morgen mit einer Gehirnerschütterung und einer Schädelfraktur entdeckt wurde. Die Gutenberg-Bibel hatte seinen Fall gebremst, dabei aber nur minimalen Schaden genommen. Sie war sowohl für seinen Fall als auch für seine Rettung verantwortlich.

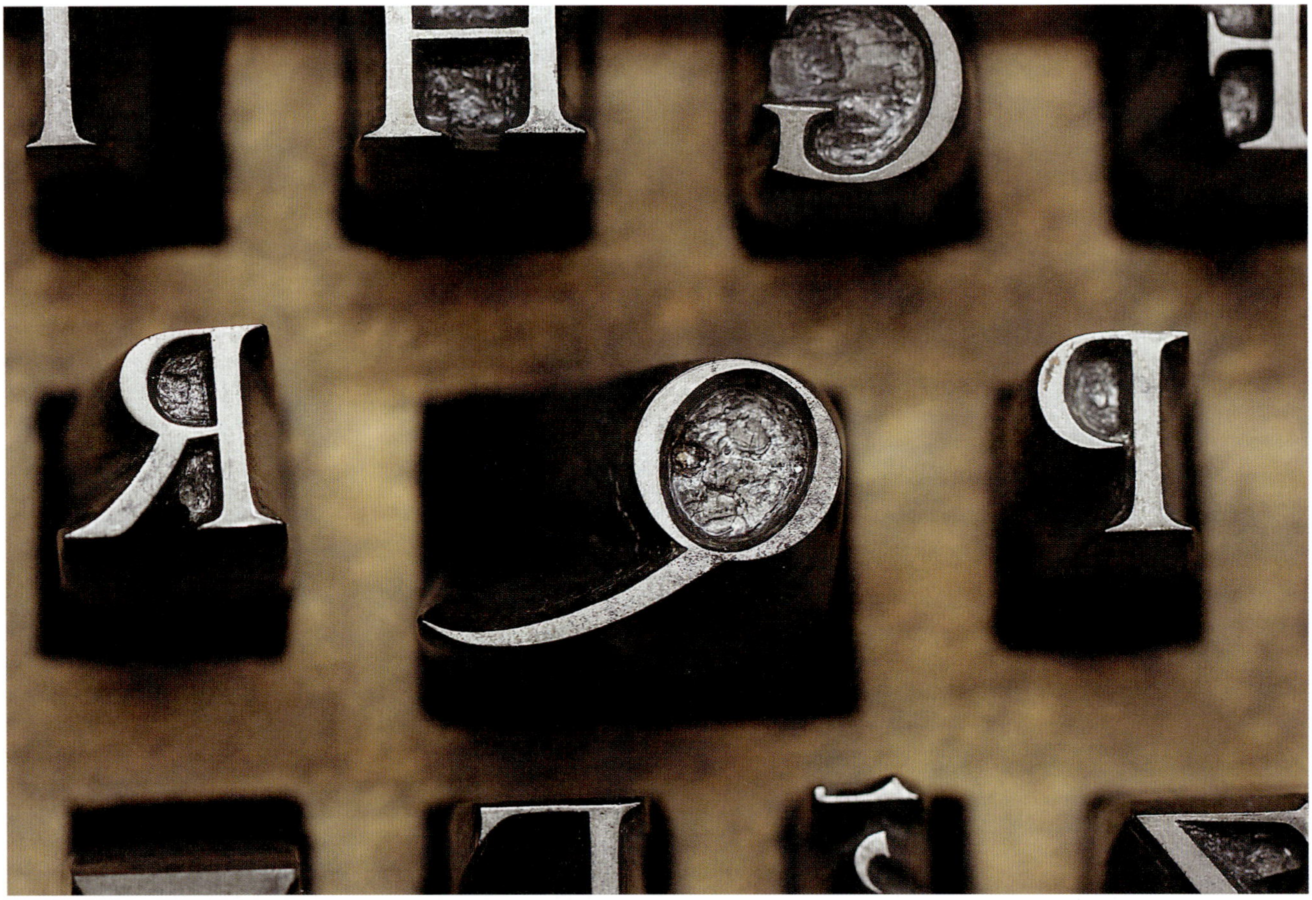

Stempelschneiden, justieren, gießen
Die ersten Schriften

2

> Unter dem Schutz des Höchsten … ist dieses vortreffliche Buch … nicht mit Hilfe von Schreibrohr, Griffel und Feder, sondern mit der wunderbaren Harmonie und dem Maß der Typen und Formen gedruckt worden.[1]

BEIM SPAZIERGANG IN DEN DÜNEN mit seinen Kindern nahm ein Vater ein Stück Rinde auf und schnitzte daraus, nur zu ihrer Unterhaltung, einen Buchstaben. Als er ihn fertiggestellt hatte, fiel er ihm mit der Oberseite nach unten aus der Hand und hinterließ einen Abdruck im Sand. In diesem glücklichen Zufall sah Laurens Coster aus Haarlem in den Niederlanden den gesamten typografischen Prozess deutlich vor sich. Trotz ihrer zweifelhaften Natur beleuchtet diese Geschichte ein wesentliches Element der Typografie – ein Alphabet aus einzelnen geformten bzw. gegossenen Lettern, die eingefärbt und dann abgedruckt werden.

Das lateinische Alphabet mit seinen gerade einmal 23 Buchstaben bot sich geradezu an für die typografische Reproduktion – sicherlich weit mehr jedenfalls als die Tausende von Ideogrammen des Fernen Ostens, wo es frühe Experimente mit beweglichen Lettern aus gebranntem Ton, Keramik, Holz und – im Korea des 13. Jhdts. – Bronze gegeben hatte.[2] Gutenbergs Erfindung war gänzlich unabhängig von jenen Experimenten im Osten. Wir wissen nicht, was zu Gutenbergs Entscheidung geführt hat, metallene Lettern herzustellen, gesichert ist lediglich, dass er während eines Aufenthalts in Straßburg damit zu experimentieren begann. Es war etwa dieselbe Zeit, als er das Geschäft mit Wallfahrtsspiegeln für die bevorstehende Aachener Wallfahrt aufgenommen hatte. Aachen war eines der wichtigsten Pilgerzentren des mittelalterlichen Europa und berühmt für seine Reliquien, zu denen u.a. auch das Lendentuch Jesu gehörte. Die Spiegel wurden von den Pilgern verwendet, um einen Blick auf die Reliquien zu erhaschen, etwas von deren geheiligter Aura einzufangen und dies dann mit nach Hause nehmen zu können. Sie waren traditionellerweise in eine Legierung aus Blei und Zinn eingelassen (ähnlich dem Zinnguss der Zeit, der unter anderem für Besteck und Tafelgeschirr verwendet wurde) – den Metallen also, die Gutenberg neben Antimon benutzte, um seine Lettern zu gießen, die „etwa zu 83 Prozent aus Blei, 9 Prozent aus Zinn, 6 Prozent aus Antimon und je 1 Prozent aus Kupfer und Eisen" bestanden.[3] Blei

11 Stempel für die Garamond.

war ein relativ kostengünstiges Metall, aber zu weich; die Beifügung von Antimon führte zu härteren, langlebigeren Lettern. Doch war der Schriftkegel das Resultat eines langwierigen Prozesses. Seine Herstellung begann mit der eines Stempels, der Patrize.[4] Der Stempelschneider arbeitete mit Sticheln, Feilen und Schlagstempeln (Punzen bzw. Punziereisen) die winzige Form eines Buchstabens als Hochrelief ins Ende einer kleinen Stahlstange. Eine Punze wurde gebraucht, um den Buchstabeninnenraum (ebenfalls Punze genannt) zu schlagen, also den Bereich, der bei Buchstaben wie *o*, *p* und *q* geschlossenen und bei Buchstaben wie *n*, *m* und *h* nur teilweise geschlossenen ist. Während dieses akribischen Prozesses machte der Stempelschneider von Zeit zu Zeit Probeabdrucke von einem Stempel, der in eine Kerzenflamme gehalten wurde, um ihn mit Ruß zu überziehen. Der Stempelschneider arbeitete sich durch das gesamte Alphabet mit Groß- und Kleinbuchstaben, Ligaturen, Zahlen und Interpunktionszeichen, bis der ganze Satz an Buchstaben fertiggestellt war. Man schätzt, dass pro Tag zwischen einem und vier Stempeln gefertigt werden konnten, ein komplettes Set, das etwa 120 davon zählte, brauchte zu seiner Herstellung also ein bis vier Monate.[5] Wenn die Stempel fertiggestellt waren, wurden sie gehärtet und dann in ein weicheres Metall wie etwa Kupfer eingeschlagen. Die daraus resultierende Kupfermatrize trug nun den Abdruck der Buchstabenform. Allerdings entstanden durch das Einschlagen des Stempels gewisse Deformierungen an der Matrize, so dass diese, bevor sie zum Gießen von Lettern verwendet werden konnte, „justiert", d.h. nachbearbeitet und begradigt werden musste. Um Verzerrungen zu minimieren, konnte der Stempel auch durch den Druck einer Schraube in das Kupfer gepresst werden.[6] Das Justieren der Matrizen stellte sicher, dass die Typen mittig und senkrecht blieben und so keine unebenen oder „tanzenden" Linien ergaben, wenn sie beim Druck kombiniert wurden. Die Matrize für jeden Buchstaben wurde dann im unteren Ende eines Handgießinstruments platziert, das anpassbar war, um für Lettern mit unterschiedlicher Breite geeignet zu sein, vom breitesten *M* und *W* bis zum schmalen *I* oder etwa einem Komma.[7] Die geschmolzene Legierung aus Blei, Zinn und Antimon wurde von oben in die Gussform gegossen. Das Abkühlen und Aushärten gingen sehr schnell vonstatten, wobei der jeweils richtige Anteil der verschiedenen metallischen Bestandteile an der Legierung sicherstellte, dass sie sich beim Abkühlen nicht wesentlich ausdehnten oder zusammenzogen. Der sich daraus ergebende Einzelbuchstabe aus gegossenem Metall wurde aus der Gussform entnommen und gereinigt und war dann bereit, zum Drucken eingesetzt zu werden.[8] Ein Prozess, der Tausende Male wiederholt werden musste. Gutenberg ließ vermutlich mindestens 100.000 Drucklettern für die 42-zeilige Bibel gießen.[9] Ein Dokument aus dem Jahr 1474 führt den Guss einer aus 80.000 Lettern bestehenden Schrift zum Gebrauch in einer neu eingerichteten Druckerei im Benediktinerkloster von St. Ulrich und Afra in Augsburg auf.[10]

Die ersten gotischen Schriften

Ebenso wie die Gutenberg-Bibel nicht das erste typografische Druckwerk war, war die in ihr zum Einsatz kommende B42-Type – eine gotische Schriftart nach dem Vorbild der *Textualis formata*, einer aus Handschriften vertrauten Buchschrift – keineswegs die erste je hergestellte Schrifttype.[11] Tatsächlich existierten bis zu der Zeit, als Gutenberg und Fust um etwa 1455 die B42 vollendeten, mindestens vier Schriften: außer der B42-Type (Abb. 12) gab es die sogenannte Donatus-Kalender(DK)-Type, benannt nach ihrem frühen Gebrauch in den Grammatiken von Donatus und dem sogenannten Astronomischen Kalender, und zwei kleinere gotische Kursivschriften bzw. *Bastarda*.[12] Von diesen war die DK-Type die früheste, tritt sie doch bereits im *Sibyllenbuch*-Fragment in Erscheinung, das etwa 1452–53 gedruckt wurde.[13] In einer verbesserten Form tauchte sie in der zweiten gedruckten Bibel, der 36-zeiligen oder Bamberger Bibel wieder auf, die höchstwahrscheinlich ebenfalls von Gutenberg gedruckt wurde.[14] Wie bei der B42-Type handelte es sich bei der DK-Type um eine sehr formalisierte gotische *Textura*. Die beiden anderen gotischen Kursivschriften, I30 und I31, erschienen in Ablassbriefen, die 1454 gedruckt wurden, und wurden nach der Zeilenanzahl in den beiden Hauptvarianten benannt (Abb. 13). Im 30-zeiligen Ablassbrief wurde eine frühe Version der Schrift der Gutenberg-Bibel für die Titelauszeichnungen verwendet; die geringfügig größere gotische Kursive im 31-zeiligen Ablassbrief war von der DK-Type begleitet. Nach ihrer Verwendung für den Ablassbrief verschwand die I30-Type komplett von der Bildfläche. Die I31-Type hingegen wurde bei nicht weniger als vier Gelegenheiten verwendet, darunter in einem gekürzten lateinisch-deutschen Wörterbuch und einem Opusculum von Thomas von Aquin,[15] gedruckt von Nikolaus Bechtermünz in Eltville unweit von Mainz, ebenso wie in zwei Flugblättern aus dem Jahr 1480, eines davon ein Aufruf zum Kreuzzug,[16] das andere eine sehr viel weltlichere Einladung zu einem Wettbewerb im Armbrustschießen.[17]

Die beiden gotischen Schriften der Ablassbriefe, I30 und I31, waren im Entwurf ähnlich, ließen sich jedoch leicht anhand ihrer Großbuchstaben unterscheiden, insbesondere anhand der Gestalt des *C*, *D* und *T*, die bei der I30 senkrechte Haarstriche aufwies. Bei den Kleinbuchstaben der beiden Schriftsätze gab es weniger signifikante Unterschiede, am auffälligsten war vielleicht das *g*: Man beachte, dass der untere Bogen bei der I31 nicht geschlossen ist; außerdem umfasst die I30 viel mehr Ligaturen und Kontraktionen.[18]

12 Muster von der B42-Type.

13 (gegenüber) Die 130 und 131-Typen für Ablassbriefe, 1454–55.

Die erste Antiqua

Die Buchstabenformen der Renaissance haben ihre Ursprünge weit jenseits der italienischen Renaissance in der Antike. Im alten Rom existierten neben den Großbuchstaben der Römischen Republik bzw. des Römischen Reichs die *Capitalis rustica*, die mit dem Pinsel geschriebene *Capitalis quadrata*, Unzial- und Halbunzialschriften mit stärker gerundeten Formen, wie sie sich seit dem 1. Jhdt. entwickelten, sowie eine schneller zu schreibenden Kursive für den täglichen Gebrauch. Aus den Unzialen und Halbunzialen entwickelten sich die Buchstabenformen der Minuskeln sowie eine neue Buchschrift, die in Frankreich zur Blütezeit des Karolingerreichs praktiziert wurde und sich schnell im gesamten mittelalterlichen Europa verbreitete.[19]

Diese karolingische Schrift florierte während der gesamten karolingischen Zeit im 8. und 9. Jhdt. Ab Anfang des 11. Jhdts. bis ungefähr 1225 jedoch entwickelten sich die offenen, gerundeten Formen der

14 Auf Alkuin geht die Vorstellung von einer Hierarchie der Schriften zurück, die von alten zu neuen Schriften reicht: Römische Majuskel, Unziale und karolingische Minuskel, wobei die Großbuchstaben repräsentativen Zwecken vorbehalten blieben, wie auf dieser Seite aus einer lateinischen Bibel zu sehen. Handschrift gefertigt in Tours, Abtei St. Martin, ca. 820–30.

karolingischen Minuskel zu einer eckigeren, kantigeren, enger laufenden Schrift. Allmählich nahm der Abstand zwischen bestimmten Buchstabenpaaren ab und die Bögen bzw. gerundeten Teile der Buchstaben (z.B. bei *b, d, o, p*) begannen sich anzunähern bzw. zu „verschmelzen".[20] Mit Anbruch des 12. Jhdts. war diese markante, verdichtete und an Ligaturen reiche gotische Schrift mit zahllosen nationalen und lokalen Variationen voll entwickelt und wurde in ganz Europa verwendet. Die Gründe für die Transformation der karolingischen Schrift ins Proto-Gotische bzw. ihre „Gotisierung" wurden lange Zeit diskutiert, bis die Debatte schließlich beendet wurde, ohne dass eine der möglichen Erklärungen allgemein akzeptiert worden wäre.[21] Schriften entwickeln sich aus einer Reihe von Gründen, abgesehen von manchmal bewussten Versuchen, neue Stile zu entwerfen und zu popularisieren.[22] Beispielsweise wird eine rigide und formalisierte, konstruierte Schrift, wenn sie zügiger geschrieben wird, weniger formal und stärker der Kursive zuneigend aussehen. Außerdem beeinflussen auch die Art des verwendeten Schreibwerkzeugs und der Winkel, in dem es gehalten wird, das Gesamterscheinungsbild von Buchstabenformen. Ein anderer Faktor waren Größe, Bedeutung und Einfluss bestimmter klösterlicher Skriptorien. Bei einem großen Skriptorium in einer Universitätsstadt, das Dutzende von Schreibern beschäftigte, war es wahrscheinlicher, dass es die Entwicklung nationaler Schriften beeinflusste, als dies bei einem einsamen Schreiber irgendwo auf dem Land der Fall war.

Mit dem 14. Jhdt. kündigten sich bedeutsame Veränderungen an. Coluccio Salutati (1331–1406), seines Zeichens Humanist und Kanzler von Florenz, setzte sich für eine neue halb-gotische Schrift ein, die sich zur humanistischen Minuskel von Poggio Bracciolini (1380–1459) und Niccolo Niccoli (1364–1437) weiterentwickelte.[23] Der Renaissance-Humanismus, eine in Florenz geborene intellektuelle und kulturelle Bewegung, sah in der klassischen Antike ein zivilisiertes und zivilisierende Wirkungen ausübendes kulturelles Erbe. Der Kunsthistoriker Jacob Burckhardt beschreibt die frühen italienischen Humanisten als „diejenigen, welche das hochverehrte Altertum mit der Gegenwart vermittelten".[24] Ein beträchtlicher Teil ihres Enthusiasmus galt der Wiederherstellung des Besten des klassischen Zeitalters, am greifbarsten verkörpert in seiner Sprache und Literatur. Daher durchkämmten sie die ganze Welt nach Manuskripten und machten sich in aller Ernsthaftigkeit daran, diese zu transkribieren, zu übersetzen und zu kopieren. Aber so wie die philologischen Reformen der frühen Humanisten darauf abzielten, das Lateinische von seinen mittelalterlichen Verfälschungen zu befreien, so wollte man sich auch, was die Schrift betraf, rückbesinnen. Spätmittelalterliche gotische Schriften konnten einfach nicht das Vehikel klassischer Literatur sein, genauso wie das spätmittelalterliche Latein die Werke eines Cicero oder Livius nicht angemessen wiedergeben konnte. Als sie Manuskripte mit klassischer Literatur in den klösterlichen Skriptorien ganz Europas ausfindig machten, entdeckten die Humanisten, dass einige ihrer verehrten klassischen Autoren in einer runderen, leichteren, offeneren Schrift niedergeschrieben waren. Was sie sahen, waren mittelalterliche Kopien der Klassiker, die in der karolingischen Minuskel gehalten waren, jedoch schrieben sie die Schrift fälschlich der Antike zu, daher der Begriff „Antiqua" (von *litterae antiquae*, antike Buchstaben). Im Jahr 1465, etwa zur selben Zeit, als zwei staubbedeckte und erschöpfte deutsche Geistliche den Ort Subiaco in der ruhigen Abgeschiedenheit der Sabinischen Hügel östlich von Rom erreichten, war die humanistische Schrift, eine Auferstehung und Neuinterpretation der karolingischen Minuskel, voll entwickelt und eine naheliegende Wahl bei der Reproduktion der Klassiker.

15 Die allererste Antiqua-Schrift. Detail aus Augustinus' *De civitate Dei* („Vom Gottesstaat"), gedruckt von Sweynheym und Pannartz in Subiaco, 12. Juni 1467.

Sweynheym und Pannartz

Das Druckwesen hatte sich Mitte der 1450er Jahre von Mainz aus nach Straßburg, Bamberg, Eltville und Köln ausgebreitet. Jedoch musste trotz der engen wirtschaftlichen und kulturellen Verbindungen zwischen Deutschland und Italien noch ein Jahrzehnt vergehen, bis die Typografie die Alpen überquerte und nicht etwa in der kosmopolitischsten Stadt Europas, Venedig, oder gar in Rom, sondern in der ruhigen Zufluchtsstätte des Benediktinerklosters Santa Scolastica in Subiaco, etwa 70 Kilometer östlich von Rom, ans Tageslicht trat. Ein Jahrhundert zuvor, im Jahr 1364, hatte Papst Urban V., bestürzt über die „unverbesserlichen" Mönche des Klosters, Abt Bartholomäus aufgetragen, diese zu entlassen. Viele ihrer Nachfolger kamen aus Deutschland, was dazu führte, dass in der Folge noch mehr deutsche Immigranten angezogen wurden, darunter zwei Angehörige der niederen Geistlichkeit, Konrad Sweynheym und Arnold Pannartz. Während des 14. und 15. Jhdts. waren im Kloster von Subiaco die Ausländer gegenüber den italienischen Mönchen in der Überzahl. Von den zwischen 1360 und 1515 etwa 280 namentlich verzeichneten Mönchen waren mehr als ein Drittel (110) aus Deutschland. Sweynheym war möglicherweise in Mainz bei Peter Schöffer angestellt gewesen, und Pannartz stammte aus Köln (und nicht, wie in vielen Quellen kolportiert, aus Prag). Der erste Kolophon von Sweynheym und Pannartz (Rom, 1467) hält fest, sie seien „deutsche Landsleute". Ihre an Papst Sixtus IV. gerichtete Bittschrift aus dem Jahr 1472 hält unmissverständlich fest, dass sie aus den Diözesen Mainz bzw. Köln stammten.[25] Umgeben von zahlreichen Landsleuten, dürften sich die beiden geistlichen Drucker in Italien durchaus zuhause gefühlt haben.

Während ihres Aufenthalts in Subiaco druckten Sweynheym und Pannartz vier Werke: Ciceros *De oratore* („Über den Redner"), Aurelius Augustinus' *De civitate dei* („Vom Gottesstaat"), Laktanz' *Opera* („Werke") und eine lateinische Grammatik von Donatus. Der Donatus ist nicht erhalten geblieben, aber wir dürfen annehmen, dass er in derselben Antiqua gedruckt wurde, die auch für die anderen drei Verwendung fand. Ebenso wie die ersten Drucker sich bei ihren gotischen Schrifttypen an zeitgenössischen deutschen Handschriften orientierten, bildeten Sweynheym und Pannartz in Italien ihre Buchstabenformen vertrauten zeitgenössischen italienischen Buchschriften bzw. humanistischen Schriften nach. Es gibt nicht das *eine* Vorbild für ihre Schrift, genauso wie es nicht die *eine* humanistische Schrift gab. Vielmehr existierte diese in vielen Ausprägungen, mit lokalen Variationen, die durch die Idiosynkrasien einzelner Schreiber noch weitere Unterscheidungen erfuhren.

Die Großbuchstaben der Subiaco-Schrifttype sind Antiqua-Buchstaben, wiewohl eindeutig eine Interpretation des 15. Jhdts. einer antiken

Die Erfindung des Buchs

distinxit. Capitlm̃. iiii. ¶ Sed inter. Quod de theologia cũ platonicis potissimum disceptandũ sit: quoʒ opioni oium philosophoʒ postponẽda sint dogmata. Caplm̃. v. ¶ Si ergo Plato. De platonicorũ sensu in ea pte phĩe quę phisica noiaẽ. Caplm̃. vi. ¶ Viderũt g̃. Quãto excellentiores ceteris in logica id est rõnali phĩa platonici sint habendi. Capitlm̃. vii. ¶ Quod aũt actinet. Quod etiã in morali phĩa platonici obtineãt pñcipatũ. Ca. viii. ¶ Reliqua ẽ ps. De ea phĩa quę ad ueritatem fidei xanę propinqui9 accessit. Ca. ix. ¶ Nũc satis. Quę sit iter philosophicas artes religiosi excellentia xãni. Cap. x. ¶ Nec si lras. Vnde Plato eam intelligẽtiam potuerit acq̃rere: qua xpianę scientię ppinquauit. Capitulũ. xi. ¶ Mirantẽ aũt. Quod etiã platoici licet de uno uero deo bñ senserint: multis tñ diis sacra faciẽda censuerũt. Caplm̃. xii. ¶ Ideo quippe. De sentẽcia Platonis: qua diffiniuit dos non esse misi bonos: amicosq; uirtutum. Capitulum. xiii. ¶ Quanq̃ ergo. De opinione eoʒ: qui rõnales aĩas triũ generũ esse dixerũt: id ẽ in diis cęlestib9: in demõibus aereis: et i hõibus terrenis. Caplm̃. xiiii. ¶ Exponim9 inqunt. Quod neq; propter aerea corpora: neq; ppter supiora habitacula: demões hõib9 ãtecellũt. Caplm̃. xv. ¶ Quãobrem. Quid de moribus demonum Apuleius platonic9 senserit. Ca. xvi. ¶ De morib9. An dignũ sit eos spũs ab hoĩe coli: a q̃rũ uiciis etiã oporteat liberari. Capi. xvii.

demõibus q̃ hõibus misceant̃. Capitulũ. xx. ¶ At enim urgens. An demõibus nũciis & interpretib9 dii utantur: fallãq; se ab eis aut ignorant aut uelint. Capitlm̃. xxi. ¶ Vellem ut isti. De abiciendo cultu demonũ contra Apuleium. Caplm̃. xxii. ¶ Quia ig̃r. Quid Hermes trimegistus de idolatria senserit: et unde scire potuerit supstitões ęgiptias auferẽdas. Ca. xxiii. ¶ Nam. Quomodo Hermes patenter parentum suoʒ sit confessus errorẽ: quẽ tñ doluerit destruẽdum. Caplm̃. xxiiii. ¶ Quoniã. De his quę sanctis angelis et hõib9 bonis possũt ee cõia. Ca. xxv. ¶ Nullo g̃ mõ. Quod ois religio paganoʒ circa homies mortuos fuerit impleta. Capitlm̃. xxvi. ¶ Sane ad uertendum. De modo honoris quẽ xpiani martirib9 impendũt. Cap. xxvii. ¶ Nec tñ nos.

Incipiũt nomi libri rubricę de ciuitate dei August. Ępī.

AD quem articulũ disputatio premissa puenerit. et q̃a discuuẽdum sit de residua quęstione. Cap. pm̃u. ¶ Et bonos. An inter demões qbus dii supiores sunt sit aliqua pars bonoʒ: quoʒ presidio ad ueram beatitudinem possit hũana aĩma puenire. Caplm̃ scdm̃. ¶ Apud plerosq;. Quę demõibus Apuleius ascribat: qbus cum rõnem non subtrahat: nihil uirtus assignat. Capitlm̃. iii. ¶ Quę ig̃r est. De pturbatõibus quę aĩmo accidũt: quę sit paripateticoʒ stoicorumq; sententia

Capitalis quadrata von der Hand eines Schreibers. Das *A* ist relativ breit und hat keine Serife am Scheitel; das *H* gehört zu den eigenwilligsten unter den Großbuchstaben, mit seinem gebrochenen rechten Stamm, auch wenn diese Form keine fantasiereiche Erfindung von Sweynheym und Pannartz war, sondern sich auch bei Vorbildern aus dem frühen 15. Jhdt. findet.[26] Der Großbuchstabe *I* weist einen Sporn auf, der links mittig aus dem Stamm herausragt. Der diagonale Abstrich des *N* trifft den rechten Stamm in der Mitte – eine bei humanistischen Schriften nicht ungebräuchliche Form. Zusätzlich zum langen *s* (ſ), ist auch ein kurzes *s* enthalten, das lediglich für Wortendungen gedacht ist.

Auch Abweichungen zwischen Groß- und Kleinbuchstaben sind zu erkennen. Zum Beispiel ist die Achsneigung bei den Großbuchstaben manchmal fast senkrecht, während sie bei den Kleinbuchstaben schräg verläuft. Zudem ist die Behandlung der Serifen eher willkürlich. Wie der Spezialist für die Geschichte des Buchdrucks Stanley Morison bemerkt, umfasst die Schrift mehrere Arten von *d*, *l* und *m* – möglicherweise Zugeständnisse an kalligrafische Variationen.[27] Insgesamt sind die Buchstabenformen nicht sehr kontrastreich (geringe Unterschiede in der Strichstärke). Das wesentliche Unterscheidungsmerkmal der Kleinbuchstaben der Antiqua von Subiaco besteht darin, dass sie schmaler geschnitten sind als jene von zeitgenössischen humanistischen Schriften. Zusammen mit den engen Zwischenräumen sorgt diese Besonderheit für einen relativ dunklen Ton (im Aussehen eines Textblocks insgesamt).

Es erscheint verwunderlich, dass die Benediktinermönche von Subiaco die Arbeit an ihrer eigenen Druckerpresse nicht fortgesetzt haben.[28] 1471, vier Jahre nachdem Sweynheym und Pannartz nach Rom gegangen waren, schrieb der Mönch Benedictus de Bavaria (Benedikt Zwink) aus dem Kloster Sacro Speco unmittelbar über Santa Scolastica an Laurentius, den Abt des Benediktinerklosters Gottweig (Österreich). In seinem Schreiben bot er diesem an, ein Brevier zu drucken; allerdings gibt es keinen Beleg dafür, dass Subiaco nach dem Weggang der Prototypografen Sweynheym und Pannartz auch nur einen weiteren Titel hervorgebracht hätte.

> Wir haben all die Ausrüstung für den Druck und auch die Menschen, die damit umzugehen wissen – alle Bücher, gleich in welcher Anzahl, könnten gedruckt und an alle die Klöster verteilt werden, die sich ihrerseits der Kongregation anschließen würden, mit der vor Ort verfügbaren Ausrüstung und mit der Hilfe von fünf Ordensbrüdern, die man in der Technik unterweisen könnte.[29]

Der Brief deutet außerdem an, dass sie 200 Exemplare drucken konnten. Ein Blatt mit Schriftmustern von Sweynheym und Pannartz' Ausgabe von *De civitate Dei* war beigefügt, was nahelegt, dass die Mönche in Subiaco ihre Schrift geerbt hatten. Dennoch scheinen sie keine Gelegenheit bekommen zu haben, diese zu nutzen. Jedoch macht der Brief von Benedictus de Bavaria überdeutlich, dass die Mönche stark in den Betrieb der Druckerei von Subiaco involviert gewesen sein mussten.

Der andere wahrscheinliche Kandidat für den ersten typografisch bewerkstelligten Druck auf der italienischen Halbinsel ist das *Leiden Christi*, ein Fragment einer Ausgabe der *Passione di Cristo*,[30] die tentativ auf bereits ca. 1462 datiert und ebenso tentativ entweder Ulrich Han (von Konrad Haebler) oder Damianus de Moyllis in Parma zugeschrieben wurde; sollte sie nicht nach Norditalien gehören, so stammt sie aus Süddeutschland. Ihr fragmentarischer Charakter macht eine endgültige Datierung problematisch. Felix de Marez Oyens schreibt das Wasserzeichen einer norditalienischen Papiermühle zu, was für sich genommen allerdings noch kein Beleg für eine italienische Provenienz ist.[31]

Im Kern bedeutet Typografie das Vorhandensein von einzelnen und beweglichen, bzw. neu kombinierbaren und wiederverwendbaren Metall-Lettern. Außerdem hat sich von ihrer Erfindung bis zum Ende des Zeitalters der Handpresse im frühen 19. Jhdt. sehr wenig geändert, sowohl was die Herstellungsweise der Lettern als auch ihren Gebrauch angeht. Auch die heutigen Schriften weisen unabhängig von ihrer materiellen (oder immateriellen) Beschaffenheit – aus Metall oder Holz oder auch in digitaler Form vorliegend – nach wie vor dieselben modularen Eigenschaften auf. Von den Erfindungen Gutenbergs sind seine beweglichen Lettern die folgenreichste. Die Wahl von Antiquaformen oder aber gotischen Formen war keine technisch motivierte Entscheidung, sondern eine kulturelle. Dass sich die Antiqua schließlich durchsetzte, liegt zum einen an ihrer offensichtlichen Klarheit, zum anderen aber auch am Enthusiasmus und Einfluss der Florentiner Humanisten sowie an den Reformen und Erfolgen der italienischen Renaissance. So wurde von Beginn des 15. Jhdts. an die humanistische Minuskel befördert – das Modell für die Buchstaben, in denen Ihnen auch dieses Buch entgegentritt.

Che la diritta uia era smarrita:
E t quanto a dir qual era, è cosa dura   esta
 Esta selua seluaggia et aspra et forte;
 Che nel pensier rinuoua la paura.
T ant'è amara; che poco è piu morte.
 Ma per trattar del ben, ch'i ui troudi;
 Diro de l'altre cose, ch'i u'ho scorte.
I non so ben ridir, com'i u'entrai;
 Tant'era pien di sonno in su quel punto,
 Che la uerace uia abbandonai.   uerace
M a po ch'i fui al pie d'un colle giunto   pie
 La, oue terminaua quella ualle,
 Che m'hauea di paura il cor compunto;
G uarda in alto; et uidi le sue spalle
 Vestite gia d'e raggi del pianeta,
 Che mena dritt'altrui per ogni calle.
A llhor fu la paura un poco queta;   queta
 Che nel lago del cor m'era durata   lago del co
 La notte, ch'i passai con tanta pieta.   pieta. i. la
E t come quei; che con lena affannata   simil do tento
 Vscito fuor del pelago alla riua   lena . i. a
 Si uolge a l'acqua perigliosa, et guata;   clito.
                                                  guata.
C osi l'animo mio, ch'anchor fuggiua,
 Si uols'a retro a rimirar lo passo;   retro.
 Che non lascio giammai persona uiua.
P o c'hei posat'un poco'l corpo lasso;   hei . i. habui
 Ripresi uia per la piaggia diserta   deserta

Die Heilige Katharina und die Piraten
Die ersten Kursivschriften

> Wir haben die Satiren von Juvenal und Persius, die wir nun veröffentlichen, in einem sehr kleinen Format gedruckt, damit sie jedermann in der Hand halten und auswendig lernen (und natürlich auch lesen) kann.
> ALDUS MANUTIUS[1]

WÄHREND GUTENBERG IN MAINZ mit beweglichen Lettern experimentierte, kam in der Familie Manuzio ein Sohn zur Welt, Aldo (latinisiert als Aldus Manutius). Geboren etwa 1450 in dem kleinen, in den Hügeln gelegenen Ort Bassiano ca. 65 Kilometer südöstlich von Rom, sollte Aldus Manutius einer der berühmtesten Drucker und Verleger aller Zeiten werden. In Rom studierte er bei Gaspare da Verona und arbeitete als Erzieher der adeligen Neffen von Giovanni Pico della Mirandola, von denen der Ältere, Alberto Pio, Prinz von Carpi, in Venedig einer seiner Finanziers werden sollte.[2] In Ferrara schloss er sein Griechischstudium bei dem humanistischen Gelehrten Battista Guarino ab. Im Sommer 1490 schließlich begann Aldus in Venedig eine neue berufliche Laufbahn und war eifrig damit beschäftigt, Handschriften zu sammeln, Geldgeber zu suchen und sich mit dem Geschäft des Druckens und Verlegens vertraut zu machen. Bevor er seine eigene Druckerei einrichtete, beauftragte er Andreas Torresanus (Andrea Torresani), der in den 1470er Jahren mit Jenson in Verbindung gestanden hatte, im März 1493 mit der Veröffentlichung seiner lateinischen Grammatik.[3] Im nächsten Jahr schließlich war die Druckerei in Partnerschaft mit Torresanus eingerichtet und 1495 konnte das erste Buch die Presse verlassen.

Anfangs druckte Aldus die griechischen Klassiker – Werke von Aristoteles, Herodot, Sophokles und Thukydides –, dann wandte er sich lateinischen Autoren und Werken in der Volkssprache zu. Der im Dezember 1499 publizierte Folioband *Hypnerotomachia Poliphili* („Traumliebesstreit des Poliphilo"), dessen Autorschaft dem Dominikanerpriester Francesco Colonna zugeschrieben wurde und der von Leonardo Grassi aus Verona in Auftrag gegeben wurde, ist eine exzentrische, fast unlesbare allegorische Prosaromanze, ausgeschmückt mit 172 Holzschnitten, und einer der berühmtesten Wiegendrucke überhaupt (siehe S. 75–77).[4] Während Michelangelo in Florenz die Arbeit an seinem *David* aufnahm, begann Aldus mit dem Druck des ersten Buchs in seiner Serie von Klassikern im

16 Aldinische Kursive aus einer frühen Ausgabe von Dante Alighieris *Inferno*, 1502.

Oktavformat, *libelli portatiles* genannte kleine Bücher, die komfortabel in der Hand gehalten werden konnten. Entgegen einem oft kolportierten Missverständnis liegt ihr Neuheitswert nicht in ihrer Größe – kleine Bücher im Oktavformat wurden nicht von Manutius erfunden, sondern existierten in Form von Handschriften bereits seit Jahrhunderten. Oft wurden sie für Andachtstexte wie etwa Stundenbücher gebraucht; im Incunabula Short Title Catalogue (ISTC) werden etwa 3.000 im Oktavformat gedruckte Ausgaben vor 1500 verzeichnet, das entspricht etwa 10 % aller Inkunabel-Ausgaben. Auch lag ihre Originalität keineswegs in den behandelten Themen – lateinische Klassiker gehörten zu den ersten Büchern, die in Italien von den Prototypografen Sweynheym und Pannartz publiziert worden waren. Und anders als zuweilen behauptet, waren sie nicht besonders kostengünstig – so beklagte sich Isabella d'Este, Markgräfin von Mantua, über den Preis einiger Luxusexemplare von Klassikern auf Pergament, die sie bei Manutius bestellt hatte. Einfache Papierexemplare wurden für einen Vierteldukaten verkauft, was keineswegs wenig war und sogar an den Preis für einige der größeren Quart-Ausgaben herankam.[5] Die Aldinen im Oktavformat waren nicht billig, aber sie waren beträchtlich kleiner als die Quart- und Folio-Ausgaben, die von eingehenden Kommentaren aus der Feder von Persönlichkeiten wie Donatus, Landino oder Mancinelli begleitet wurden. Die neuen kleinformatigen Aldinen hingegen verzichteten auf solche Kommentare. Diese Auslassung brachte eine erhebliche Platzersparnis, mehr noch als die neue kursive Schrifttype, und ein kleineres Format mit weit geringerer Seitenzahl war zweifelsohne billiger in der Herstellung. Es ist also die erfolgreiche Synthese dieser Einzelmerkmale, die die Beliebtheit und Neuigkeit der *libelli portatiles* ausmachte.

Der Virgil von 1501 war das erste Buch, in dem die neue aldinische Kursive durchgängig verwendet wurde. Ihren ersten Auftritt hatte sie jedoch – wenn auch in einer Nebenrolle – bereits im vorhergehenden Jahr in der Folio-Ausgabe der *Epistole devotissime de Sancta Catharina da Siena* von Manutius, wo lediglich fünf lateinische Wörter in der neu geschnittenen Kursive gesetzt sind: Das Frontispiz ziert eine Holzschnittdarstellung der Heiligen Katharina, die ein aufgeschlagenes Buch und ein Herz hochhält. Auf den beiden Seiten des Ersteren sind jeweils die Worte *iesu dolce* | *iesu amore* geschrieben, auf Letzterem ist das Wort *iesus* zu erkennen (Abb. 18).[6] Nebenbei bemerkt wurde das Werk von der Verlegerin Margherita Ugelheimer in Auftrag gegeben, der Witwe von Peter Ugelheimer, dem früheren Geschäftspartner und engen Freund von Nicolas Jenson. Dann tauchte die neue kursive Schrift im Februar 1501 wieder auf, Monate vor dem Vergil, und zwar im Vorwort zur zweiten Auflage der lateinischen Grammatik von Manutius.

In einem Vorwort zu seiner Vergil-Ausgabe von 1514 erklärt Manutius, die Inspiration für seine *libelli portatiles* oder *enchiridia* (Handbücher) sei von den Büchern in der Bibliothek seines Freundes Bernardo Bembo ausgegangen, kleinformatigen, in einer humanistischen Kursive geschriebenen Handschriften. Während die Antiqua dem Modell formalisierter humanistischer Buchschriften des 15. Jhdts. folgte, basierte die kursive Type des Manutius auf der zügiger geschriebenen kursiven humanistischen Schrift oder *littera humanistica cursiva*, wie sie etwa während des 15. und 16. Jhdts. in der päpstlichen Kanzlei verwendet wurde (Abb. 19). Tatsächlich könnte seine allererste Kursive der Handschrift des Paduaner Schreibers und Illuminators Bartolomeo Sanvito (1433–1511) nachgebildet worden sein.[7]

Nachahmungen

In einer Zeit, die noch kein „Copyright" kannte, suchte Manutius alsbald nach Möglichkeiten, sowohl seine neuentworfene kursive Schrift als auch die Editionen, in welchen diese benutzt wurde, bestmöglich vor Raubkopierern und Fälschern zu schützen. 1502 wurden ihm durch zwei Erlässe des Senats und des Dogen von Venedig „Privilegien" (das exklusive Recht, ein Werk oder eine Art von Werken über einen bestimmten Zeitraum zu drucken) garantiert. Das Privileg mit einer Laufzeit von zehn Jahren, das ihm der Senat zugebilligt hatte, drohte Fälschern mit Geldbußen und Konfiskation. (1496 war Manutius ein ähnliches, 20 Jahre gültiges Privileg für seine griechischen Typen und damit auch für seine Bücher in griechischer Sprache eingeräumt worden.[8]) Jedoch gibt es keine Belege dafür, dass solche Privilegien wirklich viel gegen Fälschungen ausgerichtet hätten – es sollte nicht lange dauern, bis sowohl seine kursive Schrift als auch ganze Bücher kopiert wurden. Just im selben Jahr, in dem der Senat Manutius den Schutz gewährte, wurde in Lyon eine raubkopierte Ausgabe seines Dante publiziert.[9] Auch wenn sie unsigniert ist, wird sie üblicherweise Barthelemy Trot zugeschrieben, der sich ironischerweise „der ehrliche Buchhändler" nannte. In einer weiteren Fälschung aus seiner Druckerpresse war Trot dreist genug, auch Manutius' ganz in Großbuchstaben gehaltene Warnung nachzudrucken: „Wer immer du bist, auf welche Weise auch immer du diese Ausgabe missbrauchst, es wird dir deine Verurteilung als Straftäter durch den illustren venezianischen Senat eintragen. Sag nicht, du seist nicht gewarnt gewesen. Sei auf der Hut!"[10] Dass so viele frühe Pseudo-Editionen oder Fälschungen unsigniert waren, legt nahe, dass sie zum Export nach Italien bestimmt waren, um in Konkurrenz mit den echten Aldinen zu treten. Als Manutius von den Raubkopien erfuhr, publizierte er am 16. März 1503 als Protestmaßnahme ein „Monitum", in dem er nicht nur die Raubkopierer geißelte, sondern auch die Aspekte

17 Eine Oktav-Ausgabe des Juvenal aus der Presse des Aldus Manutius, gedruckt auf Pergament. Venedig, 1501.

IVNII IVVENALIS AQVINA
TIS SATYRA PRIMA.

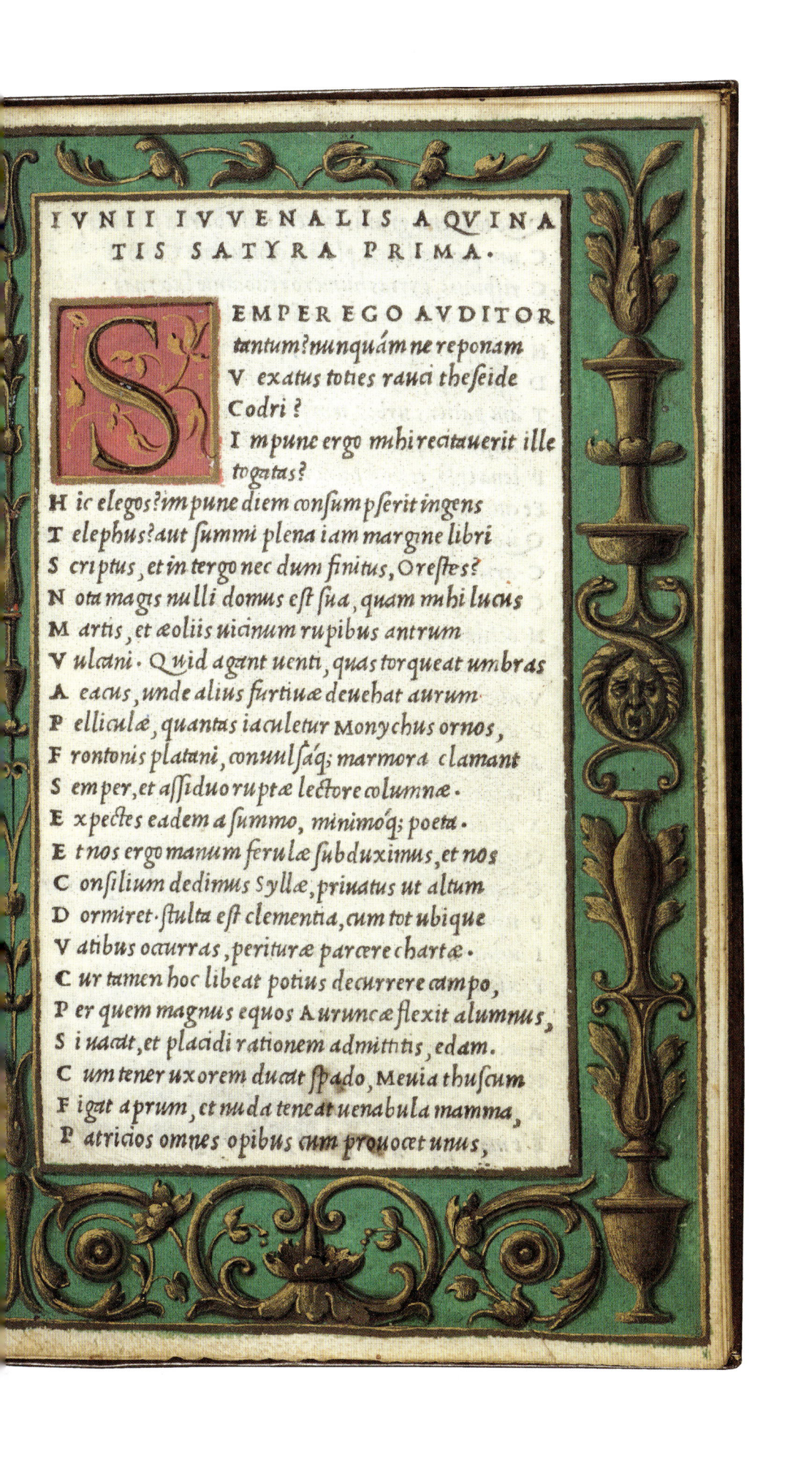

SEMPER EGO AVDITOR
tantum? nunquám ne reponam
V exatus toties rauci theseide
Codri?
I mpune ergo mihi recitauerit ille
togatas?
H ic elegos? impune diem consumpserit ingens
T elephus? aut summi plena iam margine libri
S criptus, et in tergo nec dum finitus, Orestes?
N ota magis nulli domus est sua, quam mihi lucus
M artis, et aeoliis uicinum rupibus antrum
V ulcani. Quid agant uenti, quas torqueat umbras
A eacus, unde alius furtiuae deuehat aurum
P elliculae, quantas iaculetur Monychus ornos,
F rontonis platani, conuulsaq; marmora clamant
S emper, et assiduo ruptae lectore columnae.
E xpectes eadem a summo, minimóq; poeta.
E t nos ergo manum ferulae subduximus, et nos
C onsilium dedimus Syllae, priuatus ut altum
D ormiret. stulta est clementia, cum tot ubique
V atibus occurras, periturae parcere chartae.
C ur tamen hoc libeat potius decurrere campo,
P er quem magnus equos Auruncae flexit alumnus,
S i uacat, et placidi rationem admittitis, edam.
C um tener uxorem ducat spado, Meuia thuscum
F igat aprum, et nuda teneat uenabula mamma,
P atricios omnes opibus cum prouocet unus,

TRANSIIT AD SPONSVM TRIBVS EXORNATA CORONIS

iesu / iesu
dol / amo
ce / re

Dulce signum charitatis
Dum amator castitatis,
Cor mutat in Virgine.

iesus

COR MVNDVM CREA IN ME DEVS

SANCTA CATHARINA DE SENIS.

18 (links) *Epistole devotissime de Sancta Catharina da Siena*, von Aldus Manutius im Jahr 1500 gedruckt. Hier tritt erstmals, auf dem geöffneten Buch und auf dem Herz, die neue aldinische Kursive in Erscheinung.

19 (rechts) Ein dem Werk *Ex Ponto* von Ovid entstammendes Beispiel für die Schriftzüge des Paduaner Schreibers Bartolomeo Sanvito (15. Jhdt.). Solche Buchstabenformen einer Kursive oder Kanzleikursive, standen Pate für die ersten kursiven Typen.

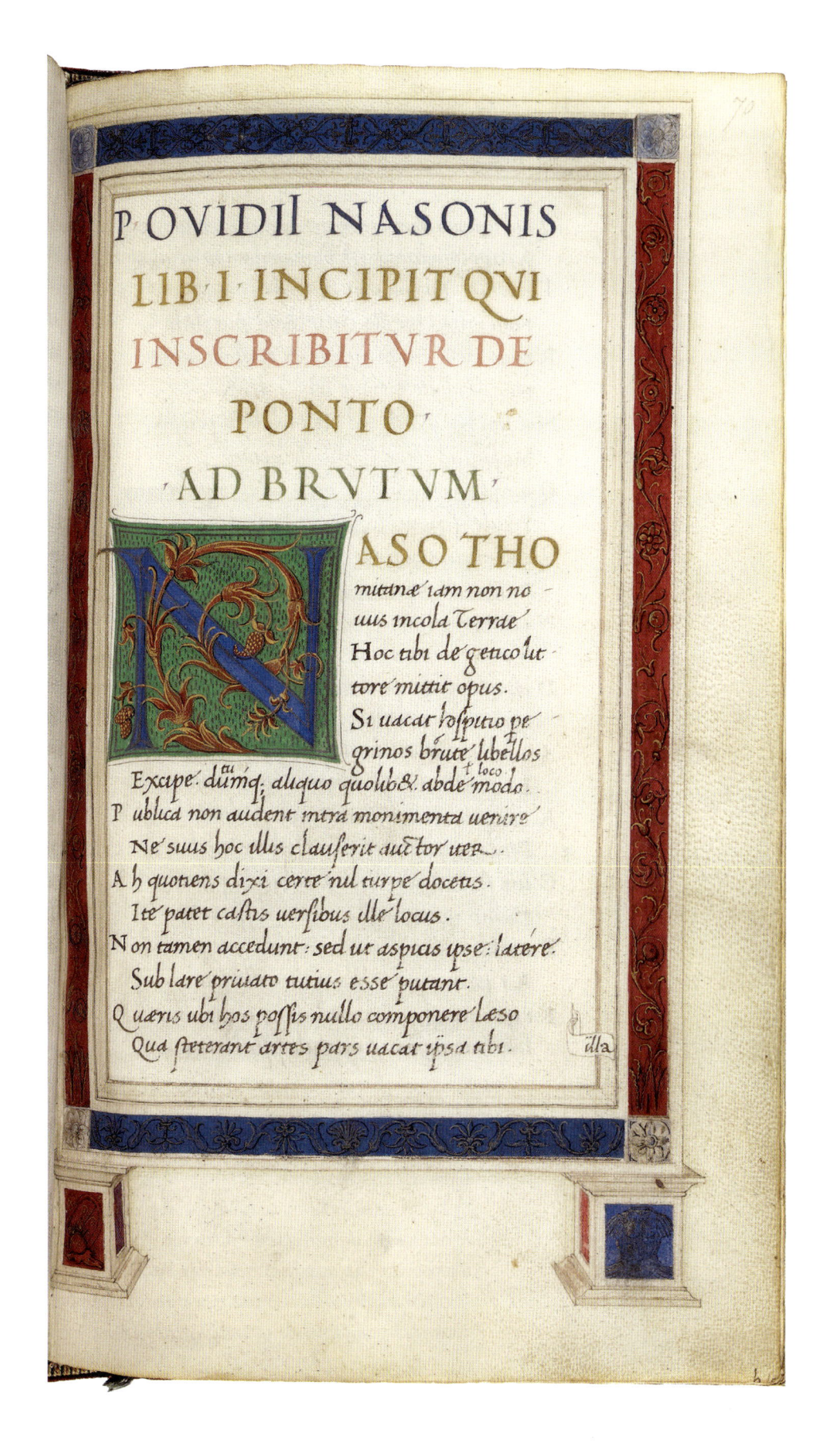

P OVIDII NASONIS
LIB I INCIPIT QVI
INSCRIBITVR DE
PONTO
AD BRVTVM
ASO THO
mitanae iam non no
uus incola Terrae
Hoc tibi de getico lit
tore mittit opus.
Si uacat hospitio pe
regrinos brute libellos
Excipe dumq; aliquo quolibet abde loco modo.
Publica non audent intra monumenta uenire
Ne suus hoc illis clauserit auctor iter.
Ah quotiens dixi certe nil turpe docetis.
Ite patet castis uersibus ille locus.
Non tamen accedunt: sed ut aspicis ipse: latere.
Sub lare priuato tutius esse putant.
Quaeris ubi hos possis nullo componere laeso
Qua steterant artes pars uacat ipsa tibi.

20 Aldus Manutius' „Monitum" (16. März 1503), in dem er die Merkmale aufzählt, welche die Fälschungen von seinen originalen Aldinen unterschieden.

aufzählte, in welchen die gefälschten Lyoner Ausgaben minderwertig waren (Abb. 20):

> Diese betrügerischen Bände, gedruckt und verkauft unter meinem Namen, schaden den Freunden der Literatur, mir zur Sorge und zum Misskredit. Das Papier ist minderwertig und verströmt gar einen fauligen Geruch; die Buchstaben sind fehlerhaft und die Konsonanten nicht in einer Linie mit den Vokalen. Es sind ihre Unzulänglichkeiten, an denen man sie [diese Bände] erkennt.[11]

Und mit einem Seitenhieb auf *les faussaires Lyonnais* meint er, von ihrer Typografie ginge eine gewisse „Franzosenhaftigkeit" aus. Den gerissenen Lyoner Druckern jedoch entging nichts: Sie nahmen Manutius' Korrigenda sofort zur Kenntnis und nutzten sie, um ihre gefälschten Ausgaben zu berichtigen und zu verbessern. Bis zum Jahre 1510 hatten sie nicht weniger als 50 Ausgaben in der Kursive herausgebracht. Raubkopierte Ausgaben wurden ab 1503 auch von der Florentiner Druckerei des Filippo Giunti herausgebracht, der behauptete, seine Texte seien von einem gewissen Aldus Manutius korrigiert worden, wo sie doch tatsächlich fast exakte Kopien der Aldinen von 1502 waren. Laut Martin Lowry ging es in der Rechtsstreitigkeit, in die Manutius 1507 verwickelt war, um die Raubkopien aus der Giunti-Presse.[12]

Die ersten kursiven Schrifttypen bestanden aus leicht geneigten Kleinbuchstaben in Kombination mit geraden Antiqua-Großbuchstaben.[13] Dies war keine typografische Innovation, sondern eine Konvention, die Handschriften nachahmte. Erwähnt werden sollte, dass Schriften und Typen, die im Englischen mit „italic" bezeichnet werden, nicht per definitionem geneigt sind – das Adjektiv bezieht sich eher auf den Ursprungsort als auf das ästhetische Erscheinungsbild. Außerdem waren die geraden Großbuchstaben in Manutius' kursiven Druckschriften kleiner und könnten in mancherlei Hinsicht als Vorläufer der Kapitälchen (kleine Großbuchstaben, die dieselbe Höhe aufweisen wie die Kleinbuchstaben), betrachtet werden. Die Verschiebung von aufrechten zu geneigten Großbuchstaben vollzog sich allmählich. Geneigte kursive Großbuchstaben werden während der 1530er Jahre häufiger. Frobens Kursive von 1537, die wahrscheinlich von Peter Schöffer d. J. (dem zweiten Sohn von Gutenbergs ehemaligem Geschäftspartner) geschnitten wurde, wird von Hendrik Vervliet als der erste erfolgreiche Versuch beschrieben, geneigte oder schräge Antiqua-Großbuchstaben mit kursiven Kleinbuchstaben zu verbinden. Manche von Robert Granjon am Ende der 1540er Jahre entworfenen kursiven Schrifttypen wurden sowohl mit geraden als auch mit geneigten Großbuchstaben geliefert, was zeigt, dass nicht das ganze Publikum für Letztere bereit war.[14] In der Mitte

Aldus Manutius Ro. Lectori. S.

Cum primum cœpi suppeditare studiosis bonos libros: id solum negocii fore mihi existimabā: ut optimi quiq; librī & Latini: & Græci exirent ex Neacademia nostra quā emendatissimi: omnes q; ad bonas literas: bonas q; artes: cura: & ope nostra excitarentur. Verum longe aliter euenit. Tantæ molis erat Romanam condere linguam. Nam præter bella: quæ nescio quo infortunio eodem tempore cœperunt: quo ego hanc duram accepi prouinciam: atq; in hunc usq; diem perseuerant: ita ut literæ iam septenium cum armis quodammodo strenue pugnare uideant: quater iam in ædibus nostris ab operis: & stipendiariis in me conspiratum est: duce malorum omnium matre Auaritia: quos Deo adiuuante sic fregi: ut uel de omnes pœniteat suæ perfidiæ. Restabat: ut in Vrbe Lugduno libros nostros & mendose excuderent: & sub meo nomine publicarent: in quibus nec artificis nomen: nec locum, ubi nam impressi fuerint, esse uoluerunt: quo incautos emptores fallerent: ut & characterum similitudine: & enchiridii forma decepti: nostra cura Venetiis excusos putarent. Quamobrem ne ea res studiosis damno: mihi uero & damno: & dedecori foret: uolui hac mea epistola ões: ne decipiantur, admonere: infrascriptis uidelicet signis. Sunt iam impressi Lugduni (quod scierim) characteribus simillimis nostris: Vergilius. Horatius. Iuuenalis cum Persio. Martialis. Lucanus. Catullus cum Tibullo: & Propertio. Terētius. In quibus oībus nec est impresso ris nomen: nec locus: in quo impressi: nec tēpus, quo absoluti fuerint. In nostris uero omnibus sic est: Venetiis in ædibus Aldi Ro. illo: uel illo tēpore. Item nulla in illis uisuntur insignia. In nostris est Delphinus anchoræ inuolutus: ut infra licet uidere. Præterea deterior in illis charta: & nescio quid graue olens. Characteres uero diligentius intuenti sapiūt: (ut sic dixerim) gallicitatem quandam. Grandiusculæ item sunt perquādeformes. Adde q̄ uocalibus cōsonātes non cōnectuntur: sed separatæ sunt. In nostris plerasq; omnes inuicē connexas: manum q̄ mentientes: operæpretium est uidere. Ad hæc hisce: quæ inibi uisuntur: incorrectionibus: non esse meos, facile est cognoscere. Nam in Vergilio Lugduni impresso in fine Epistolii nostri ante Bucolicorū Tityrum, perperam impressum est: optimos quousq; autores: pro optimos quosq;. Et in fine librorum Aeneidos: in prima Epistolæ nostræ semipagina ad Studiosos extremo uersu male impressum est: maria omnie cirtm: pro maria omnia circum. ubi etiam nulli accentus obseruantur: cum ego eam epistolam propterea composuerim: ut ostenderem: quo nam modo apud nostros utendum sit accentiunculis. In Horatio: in mea Epistola: secundo uersu sic est excusum: Imprissis uergilianis operibus: pro impressis. Et tertio sic: Flaccum aggrssi: pro aggressi. Grandiusculæ præterea literæ ante primam Oden primo: & secundo uersu sunt impressorio atramento supra: & infra: quasi linea conclusæ pturpiter. In Iuuenale in mea Epistola: tertio uersu est pubilcamus: pro publicamus. Et decimo uersu: Vngues quæ suos: pro ungues q; suos. Item in prima semipagina: Semper & assiduo ruptæ rectore: pro lectore. In eadem. Si uacat: & placidi rationem admittitis: eadem: pro edam. Et paulopost. Cum tenet uxorem: pro tener. Item inibi: Eigat aprum: pro figat. In Martiale statim in principio primæ semipaginæ est impressum literis grandiusculis sic AMPHITEATRVM: pro AMPHITHEATRVM. Et in eadem. Quæ tam se posita: pro seposita. Item in Libro secundo ad Seuerum deest græcum ἐξατοκωλικόν. Et in Candidum: ubiq; deest græcum: idest κοινὰ φίλων πάντα. Et in fine: κοινὰ φίλων. In Lucano nulla est epistola in principio: at in meo maxime. In fine Catulli eam: quæ in meo est: epistolam prætermiserunt. Quæ etiam possunt esse signa Lugduni 'ne: an Venetiis mea cura impressi fuerint. Terentium etsi ego nondum curaui imprimendum: tamen Lugduni una' cum cæteris sine cuiusquam nomine impressus est: Quod ideo factum est: ut emptores meum esse: & libri paruitate: & characterum similitudine: existimā̄ tes: deciperentur. Sciunt enim quem nos in pristinam correctionē: seruatis etiam metris: restituē dum curamus: in summā esse expectatione: & propterea suum edere accelerarunt: sperātes ante eum uenūdatumiri: q̄ emittatur meus. Sed q̄ illemē datus exierit: uel hinc cognosci pōt: q̄ statim in principio sic est impressum: EPITAPHIVM TER MT pro Terentii. Item Bellica prædia sui: pro præda. Et: Hæc quunq; leget: pro quicunq;. Præterea in principio secundā chartæ. Acta ludis Megalensibus. M. Fuluio ædilibus. &. M. Glabrione. Q. Minutio Valerio curulibus: pro. M. Glabrione. Qu. Minutio Valerio ædilibus curulibus. Quod etiam putātes esse argumentū: impresserūt. ARGVMENTVM. ANDRIAE. Ante etiam Sororem falso est. TERENTII ARGVMENTVM. cū argumenta omnia Comœdiarū Terētii: non Terētius: sed Sulpitius Apollinaris cōposuerit. Sic enim in uetustissimis habetur codicibus. C. Sulpitii Apollinaris periocha. Metra etiam confusa sunt omnia. Versus enim primæ scenæ: quæ tota trimetris constat: sic tanq̄ chaos in elementa: separati ab inuicem in suum locum sunt restituendi.

Si. Vos istæc intro auferte. abite. Sosia
   Ades dum: paucis te uolo. So. Dictum puta.
   Nempe: ut curentur recte hæc. Si. Immo aliud. So. quid est:
   Quod tibi mea ars efficere hoc possit amplius? &c.

Item secunda scena: cuius tres primi uersus sunt trimetri. Quartus tetrameter. Quintus dimeter: & cæteri omnes quadrati: sic esse debet.

Si. Non dubium est: quin uxorem nolit filius.
   Ita Dauum modo timere sensi: ubi nuptias
   Futuras esse audiuit. sed ipse exit foras.
Da. Mirabar hoc si sic abiret: & heri semper lenitas
   Verebar quorsum euaderet.
   Qui postquam audiuit non datumiri filio uxorem suo:
   Nunquam cuiquam nostrum uerbum fecit: neq; id ægre tulit.
Si. At nunc faciet: neq; ut (opinor) sine tuo magno malo.
Da. Id uoluit: nos sic opinantes duci falso gaudio:
   Sperantes iam amoto metu: interea oscitantes obprimi:
   Ne esset spatium cogitandi ad disturbandas nuptias.
Astute. Si. Carnifex quæ loquit. D Herus est: neq; puideram &c.

Qua in re quantus sit mihi labor: cognit: qui intellegūt. Certe plurimum die noctu q; elaboramus.

Hæc publicāda iussimus: ut q libellos enchiridii forma excusos emptus est: ne decipiatur: facile. n. cognoscet: Venetiis 'ne in ædibus nostris impressi fuerint: an Lugduni. Vale. Venetiis. xvi. Martii. M.D.III.

des 16. Jhdts. angelangt, wurde der geneigte Kursiv-Großbuchstabe zur
Norm, wobei sich seine spätere Allgegenwärtigkeit – von etwa 1543 an –
wahrscheinlich hauptsächlich Persönlichkeiten wie Granjon verdankt.[15]
Ab Mitte des 16. Jhdts. wurde abgesehen von Großbuchstaben, die in der
Neigung der kursiven Kleinschrift entsprachen, die Neigung insgesamt
stärker, und die Schärfe bzw. Kantigkeit der ursprünglichen aldinischen
Kursive wich weicheren Formen und Übergangsformen. Während der
1550er Jahre hatte das sogenannte *old face italic* die Kanzleischrift und die
aldinischen Formen beinahe verdrängt.[16] Erst um ca. 1560, etwa 45 Jahre
nach Manutius' Tod, wurde der kursive Großbuchstabe von der aldinischen
Druckerei selbst übernommen. In England tauchte die Kursive im Jahr
1528 auf, in zwei Werken aus der Presse von Wynkyn de Worde in London.

Mord zwischen Kursiven

Es hat den Anschein, dass Griffo die meisten, wenn nicht alle, von Manutius' Schriften vor dem Jahr 1500 geschnitten hatte, darunter die Antiqua,
griechische Schriften und womöglich auch die hebräische;[17] außerdem
natürlich die erste Kursive. Manutius hatte nichts als Lob für Griffo übrig,
wobei er so weit ging, ihn im Vorwort zu seinem Vergil im Oktavformat
mit dem gottgleichen Künstler Dädalus bei Homer zu vergleichen.[18] Jedoch
war Griffo offenbar unglücklich über die ungenügende Würdigung oder
Vergütung dieser neuen Schriften. Kurz nach der Publikation des Vergil
verließ Griffo Manutius, um in Fano für Gershom Soncino zu arbeiten,
für den er neue kursive Stempel schnitt. Griffo scheint durch rechtliche
Schritte von Seiten von Manutius aus venezianischem Gebiet verbannt
worden zu sein.[19] Soncino ergriff Partei für Griffo. In der Widmung seines
Petrarca von 1503 rühmte er ihn und kritisierte gleichzeitig Manutius für
die Behandlung, die dieser ihm hatte zuteilwerden lassen – insbesondere
seine Bemühungen um eine Art Patent für seine Typenentwürfe. 1516,
bald nach dem Tod von Manutius, kehrte Griffo in seine Heimatstadt
Bologna zurück, um seine eigene Druckerei zu eröffnen. Im ersten Buch,
das seine Presse verließ, Petrarcas *Canzoniere*, fand sich – ein Jahrzehnt
nach dem Bruch der beiden – ein Vorwort, das nicht nur Griffos Urheber-
schaft an der aldinischen Kursive festhielt, sondern auch dem kurz zuvor
verstorbenen Manutius einen Seitenhieb versetzte: „[Aldus] war nicht
nur zu einigem Wohlstand gekommen, sondern hatte sich auch unsterb-
lichen Nachruhm gesichert."[20] Ruhm und Wohlstand, von denen Griffo
zweifelsohne annahm, dass sie eher ihm denn Manutius zustanden.

Jedoch war Griffos Karriere als unabhängiger Drucker nicht von
langer Dauer. Während einer Auseinandersetzung im Familienheim mit
seinem Schwiegersohn, Cristoforo De Risia, dem Ehemann seiner Tochter

Caterina, soll Griffo diesen mit einer Metallstange erschlagen haben. 1518 verschwindet Griffo aus den Aufzeichnungen: Berichten zufolge wurde er des Mordes an seinem Schwiegersohn für schuldig befunden und tat seinen letzten Atemzug am Galgen. Innerhalb eines Jahrhunderts nach Griffos Tod hatten typografische Moden die Kursive auf eine Hilfsrolle verwiesen. So wurde sie für Zitate aus dem Lateinischen zur Abhebung vom Text in der jeweiligen Grundsprache verwendet. Im 17. Jhdt. schließlich wurde die Kursive nur noch selten genutzt, um ganze Bücher zu setzen; ihre Rolle war eine untergeordnete – zur *Hervorhebung*, für Lehn- und Fremdwörter und manchmal für Zitate, ganz ähnlich wie heute.

Eile mit Weile
Aldus Manutius' Motto war der klassische Ausspruch *festina lente* („Eile mit Weile"), der auch in seiner Druckermarke, einem um einen Anker geschlungenen Delfin (siehe S. 98, Abb. 43), veranschaulicht wird. Dieses offenbare Oxymoron, das dem alten Griechenland zugeschrieben wird, vermittelt den Wunsch, mit Nachdruck zu handeln, sich gleichzeitig aber Zeit zum Nachdenken zu lassen und Sorgfalt zu wahren. Offenbar arbeitete Manutius tatsächlich nach diesem Motto. Dass er von einem Empfinden von Dringlichkeit erfasst war, zeigt sich in seinem ehrgeizigen Verlagsprogramm ebenso wie in der Tatsache, dass er bis unmittelbar vor seinem Tod, gesundheitlich bereits sehr angeschlagen, noch immer arbeitete und zukünftige Buchprojekte plante. Im Vorwort zu seinem Cicero von 1514 beklagt er sich über die zahlreichen Unterbrechungen durch Besucher in seinem Atelier und schreibt, er habe zur Abschreckung für potenzielle Zeitverschwender und Gaffer eine Notiz über seiner Tür angebracht, die besagte: „Wer immer du bist und was immer du willst, ersucht Aldus dich, es mit wenigen Worten vorzubringen und dich hinwegzubegeben." Es ist recht passend, dass sein letztes Buch, nur Wochen vor seinem Tod im Februar 1515 fertiggestellt, ein weiteres *enchiridion* war: *De rerum natura* („Über die Natur der Dinge") des Lukrez, in einer Kursive gesetzt und seinem ehemaligen Schüler und langjährigen Wohltäter Alberto Pio, Prinz von Carpi, gewidmet.[21] Es war Lukrez, dem wir die berühmten Worte „das ganze Leben ist nichts als ein langer Kampf im Dunkeln" verdanken – ein Dunkel, das glorreich erleuchtet wird vom Genie eines visionären venezianischen Verlegers und eines streitbaren Stempelschneiders aus Bologna.[22]

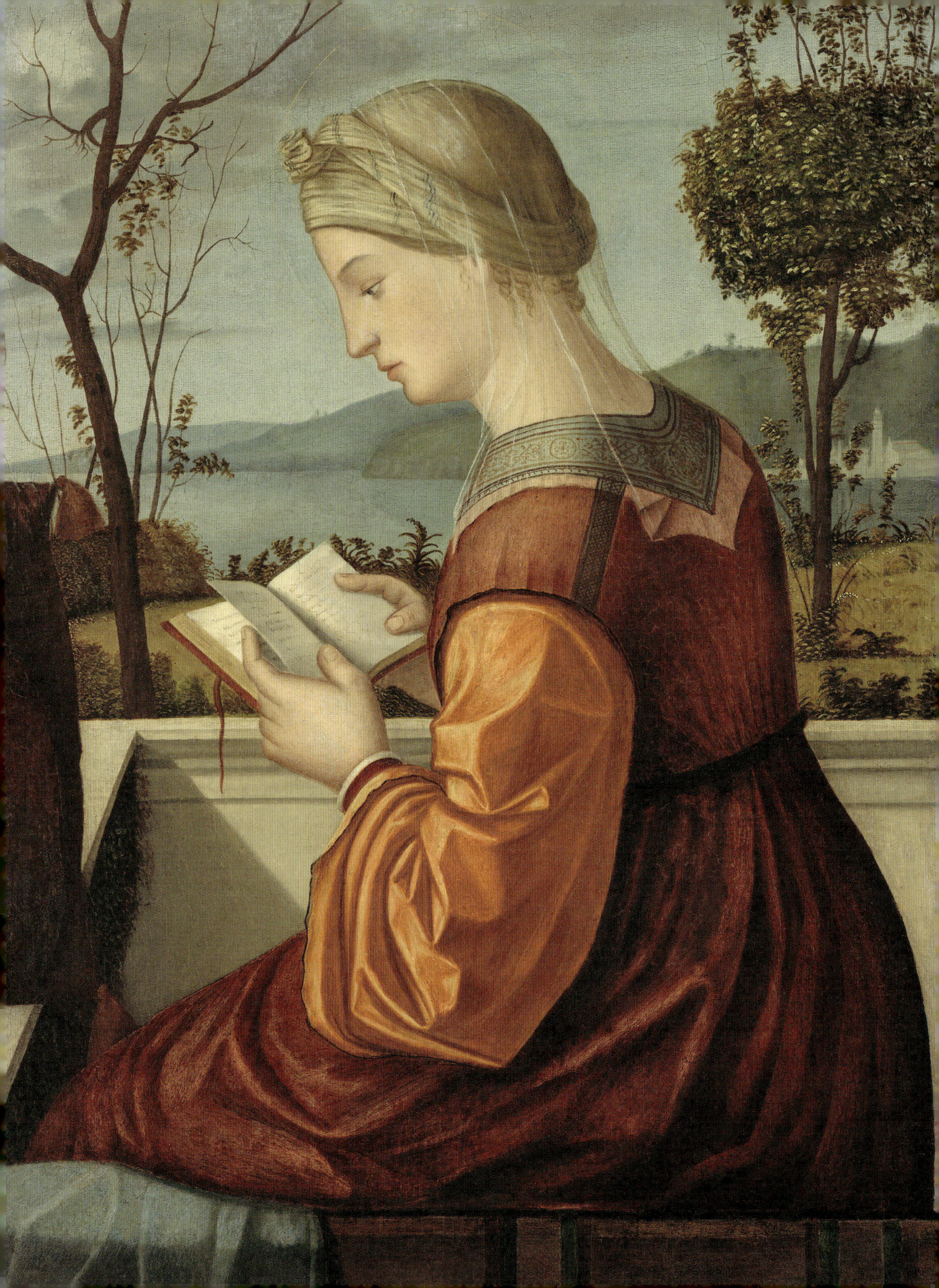

Allen Widrigkeiten zum Trotz
Die ersten Typografinnen

Den Großteil der Geschichte über war Anonymus eine Frau.¹

4

DAS MITTELALTER BRACHTE DIE Etablierung von Universitäten und ein damit einhergehendes Aufblühen der formalen Bildung. Nur wenige gingen zu dieser Zeit allerdings davon aus, dass Frauen von jenen Entwicklungen, ja überhaupt vom Lesen und Schreiben, würden profitieren können. Frauen wurden nicht an Universitäten zugelassen und abgesehen von jenen aus den höheren Gesellschaftsschichten wurden auch nur wenige zur Schule geschickt. Man glaubte, Frauen seien Männern moralisch wie intellektuell unterlegen (trug denn nicht die erste Frau die Verantwortung für die Vertreibung des Menschen aus dem Paradies?) und sollten Eitelkeit und Ehrgeiz ebenso wie die Literatur meiden und sich stattdessen sogenannten weiblichen Arbeiten, der Keuschheit und dem Gebet widmen. Den Frauen des 15. Jhdts. blieb aufgrund ihrer Alltagsverpflichtungen wenig Zeit, um einer formalen Ausbildung nachzugehen, geschweige denn eine berufliche Laufbahn zu verfolgen.

Vielleicht ist die romantische Verklärung des Viktorianischen Zeitalters für das recht idealisierte Bild von Frauen während des Mittelalters verantwortlich: Jungfrauen in schönen Gewändern, die von hochwohlgeborenen Verehrern umgarnt werden – etwas, was eher nach einem Disneyfilm klingt, als dass es den nüchternen, um nicht zu sagen harschen historischen Tatsachen entsprechen würde. Weit treffender lassen sich die Aussichten von Frauen im Mittelalter und in der Frührenaissance durch die Schlagworte „Ehe, Klosterleben und Prostitution" zusammenfassen.² Jene, die nicht ins Kloster eintraten, wurden früh verheiratet: „Ein unverheiratetes Mädchen von 16 oder 17 Jahren war eine Katastrophe."³ Jungen Frauen aus wohlhabenderen bzw. aus Patrizierfamilien erging es ein wenig besser, auch wenn die jüngeren Töchter, war die Mitgift, die die Familie aufbringen konnte, einmal auf die ältesten Töchter verwendet worden, mit Nachdruck überredet wurden, „den Schleier zu nehmen". Aber selbst im Kloster waren die besten Positionen größtenteils Frauen von hoher Abstammung vorbehalten. Andere konnten als Laienschwestern beitreten, deren Aufgaben zum

21 Vittore Carpaccio, *Lesende Muttergottes*, ca. 1505.

allergrößten Teil in der Hausarbeit bestanden. Allein in Venedig zählte man während der 1480er Jahre etwa 2.500 Nonnen in 50 Klöstern; schätzungsweise 15.000 Frauen – ein Fünftel der gesamten weiblichen Bevölkerung – arbeiteten als Prostituierte oder Kurtisanen.

Eine weitere Gefahr für Frauen in dieser Zeit war der „Hexenwahn", der dazu führte, angebliche „Hexen" zu foltern und zu verbrennen. Begonnen hatte dieser Wahn mit der sogenannten Hexenbulle von Papst Innozenz VIII. aus dem Jahr 1484, die die Inquisitionsbehörden ermächtigte, alle notwendigen Mittel zu ergreifen, um Hexen (zumeist waren es Frauen) verfolgen und hinrichten zu können. Auch der Buchdruck hatte seinen Anteil an dieser brutalen und lang andauernden Episode: Das Buch *Malleus Maleficarum* („Hexenhammer") des Inquisitors Heinrich Kramer spielte eine Schlüsselrolle dabei, dieses Morden an Frauen zu befördern. Zwar distanzierte sich Papst Innozenz später von dem Buch, aber der Buchdruck hatte es in ganz Europa zum Bestseller werden lassen – er hatte ein Feuer entfacht, das zu löschen er machtlos (oder nicht willens) war. Der Historiker Malcolm Gaskill schätzt, dass in einem Zeitraum von 300 Jahren 40.000–50.000 Hexen hingerichtet wurden.[4]

Schreiberinnen und Kopistinnen

Ungeachtet einer solch ganz und gar ungünstigen und oft genug feindseligen Umgebung übten eine Reihe von Frauen den Beruf der Druckerin, Verlegerin oder Typografin aus. Vor der Erfindung des Buchdrucks Mitte des 15. Jhdts. waren Frauen manchmal an der Herstellung von Handschriften beteiligt gewesen. Die Geschichte von als Schreiberinnen arbeitenden Frauen lässt sich bis in die Frühzeit der Kirche zurückverfolgen; so erwähnt Eusebius (263–339), dass Frauen als Kopistinnen beschäftigt waren.[5] Zu verweisen ist auch auf die klösterlichen Schreiberinnen von Schäftlarn, Admont und Wessobrunn im 12. Jhdt.[6] Es ist schwierig, dem Ausmaß der Beteiligung von Frauen an mittelalterlichen klösterlichen Skriptorien nachzugehen, da die dort Tätigen, ob es sich nun um Männer oder Frauen handelte, ihr Werk selten signierten, selbst dann nicht, wenn das Manuskript einen Kolophon enthielt.

Andere Frauen waren direkt oder indirekt in den Buchhandel involviert. In Frankreich war Mahaut, die Gräfin von Artois (1268–1329), eine eifrige Buchsammlerin und Kunstmäzenin. Margaret Beaufort wiederum, Gräfin von Richmond und Derby, spielte eine maßgebliche Rolle als Förderin von William Caxton, dem ersten englischen Drucker. Isabella d'Este schließlich, eine der bemerkenswertesten Frauen der italienischen Renaissance, förderte Aldus Manutius und gab zahlreiche Bände in Auftrag, darunter wundervolle, verschwenderisch illustrierte Ausgaben von Stundenbüchern. Es heißt, sie habe diese alle auf Fehler überprüfen lassen und damit gedroht, fehlerbehaftete Kopien zurückgehen zu lassen. Auch war sie entscheidend daran beteiligt, als es einen Engpass an Pergament gab, solches aus Mantua für die aldinische Druckerei zu beschaffen.[7] Dann waren da noch die Miniatur- und Buchmalerinnen wie Jeanne de Montbaston in Paris (Mitte des 14. Jhdts.; Abb. 22) und die Lohnschreiberin Clara Hätzlerin, die während des dritten Viertels des 15. Jhdts. in Augsburg arbeitete.[8]

22 Selbstporträts von Eheleuten, die beide als Illuminatoren arbeiten, Richard und Jeanne de Montbaston, aus einem französischen Manuskript des 14. Jhdts.

Kooperation unter Eheleuten

Von 1476 bis 1484 druckten die Dominikanerinnen von San Jacopo di Ripoli in Florenz klassische, erzieherische und religiöse Bücher. Im 18. Jhdt. wurde eine Art „Logbuch" der Klosterdruckerei entdeckt, das eine ganz frühe Aufzeichnung einer Schriftsetzerin enthält, einer Nonne, die 1481/82 eine Folio-Ausgabe von *Il Morgante* des italienischen Dichters Luigi Pulci (1432–84) setzte.[9] Im norditalienischen Mantua setzte Estellina Conat, die Ehefrau des Arztes und Druckers Abraham Conat, um 1476 eines der frühesten gedruckten hebräischen Bücher, eine kleine Oktav-Ausgabe von *Behinat Olam* („Prüfung der Welt").[10] Im Kolophon schreibt sie:

> Ich, Estellina, Gattin meines Gebieters, meines Gemahls, des ehrenwerten Rabbi Abraham Conat, möge er mit Kindern gesegnet sein und lange leben. Amen! habe dieses Buch „Prüfung der Welt" geschrieben mit Hilfe des jungen Jacob Levi aus der Provence, aus Tarascon, möge er lange leben.[11]

Allen Widrigkeiten zum Trotz

Sie druckte mit ihren Helfern in dem neuerbauten Glockenturm mit Blick auf die Piazza delle Erbe, der von dem berühmten Florentiner Architekten und Zeitgenossen Da Vincis, Luca Fancelli, entworfen worden war.

Es war nicht unüblich für die Frau eines Handwerkers, mit ihrem Ehemann zusammenzuarbeiten. Werkstätte und Wohnbereich einer Druckerei gingen im 15. Jhdt. ineinander über, so dass der Frau, auch wenn sie nicht unmittelbar am Druck mitarbeitete, die verschiedenen Geschäftsvorgänge zweifellos wohlvertraut waren – und sie sicher auch bestens bekannt war mit den Setzern, Herausgebern, besuchshalber vorbeischauenden Autoren und der Vielzahl an gelernten und ungelernten Arbeitern, die sich rund um die Presse zu schaffen machten. Ehefrauen war es gestattet, derselben Zunft beizutreten wie ihre Männer, ein Recht, das Frauen zumeist verwehrt blieb, die nicht bereits durch Heirat und Familienbeziehungen mit dem Druckergewerbe in Bezug standen. Madonna Paola, die Tochter des Malers Antonello da Messina, heiratete vier Mal, die letzten drei Male einen Drucker. Nach dem Tod ihres ersten Ehemanns, Bartolomeo di Bonacio da Messina, heiratete sie den Prototypografen Venedigs, Johann von Speyer, dann Johann von Köln (der in geschäftlicher Verbindung mit Jenson stand) und zuletzt Rinaldus von Nijmegen. Der übliche Werdegang eines Druckers war eine drei- oder vierjährige Lehre. Wollte jedoch eine Frau eine Druckerei betreiben, so wurde dies nur durch das seltene Zusammentreffen verschiedener Umstände ermöglicht, war es ihnen doch verwehrt, eine Druckerlehre zu absolvieren. Erstens musste sie eine Witwe ohne männliche Erben sein. Zweitens musste sie gebildet sein, d.h. nicht nur des Lesens und Schreibens kundig, sondern sie musste auch Lateinkenntnisse haben (fast drei Viertel der Bücher im 15. Jhdt. wurden in lateinischer Sprache publiziert). Drittens musste sie mit den Geschäftspraktiken vertraut sein und über ein Beziehungsnetzwerk verfügen.

Bleibende Eindrücke

In ihrer Bescheidenheit verweist Estellina Conat zwar auf ihre Beteiligung am Satz des Buchs, reklamiert den Druck aber nicht direkt für sich. Die allererste Frau, die ihren Namen als Druckerin im Kolophon eines gedruckten Buchs hinzugefügt hat, war Anna Rüger (bzw. Anna Rügerin), die im Sommer 1484 in der Kaiserstadt Augsburg zwei Folio-Ausgaben publiziert hat. Offenbar hatte Anna nach dem Tod ihres Ehemannes Thomas die Druckerei übernommen. Sie verwendete die gotische Type (1:120G) von Johann Schönsperger, die bis 1492 auch von diesem selbst weiter gebraucht wurde. Interessanterweise identifiziert Sheila Edmunds Schönsperger als Annas Bruder. Tatsächlich heiratete Annas Mutter, Barbara Traut Schönsperger, 1467/68 (als der Druck durch Günther Zainer erstmals

> Hie endet sych der sachsenspiegel mitt ordnung des rechten den der erwirdig in got vater vnd herr Theodoricus von bocks dorf bischof zů neünburg säliger gecorrigiert hat· Gedruckt vñ volendt von Anna Rügerin in der keyserlichen stat Augspurg am aftermontag nächst vor Johannis· do man zalt nach Cristi gepurt· M·CCCC·lxxxiiij·jar·

in Augsburg eingeführt wurde) noch einmal, und zwar den Augsburger Drucker Johann Bämler, was „die Anfänge eines umfangreichen Familiennetzwerks, das aktiv im Augsburger Buchhandel engagiert war", markiert.[12]

Im 16. Jhdt. waren viele weitere Frauen an der Buchherstellung beteiligt. Helen Smith schätzt, dass, was allein den britischen Markt angeht, „zwischen 1550 und 1650 mindestens 132 Frauen aktiv in die Herstellung oder den Verkauf von Büchern involviert waren".[13] Die meisten von ihnen arbeiteten eher im verlegerischen oder buchhändlerischen Bereich als dem des Drucks und von jenen, die im Buchdruck tätig waren, versahen nur sehr wenige ihre Bücher mit einer Signatur. Stattdessen blieben sie anonym oder nahmen auf sich selbst einfach als Erben oder Witwen des Druckmeisters Bezug. Eine der wenigen Ausnahmen war Girolama Cartolari aus Perugia, die ihre Druckerei in Rom nach dem Tod ihres Mannes im Jahre 1543 bis zum Jahr 1559 leitete.[14]

Das bedeutet allerdings nicht, dass sich die Haltung gegenüber weiblichen Druckerinnen oder Typografinnen sehr geändert hätte. Im Jahr 1569 schrieb Henri II. Estienne:

> Aber über all die Übel hinaus, die jetzt durch die Ignoranz der Drucker verursacht worden sind, seien sie männlich oder weiblich (denn auch dies bleibt der Kunst nicht erspart, dass sogar die Damen sie praktiziert haben), wer möchte bezweifeln, dass täglich neues Unheil zu gewärtigen ist?[15]

Außerdem hat es den Anschein, dass die meisten Witwen von Druckern die Druckereien ihrer verstorbenen Männer nicht übernahmen. Eine Untersuchung von Pariser Verträgen aus dem 16. Jhdt. legt nahe, dass nur eine von zehn Witwen sich dazu entschloss, das Erbe anzutreten und die Familiendruckerei weiter zu betreiben. Manche zogen es vor, das Erbe ihres Mannes auszuschlagen, weil sie neben dem Geschäft auch dessen Schulden übernommen hätten.

23 Kolophon aus dem mittelalterlichen Rechtsbuch *Sachsenspiegel* von Eike von Repgow. Gedruckt in Augsburg von Anna Rügerin, 22. Juni 1484.

¶ Joannes Egidius Nucerienſis ad lectorem.

Dat tibi mellifluus fecunda volumina doctor
  Inter preclaras candide lector opes.
Omnia nunc vno clauduntur opuscula libro
  Singula que varijs ſparſa fuere locis.
In quibꝰ ampla patet nitidorū ſemina morū,
  Fertile ſi vigili corde legatur opus.
Ob tam frugiferos gratiſſima dona labores
  Debetur ſancto gratia magna viro.
Qui primus fecit magni pia iuſſa tonantis:
  Poſt docuit fratres illa ferenda ſuos.
Sepe feros homines dulci ſermone trahebat
  Letior ad clare ſplendida clauſtra domus.
Diuitias ſpreuit, nullos amplexus honores:
  Suppoſuitq̃ ſuo colla ſuperba iugo.
Flexit τ ignaras ad olympica gaudia turbas:
  Tantus in ardenti pectore feruor erat.
Deniq̃ tanta fuit placidi clementia patris,
  Eſſet vt etatis gloria prima ſue.
Si cupis ergo bonos mores vitamq̃ perenné,
  Hec lege Bernardi ſcripta probata pij.

¶ Ad librum.

I nunc, τ tandem totum Bernarde per orbem
  Protinus exilias: ne tua fama cadat.
Diuinaſq̃ tuis ſermonibus exprime leges:
  Crimina fac homines deſeruiſſe velint.
Vade precor, cūctis Bernarde legare ſuauis:
  Flecte ad virtutes pectora dura pias.
Tu quécuq̃ iuuat ſanctos cognoſcere patres:
  Bernardum relegas inclyta ſcripta colens.
Frigida iamdudum feruescet amore voluntas:
  Et mens doctrine dulcia mella feret.

¶ Joannes Egidius Nucerienſis iterum ad librum.

I pede precipiti totum Bernarde per orbem:
  Horret adire tuos lingua canina libros.
Hec tua magnificas monumēta ferāt i vrbes
  Ne pereat turpi candida fama ſitu.
Poſtulat hoc grauiū prudentia clara virorū:
  Quos trahit ad ſupos més generoſa lares

Die vielleicht bemerkenswerteste und produktivste frühe Druckerin ist Charlotte Guillard, deren erster Ehemann, Berthold Rembolt, mit Ulrich Gering gearbeitet hatte, der wiederum Drucker in der ersten Druckerei Frankreichs an der Sorbonne in Paris gewesen war.[16] Berthold und Charlotte heirateten 1502 und betrieben bis zu Bertholds Tod Ende 1518 oder Anfang 1519 eine erfolgreiche Druckerei in Paris. Charlotte führte die Geschäfte als Witwe mehrere Jahre weiter, bis sie in zweiter Ehe den Buchhändler Claude Chevallon heiratete. Nach dem Tod ihres zweiten Mannes im Jahre 1537 übernahm sie die alleinige Leitung des Geschäfts, wobei sie weiter unter ihrem eigenen Impressum und ihrer eigenen Druckermarke druckte. Während der beiden folgenden Jahrzehnte publizierte sie nicht weniger als 150 Ausgaben, wobei sie sich auf die Werke der Kirchenväter und die Jurisprudenz (Kirchen- und Zivilrecht) konzentrierte. Bis weit in ihre 70er leitete sie sowohl die Buchhandlung in der Rue St-Jean-de-Latran als auch vier oder fünf Druckerpressen, die in zwei Gebäuden um die Ecke in der Rue St-Jacques untergebracht waren, wenige Gehminuten von der Sorbonne entfernt. Sie war eine erfolgreiche und respektierte Verlegerin wissenschaftlicher Werke, mit einer Karriere, die etwa fünf Jahrzehnte währte: Luigi Lippomano, der Bischof von Verona, war so beeindruckt von ihrer Arbeit, dass er seine ersten beiden Bücher in ihrer Druckerei drucken ließ.

24 (gegenüber) Holzschnitt aus Bernard von Clairvaux's *Opera omnia*, 1527 in Paris gedruckt von Claude Chevallon, Ehemann von Charlotte Guillard. Bei den drei Figuren rechts handelt es sich um Claude, dessen Tochter Gillette und Charlotte.

25 Charlotte Guillards Druckerzeichen mit dem Reichsapfel und der Zahl 4, das die Initialen ihres verstorbenen Ehemanns, C.C. (Claude Chevallon, † 1537), integriert, auf der Titelseite von *Insigne commentariorum opus, in psalmos omnes Davidicos* von Dionysius dem Kartäuser. Paris, 1542.

Allen Widrigkeiten zum Trotz

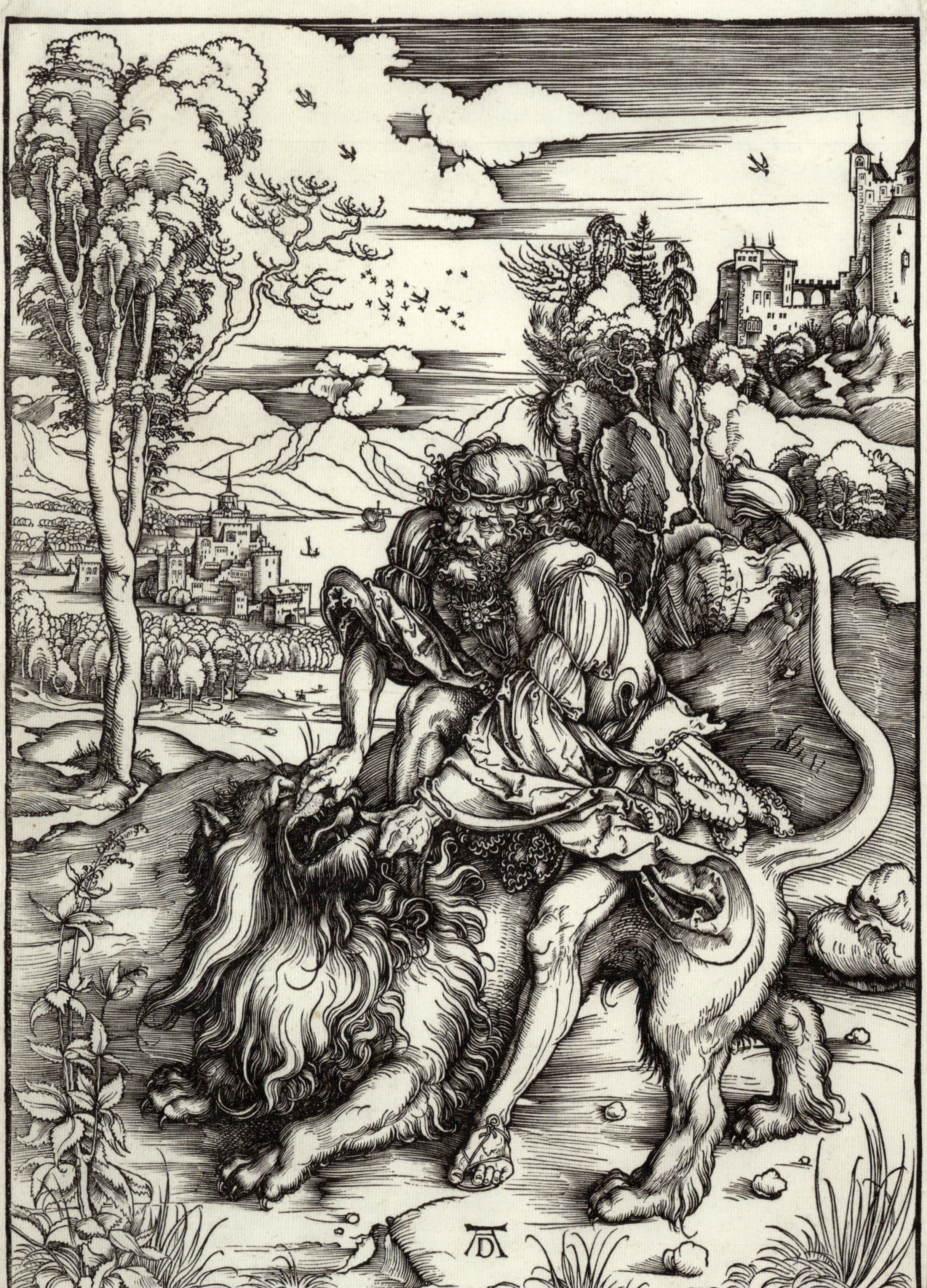

Vom Blockbuch bis zu Plinius
Die ersten gedruckten Buchillustrationen

5

> In solchem Falle überragt dich der Maler; denn deine Feder wird aufgebraucht sein, ehe dass du vollauf beschreibst, was der Maler dir … unmittelbar vor Augen stellt. Und es wird deine Zunge vom Durst, der Körper vom Schlaf und Hunger gehemmt werden, ehe du das in Worten darlegst, was dir der Maler in einem Augenblicke zeigt.
> LEONARDO DA VINCI[1]

DIE FRÜHGESCHICHTE GEDRUCKTER ILLUSTRATIONEN kreist um den Holzschnitt, eine Technik, bei der der Hintergrund eines Bildes aus einem Holzstock geschnitten wird und die zu druckende Oberfläche erhaben bzw. als Relief stehen bleibt. Dies begrenzte natürlich die Art von Illustrationen, die reproduziert werden konnten. Zu der Zeit, als Gutenberg begann, mit Metall-Lettern zu experimentieren, wurden solche Holzschnitte benutzt, um Einzelblattdrucke herzustellen, während gleichzeitig Holzschnittbücher bzw. Blockbücher ihren ersten Auftritt hatten.

Blockbücher und Holzschnitte

Es bedarf keiner eigenen Erwähnung, dass Holzschnitte der Einführung von beweglichen Lettern in Deutschland im 15. Jhdt. lange vorausgingen. Sie wurden in Europa viele Jahrhunderte zuvor für das Bedrucken von Textilien benutzt und sind in China ab dem 7. Jhdt. und in Japan zumindest ab dem 8. Jhdt. bekannt. Das allererste erhaltene und datierte illustrierte gedruckte Buch, die *Diamant-Sutra* aus dem China des 9. Jhdts., umfasst eine Serie von zusammengefügten Holzschnitten. Vor seinem Gebrauch für Bücher wurde der Holzschnitt für die Herstellung von Spielkarten verwendet, v.a. in Augsburg und Nürnberg während der ersten Hälfte des 15. Jhdts. Von Hand gedruckte Holzschnitte wurden auch für Andachtsbilder verwendet – Bilder von Heiligen, die als Hilfestellung beim Gebet gebraucht werden konnten –, eingeklebt auf religiösen Kalendern oder als eine Art Glücksbringer bei sich getragen.

Der Holzschnitt ist die ideale Ergänzung zum Druck mit beweglichen Lettern. Bei beiden handelt es sich um Hochdruckverfahren, was bedeutet, dass Bild und Schrift in derselben Druckform gesetzt und gleichzeitig gedruckt werden konnten. Jedoch war keines der frühen Bücher aus den Druckerpressen von Gutenberg, Fust oder Schöffer illustriert, abgesehen von einigen Experimenten mit Holzschnitt-Initialen. Die wunderbaren Initialen in Gutenbergs B42 von 1455 sind die Arbeit von Schreibern oder

26 *Samson tötet den Löwen.*
Holzschnitt von Albrecht Dürer,
Nürnberg, ca. 1497–98.

draco est dyabolus qui vi tute sua / Et dedit illi draco vir
q tota mola e beste west ātixpc̄ / tute sua et ptātem
dabit xpc̄ illo habitabit et p eu / magnā et vidi vnū
qui quid vestigia dyaboli / de capitibus sius qsi
exco̅ colari poterit op̄abitur / occisū in morte et
/ plaga mortis eius cu
Septē capita eius xpc̄ / rata est et adm̅irata
sunt vij vicia pncipa / est vn̅sa terra
ba et p ceapit qd' nouo / post besthā
cali sed quasi occisū vn̅9
est blasphima p vn̅iu̅lam
terrā a pactores ligāt

Et adoraverunt draconē qr dedit
ptātē beste et vn̅ draconē id dyabo
lū adorabunt qui nō vide̅bnt sz a
dorabunt eum̄ qui pteram desig
natur i antixp̄o dyabolū dicetes
nullū ēe antixp̄m sim̅l n̅c ee
q eum fortiorem possit equari

Buchmalern, sie wurden kunstvoll in jedes einzelnen Exemplar geschrieben und gemalt, so wie dies in ausgeschmückten und illuminierten Manuskripten jahrhundertelang praktiziert worden war.

Blockbücher, in denen ganze Seiten aus Text und Illustrationen in einen Holzstock geschnitten wurden, waren eine logische Weiterentwicklung der Holzschnitt-Illustration. Jedoch war es keine Kleinigkeit, Tausende von Worten eines Texts spiegelverkehrt in Holz zu schneiden, und Fehler ließen sich nicht leicht ausgleichen. Darüber hinaus sind die feineren Details eines Holzschnitts besonders anfällig für Beschädigungen. Auch wenn man sich diese technologisch gesehen unbedeutenderen Bücher leicht als Vorläufer der „typografisch" gedruckten Bücher vorstellen könnte, deuten Belege darauf hin, dass es sich um gleichzeitig existierende Techniken handelte. Die meisten Blockbücher wurden in den 1450er und 1460er Jahren in den Niederlanden und in Süddeutschland gedruckt.[2] Darunter befindet sich die populäre *Ars moriendi* („Kunst des Sterbens"), die *Biblia pauperum* („Armenbibel") und die *Apokalypse*, eine spätmittelalterliche Bilderbuch-Version der halluzinatorischen Offenbarung des Hl. Johannes auf der Insel Patmos.[3] Von diesen frühen Blockbüchern ist eine relativ große Anzahl erhalten geblieben – etwa 600 Exemplare in 100 Auflagen.

27 *Apokalypse*-Blockbuch, das sich in eine spätmittelalterliche Tradition von bebilderten Büchern einreiht. Die Illustration oben zeigt den Drachen, wie er dem Tier mit den sieben Köpfen seine Kraft verleiht (Offenbarung 13:2); die untere Illustration zeigt die Menschheit, wie sie den Drachen anbetet (Offenbarung 13:4).

Pioniere: Pfister, Zainer und Han

Die allerersten illustrierten typografisch gedruckten Bücher wurden von dem geistlichen Drucker Albrecht Pfister (ca. 1420–70) in Bamberg hergestellt.[4] Abgesehen von seinen gedruckten Büchern und der Tatsache, dass er Sekretär von Bischof Georg I. von Schaumberg war, ist nur wenig über ihn bekannt. Insgesamt neun Ausgaben werden Pfister zugeschrieben, von denen mit einer Ausnahme alle mit Holzschnitten illustriert sind und alle in den 1460er Jahren hergestellt wurden. Pfisters *Der Edelstein*, ein mit 101 Holzschnitt-Illustrationen versehenes Buch mit Fabeln des Dominikanermönchs Ulrich Boner aus dem 14. Jhdt., ist nicht nur das erste datierte illustrierte Buch, das in Europa hergestellt wurde (am 14. Februar 1461), sondern auch das allererste in deutscher Sprache gedruckte Buch.[5] Von diesem Buch ist nur ein einziges Exemplar erhalten, es befindet sich in der Herzog-August-Bibliothek Wolfenbüttel. Von den drei Ausgaben einer illustrierten Bibel, der *Biblia pauperum*, die Pfister zwischen 1462 und 1463 publizierte, waren zwei in deutscher Sprache und eine in lateinischer. Bevor sie typografisch in Erscheinung trat, hatte sich die *Biblia pauperum* bereits in Blockbuchform als populär erwiesen. Pfisters Holzschnitte wurden nicht in einer Druckform zusammen mit dem Text in der Presse gedruckt, sondern einzeln und per Hand. Tatsächlich kann ein Abdruck von einem Holzschnitt auch ohne Einsatz einer

Ins mals ein affe kam gerāt·Do er vil guter
nuſſe vant·Der hette er geſſē gerne·Im was
geſagt von dem kerne·Der wer gar luſtiglich vn
de gut·Geſwert was ſein thūmer mut·Do er der
pitterkeit entpfāt·Der ſchalē darnach zu hant·He
greiff er der ſchalē herrikeit·Von dē nuſſen iſt mir
geſeit·Sprach er das iſt mir worden kunt·Si ha
ben mir verhonet meinen munt·hyn warff er ſie
zu der ſelben fart·Der kerne dr nuſſe im nye wart·
Dem ſelben affen ſein gleich·Beide jung arm vnde
reich·Die durch kurze pitterkeit·Verſchmehē lan
ge ſuſikeit·weñe mā das feuer enzuntē wil·So
wirt des rauches dick zu vil·Der thut einem in dē
augen we·weñ man darzu blefet mee·Biſz es en

Presse erstellt werden. Die Rückseite des Papiers von Hand anzureiben, reicht bereits aus, um den Farbabdruck auf das Papier zu übertragen.

Pfisters Bibel ist technisch gesehen nicht die erste illustrierte Bibel. Ja, man kann sie nicht einmal eine Bibel nennen, handelt es sich doch eher um ein Kompendium von Texten, die Parallelen zwischen Altem und Neuem Testament hervorheben, eine typologische Zusammenstellung also. Die Holzschnitt-Versionen des 15. Jhdts. basieren auf Handschriften aus dem 14. Jhdt. Außerdem umfassten diese Bücher im Allgemeinen nicht mehr als 40 bis 50 Seiten; Gutenbergs Bibel brachte es auf 1.286 Seiten in zwei Bänden. Die erste illustrierte ungekürzte Bibel wurde in Deutschland von Günther Zainer gedruckt, und obwohl sie undatiert ist, legt eine Anmerkung in einem Nachdruck nahe, dass sie nicht nach 1474 erschien. Sie war mit 73 historisierten oder bildlichen Holzschnitt-Initialen illustriert. Eine zweite Ausgabe folgte im Jahr 1477.

Bald nach der Einführung des Drucks nach Italien publizierte der deutsche Drucker Ulrich Han, der in Rom arbeitete, das erste illustrierte Buch auf der italienischen Halbinsel. 1467 veröffentlichte er die *Meditationes, seu Contemplationes devotissimae* („Meditationen, oder Betrachtungen der Gläubigsten") des Kardinals Torquemada, illustriert mit 33 Holzschnitten. Auch hier wurden die Holzschnitte nicht in einer Druckform gedruckt, sondern separat. Ein Beleg dafür sind die bei den vier erhalten gebliebenen Exemplaren bestehenden Variationen in der Ausrichtung von Text und Illustration zueinander, außerdem leichte Abweichungen in der Abstufung des Farbtons zwischen den beiden Elementen. Mit Ausnahme eines ganzseitigen Holzschnitts nimmt die gesamte Serie an Illustrationen, eine für jedes Kapitel, jeweils etwa die Hälfte der Textblockhöhe ein, was die Planung für ihre Einfügung zu einer recht einfachen Angelegenheit werden ließ. 1473 besorgte Ulrich Han einen Nachdruck der *Meditationes*, nur dass es ihm diesmal gelang, Text und Holzschnitte gleichzeitig in derselben Druckform zu drucken.

Während seiner relativ kurzen beruflichen Laufbahn, die durch seinen frühen Tod im Jahr 1478 ein jähes Ende fand, publizierte Günther Zainer nicht weniger als 80 Titel, etwa ein Fünftel davon illustriert. Sein Bruder (oder Verwandter) Johann Zainer ist dafür bekannt, 1473 die Druckkunst in Ulm eingeführt zu haben. Ulm und Augsburg wurden führende Zentren, was die Publikation von Büchern mit Holzschnitt-Illustrationen anging. Als Günther Zainer seine Druckerwerkstatt in Augsburg etablierte, wurde er jedoch keineswegs mit offenen Armen, Festumzügen und Konfetti willkommen geheißen. Seinem Eintreffen aus Straßburg, wo er wahrscheinlich unter dem ersten Drucker der Stadt, Johann Mentelin, gearbeitet hatte, begegnete man mit Misstrauen, das dann in einen offenen Konflikt umschlug. Aus Angst, Zainers neumodisches, typografisch gedrucktes

28 Eine Seite aus *Der Edelstein*, dem ersten mit beweglichen Lettern gedruckten Buch, das sowohl Text als auch Illustrationen enthält. Gedruckt von Albrecht Pfister, 14. Februar 1461.

O Res stupenda et omni plena pietate: ecce q pro reconciliatóne humana paceq; cóponenda inter omnipotentem deű offensű. 7 reű hominē. inscrutabilis Altitudo diuini consilij matrimoniű contrahendű inter dei filiű. 7 humanā naturam mira dispensatione stabiliunt. Simile qdem ē regnű celoz homini regi qui fecit nuptias filio suo. quas tunc pr celestis rex vniuerse creature filio suo fecit. quando eű in vtero virginis humane nature coniűxit. Ait gregorius. Et qm consensus efficit matrimoniű. mittitur a patre luminű. patre misericordiarű. nűtius celestis. s. angelus. Gabriel. ad virginē noie Mariam. que gēmis ornata virtutű. 7 donis sublimata diuinis icőpabilis erat vniuersis q tam pie tāq; salutari diuini dispositioni in totius nature huāe psone preberet consensű. O admiranda legatio. 7 ex omni pte

Buch – das nichtsdestotrotz Holzschnitte enthielt! – könnte sie ihrer Arbeit berauben oder zumindest ihr Monopol untergraben, versuchte die Zunft der Holzschneider vor Ort, ihn vom Drucken abzuhalten. Ähnlich hatte Venedig im Jahr 1441 seine Holzschneider zu schützen versucht, indem es den Import von bedruckten Stoffen und Spielkarten verbot. Wie der venezianische Chronist und Biograf Tommaso Temanza berichtet, beschwerten sich die venezianischen Kartenhersteller über „den Schaden, den sie erleiden durch die tägliche Einführung von Karten und gedruckten Abbildungen, die außerhalb von Venedig hergestellt werden; wodurch ihre Kunst ganz im Absterben begriffen ist".[6] Diese Karten kamen möglicherweise aus dem nahegelegenen Padua und vielleicht sogar aus Augsburg. In Augsburg wurde nach einer lange währenden Pattsituation und dank des Eingreifens des Abts des Klosters St. Ulrich und Afra (das später eine eigene Druckerei beherbergte) ein Kompromiss erzielt: Zainer wurde erlaubt, Bücher mit Holzschnitt-Illustrationen zu produzieren – unter der Bedingung, nur Holzschneider aus der Zunft vor Ort zu beschäftigen. Zweifellos war diese Auseinandersetzung der Grund, warum Zainers erstes Buch aus dem Jahr 1468, *Meditationes vitae domini* („Betrachtungen übers das Leben des Herrn"), keine Holzschnitt-Illustrationen, ja nicht einmal Holzschnitt-Initialen enthält: in dem Exemplar der Bayrischen Staatsbibliothek in München handelt es sich bei den „Initialen" um Lombarden von der Hand eines Schreibers oder Rubrikators. Zainers erstes Buch, das Holzschnitt-Illustrationen enthielt, war Jacobus de Voragines mittelalterlicher Bestseller, die *Legenda aurea* („Goldene Legende"), gedruckt im Jahr 1471 – Augsburgs allererstes illustriertes Buch.

29 *Meditationes, seu Contemplationes devotissimae*. Gedruckt von Ulrich Han in Rom, 1467.

Albrecht Dürer

Man kann nicht über den Holzschnitt sprechen, ohne einen seiner größten und meisterhaftesten Exponenten zu erwähnen: Albrecht Dürer (1471–1528), den wohl bedeutendsten Vertreter der Druckgrafik nicht nur der nördlichen Renaissance, sondern aller Zeiten. Dürer wurde bei dem ortsansässigen Nürnberger Maler und Drucker Michael Wolgemut in die Lehre gegeben, dessen Werkstatt später eine große Menge an Holzschnitt-Illustrationen für Verleger von Drucken produzieren sollte. Dürers außergewöhnliche Holzschnitte waren größtenteils als eigenständige Drucke bzw. Einzeldrucke konzipiert, auch wenn eine beträchtliche Anzahl seiner Entwürfe benutzt wurde, um Bücher zu illustrieren (Abb. 26). Dürers Serie von *Apokalypse*–Holzschnitten wurde im Jahr 1498 von dem berühmten Nürnberger Drucker Anton Koberger publiziert, der zufällig auch Dürers Taufpate war.[7] Dürer brachte die Komplexität und Verfeinerung des Stichs in den Holzschnitt und sein Stil sollte sich für kommende Generationen

30 Seite aus dem *Missale Parisiense*, gedruckt 1481 von Jean du Pré und Desiderius Huym.

europäischer Künstler und Drucker als bemerkenswert einflussreich erweisen. In Partnerschaft mit Hieronymus Höltzel wurde Dürer sogar zum Verleger seiner eigenen Werke, als er im Jahr 1511 erstmals seine Serie von Holzschnitten mit dem Titel *Passion* als Buch veröffentlichte.[8] Seine Holzschnitte erschienen auch in außerhalb von Deutschland gedruckten und veröffentlichten Büchern, darunter z.B. dem äußerst beliebten *Narrenschiff* von Sebastian Brant, gedruckt von Johann Bergmann von Olpe in Basel.[9]

Kolorierung

Vor der Herausbildung des Mehrfarbendrucks (siehe Kap. 6) war es natürlich nicht sehr praktikabel, die Bücher vor dem Verkauf von Hand zu kolorieren. Man stelle sich etwa ein Buch mit 50 Holzschnitt-Illustrationen und einer bescheidenen Auflage von 500 Exemplaren vor. Nun stelle man sich weiter vor, wie lange selbst ein geübter Kolorist brauchen würde, um diese 25.000 Illustrationen per Hand zu kolorieren. Manche Inkunabeln sind sehr grob koloriert, was nahelegt, dass sich ihre Besitzer nur zu oft selbst an einer Aufgabe versuchten, die besser einem professionellen Künstler oder Koloristen überlassen worden wäre. Umgekehrt gibt es zahlreiche erlesene Beispiele von handkolorierten und -geschmückten typografisch gedruckten Büchern, die ihren illuminierten Handschriften-Vorläufern Konkurrenz machen. Ein Exemplar der *Historia naturalis* („Naturgeschichte") von Plinius d. Ä. (23–79 n. Chr.) auf Pergament in italienischer Übersetzung, gedruckt von Nicolas Jenson in Venedig im Jahr 1476 und über einen Zeitraum von vier Jahren von einem oder beiden Brüdern Gherardo und Monte di Giovanni di Miniato für den wohlhabenden Florentiner Bankier Filippo Strozzi (1428–91) illuminiert, ist ein atemberaubendes Beispiel für zwei einander überlagernde Traditionen und zweifelsohne eines der großartigsten illustrierten Bücher des 15. Jhdts.[10] Zusätzlich zu den reich verzierten Rändern, den Miniaturmalereien und den ausgeschmückten Initialen wird jedes der 38 Kapitel oder „Bücher" von einer luxuriösen vergoldeten historisierten Initiale eröffnet, wobei beim ersten Buch (Folio 5r), einer Widmung an Titus Vespasian (39–91 n. Chr.), Plinius selbst an seinem Schreibpult dargestellt wird, wie er eine Armillarsphäre hält (Abb. 31).

Zu Beginn des 16. Jhdts. gehörten französische Stundenbücher zu den bemerkenswertesten und prachtvollsten Beispielen für das illustrierte typografische Buch. Durch das Zusammenspiel von opulent verzierten Rändern, Vignetten und Initialen entstanden einige der schönsten und luxuriösesten gedruckten Bücher aller Zeiten – von manchen, wie jenen, die in Paris von Persönlichkeiten wie Jean du Pré, Antoine Vérard und Philippe Pigouchet gedruckt wurden, könnte man sogar behaupten, dass sie ihre illuminierten Handschriften-Vorläufer übertroffen haben.

In die natalis dñi.

et viderant: sicut dictum est ad illos. Credo. Offer. Deus enim firmauit orbem terre qui non cõmouebit. parata sedes tua deus extunc a seculo tu es.   Secreta.

Munera nostra quesumus domine natiuitatis hodierne mysteriis apta proueniant: vt sicut homo genitus idem refulsit deus: sic nobis hec terrena substãtia conferat quod diuinum est.

De sancta anastasia.

Accipe quesumus domine munera dignanter oblata: & beate anastasie suffragantibus meritis ad nostre salutis auxiliũ puere concede. Per dñm.   Prefacio.
Quia per incarnati. Et. Cõmunicantes. vt supra. Cõio. Exulta filia syon lauda filia hierusalẽ ecce rex tuus venit sctũs & saluator mũdi. postcõ.

Dius nos dñe sacramẽti sẽper nouitas natalis instauret: cuius natiuitas singularis humanam reppulit vetustatem.

De sancta anastasia.   postcõ

Saciasti dñe familiã tuã muneribus sacris. eius qs semper itervẽtione nos refoue: cuius solennia celebramus. Per dñm.

Ad magnam missam. Introitus.

Puer natus est nobis. et filius datus est nobis cuius imperium super humerum eius. et vocabitur nomen eius magni consilii angelus. ps. Cantate domino. canticum nouũ quia mirabilia fecit. Glia patri. Sicut.   kyri el. Gloria in excelsis.   Orõ.

Cõcede quesumus omnipotens deus: vt nos vnigeniti tui noua per carnẽ natiuitas liberet. quos sub peccati iugo vetusta seruitus tenet. Qui tecũ. Memo nulla. Lectio isaye pphete. lii.

Hec dicit dominus deus. Propter hoc sciet populus meus nomẽ meũ i die illa: quia ego ipse qui loquebar ecce adsum. Quam pulchri super mõtes pedes annũciantis et predicantis pacem: annunciantis bonum. predicantis salutem: dicentis syon. regnabit deus tuus. Vox speculatorum tuorum leuauerunt vocẽ: simul laudabunt quia oculo ad oculum videbunt. cũ conuerterit dñs syon. Gaudete et laudate simul deserta hierusalem: quia cõsolatus est dominus populũ suum. et redemit hierusalem. Parauit dñs brachiũ sanctum suum: in oculis oĩm gẽtium. Et videbunt omẽs fines terre: salutare dei nostri. Lectio epistole bĩ pauli apli Ad hebreos .i.ca.

Fratres. Multiphariẽ multis q3 modis olim deus loquẽs patribz in prophis. nouissie diebz istis locutus est nobis i filio: quẽ constituit heredem vniuersorum per quem fecit & secula. Qui cum sit splendor glorie & figura substãtie eius. portansq3 omnia verbo virtutis sue purgationem pctõ3 faciens: sedet ad dexterã maiestatis in excelsis. Tãto melior ãgelis effcus: quãto differentius pre illis nomẽ hẽditauit. Cui ei dixit aliqñ

LIBRO PRIMO DELLA NATVRALE HISTORIA DI C. PLINIO SECONDO TRADOCTA IN LINGVA FIORENTINA PER CHRISTOPHORO LANDINO FIORENTINO AL SERENISSIMO FERDINANDO RE DI NAPOLI.
PREFATIONE

ITERMINAI O GIOCONDISSIMO imperadore con epistola forse di troppa licétia narrarti elibri della historia naturale: opera nouella alle muse romane: nata apresso di me nel lultima genitura. Sia adunq; questa prefatióe uerissima di te métre che gia inuecchia nel grádissimo tuo padre: per che usando el uerso di Catullo mio compatriota tu soleui pure stima re qualche chosa le mie ciácie. Tu conosci questa castrense & militare parola. Et lui chome tu sai mutando le prime syllabe si fece alquanto piu duro che non uolea essere stimato da tuoi familiari & serui. Per questo adunq; diterminai scriuerti: & áchora per che le nostre chose apparischino & sieno manifeste p questa mia audacia maxime dolédoti tu che pel passato non lhabbi facto in una altra nostra procace epistola. Et accio che tutti glhuomini sappino quanto di pari lomperio techo uiua: Tu elquale hai triomphato & se stato censore & sei uolte cósolo & partícipe della tribunitia potesta: Se stato prefecto del pretorio: ilche hai facto piu nobile che tutti glaltri magistrati: perche per piacere a tuo padre & allordine equestre lacceptasti: Et tutte queste cose per rispecto della republica hai facto: Et me chome nel contubernio castrense tractasti: Et certo niéte ha mutato inte lamplitudine & grandezza della tua fortuna: se non che tanto piu possi & uogla giouare: quáto quella e maggiore. Adúq; béche a tutti glaltri huomini sia aperta la uia a impetrare ogni chosa da te uenerádoti; Niente di meno solo laudacia fa che io piu familiarmente te honori. Questa audacia adunq; imputerai a te medesimo: & a te medesimo nel nostro fallo perdonerai. Io mi stroppicciai la faccia: & niente di meno nessuno proficto ho facto: perche per unaltra uia mapparisti grande: & di lontano mi rimuoui con le faccelline del tuo ingegno. Et certo in nexuno piu sfolgora quella: laquale piu ueramente e decta in te che in altri forza deloquentia. In te e quella facundia che alla tribunitia potesta si conuiene: Con qáta risonantia tuoni tu le laude paterne? Có quanta(non sanza amore) dimostri quelle di tuo fratello? Quanto se excellente & sublime nella poetica faculta? O gran fecondita danimo. Certo hai trouato inche modo possi imitare tuo fratello. Ma queste chose chi potrebbe sanza paura considerare: hauendo a uenire al giudicio dellongegno tuo: maxime essendo quello dame prouocato? Certamente non sono in simile conditione quegli che publicano alchuno libro: & quegli che ate glintitolano. Impero che se io lo publicassi & non lo intitolassi ate: potrei dire perche leggi tu queste chose o imperadore: lequali sono scripte albasso uulgo & alla turba de glagricultori & de glartefici & a quegli che cósumano elloro otio negli studii? Perche adunq; ti fa tu giudice: concio sia che quando io scriueuo questa opera: non thaueuo posto nella tauola doue sono descripti egiudici: Et eri di tanta excellentia: che non stimauo che tu ti degnassi scendere si basso? Preterea quando bene non fussi in si excelso grado: nientedimeno gli scriptori comunemente fuggono el giudicio de docti. Questo fa Cicerone: elquale e di tanta eloquentia: che puo sottomettere longegno al giuocho della fortuna: & quel

Die besten Beispiele für illustrierte Bücher des 15. Jhdts. waren jedoch in Italien zu finden, besonders während des letzten Viertels des Jahrhunderts. Einige der exquisitesten wurden in Zentren der Renaissance wie Venedig, Florenz und Mailand gedruckt. In Venedig gehören dazu jene von Jenson, von Erhard Ratdolt und von Aldus Manutius, dessen vielgerühmte *Hypnerotomachia Poliphili* aus dem Jahr 1499 eine vollendete Synthese von Satz und Illustration war. In Florenz produzierten Lorenzo Morgiani und Johannes Petri eine große Anzahl an illustrierten Büchern, darunter eine Ausgabe der *Epistolae et Evangelii* (1495) – eines der erlesensten Florentiner Beispiele für typografische Bücher des 15. Jhdts. Erst durch die technologischen Entwicklungen beim Farbdruck im 18. Jhdt. erlebte die Handkolorierung allmählich einen Abstieg, wurde aber noch bis ins frühe 20. Jhdt. hinein praktiziert: Beispielsweise wurde in Großbritannien im Jahr 1902 in der Ordnance Survey, der für Landesvermessung und Kartenherstellung zuständigen Regierungsbehörde, eine Abteilung für Handkolorierung eingerichtet, um dem erhöhten Bedarf an Farbkarten zu begegnen.

Etwa 550 Jahre sind vergangen, seitdem Drucker wie Pfister Europa mit dem illustrierten typografischen Buch bekannt gemacht haben. Bis zur Mitte des 16. Jhdts. wurde der Holzschnitt zunehmend durch den Intagliodruck ersetzt – eine Technik, die beständiger war und diffizilere Details erlaubte. Beim Intaglio befindet sich die Farbe nicht auf der Oberfläche eines Holzstocks, sondern in den eingravierten oder eingeätzten Linien einer Metallplatte. Der Druck, der erforderlich war, um die Farbe von diesen Rillen auf das Papier oder Pergament zu übertragen, war ungleich größer (mehrere Tonnen, um genau zu sein), als er mit einer für den Hochdruck konzipierten Tiegeldruckpresse erreicht werden konnte, daher wurde eine eigene Walzenpresse benutzt.

Über die Jahrhunderte haben sich die Drucktechniken für illustrierte Bücher weiterentwickelt und verbessert, von Techniken der Kaltnadelradierung und Mezzotinto in der Mitte des 17. Jhdts. sowie der Lithografie im späten 18. Jhdt. über die Erfindung des Rotationsdrucks Mitte des 19. Jhdts, dicht gefolgt von Offset- und Bleisatz bzw. mechanischem Satz im späten 19. Jhdt., bis hin zur Entwicklung des elektronischen Drucks im 20 Jhdt.

31 (links und rechts) Der „Douce Pliny". Die *Naturgeschichte* des Plinius, gedruckt von Nicolas Jenson in Venedig, 1476. Von Hand illuminiert für den Florentiner Bankier und Staatsmann Filippo Strozzi (1428–91).

32 (folgende Seite) *Hypnerotomachia Poliphili* („Traumliebesstreit des Poliphilo"), ausgeschmückt mit 172 Holzschnitten und einer der berühmtesten Wiegendrucke. Gedruckt von Aldus Manutius in Venedig, 1499.

TRIVMPHVS

ce ligatura alla fistula tubale, Gli altri dui cũ ueterrimi cornitibici con
cordi ciascuno & cum gli instrumenti delle Equitante nymphe.
Sotto lequale triũphale seiughe era laxide nel meditullo, Nelq̃le g
rotali radii erano infixi, deliniamento Balustico, graciliscenti sepo
negli mucronati labii cum uno pomulo alla circunferentia. Elqual
Polo era di finissimo & ponderoso oro, repudiante el rodicabile erugi
ne, & lo'incédioso Vulcano, della uirtute & pace exitiale ueneno. Sum
mamente dagli festigianti celebrato, cum moderate, & repentine
riuolutiõe intorno saltanti, cum solemnissimi plausi, cum
gli habiti cincti di fasceole uolitante, Et le sedente so
pra gli trahenti centauri. La Sancta cagione,
& diuino mysterio, inuoce cósone & car
mini cancionali cum extre
ma exultatione amo
rosamente lauda
uano.
⁂

PRIMVS

EL SEQVENTE triúpho nó meno mirauegliofo dl primo. Impo che egli hauea le qtro uolubile rote tutte, & gli radii, & il meditullo defusco achate, di cádide uéule uagaméte uaricato. Ne tale certaméte gesto e re Pyrrho cú le noue Muse & Apolline í medio pulsáte dalla natura ípsso. Laxide & la forma del dicto qle el primo, ma le tabelle eráo di cyaneo Saphyro orientale, atomato de fcintillule doro, alla magica gratissimo, & longo acceptiffimo a cupidine nella finistra mano.

Nella tabella dextra mirai exfcalpto una infigne Matróa che
dui oui hauea parturito, in uno cubile regio colloca
ta, di uno mirabile pallacio, Cum obftetrice ftu
pefacte, & multe altre matrone & aftante
NympheDegli quali ufciua de
uno una flammula, & delal-
tro ouo due fpectatiffi
me ftelle.
* *
*

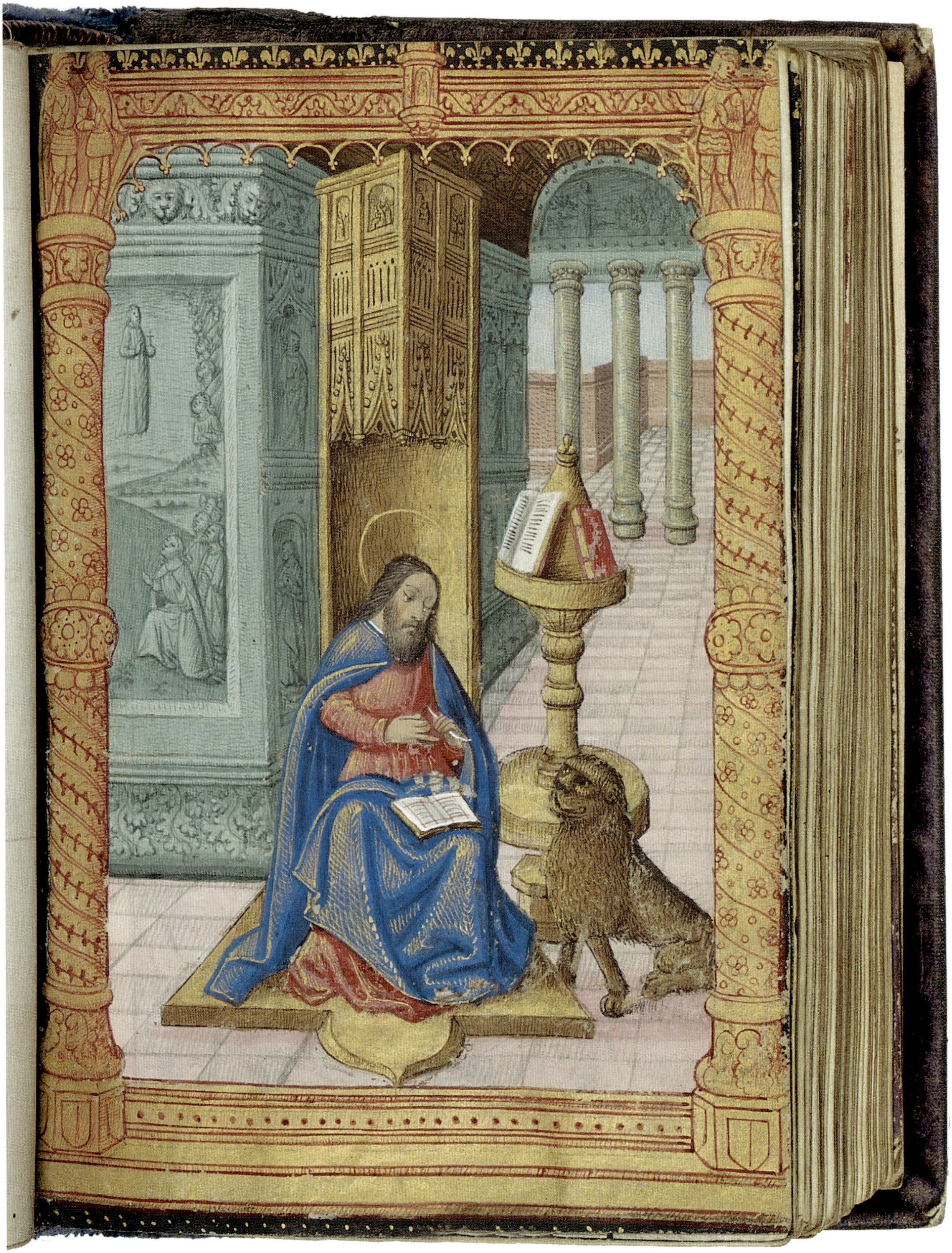

Mehrfarbigkeit im Druck
Der erste Farbdruck

> Wie falsch liegen doch diese einfachen Gemüter, von denen die Welt so übervoll ist, und die lieber ein Grün, ein Rot oder irgendeine andere intensive Farbe ansehen möchten als Figuren, die Geist und Bewegung verraten.[1]

SEIT ZEHNTAUSENDEN VON JAHREN stellen Menschen Farbpigmente her. Farben wurden auf ägyptischen Papyri ebenso verwendet wie in der griechisch-römischen Antike.[2] Dass aber die Verwendung von Farben in Büchern eine so weite Verbreitung fand, hatte mit dem Übergang von Papyrusrollen zu Kodizes auf Pergament zu tun und kündete von den Anfängen der Buchmalerei im Westen.[3] Tausend Jahre lang nutzten Schreiber, Rubrikatoren und Miniaturmaler verschiedene Farben und farbige Tinten, um Hervorhebungen, Gliederungselemente, Illustrationen und Ausschmückungen zu verwirklichen. Der Begriff „Rubrizierung" leitet sich von *rubrico* ab, dem lateinischen Wort für „rotfärben", denn die zusätzlichen textuellen Elemente oder „Rubriken" wurden üblicherweise in Rot geschrieben oder gemalt. Hierzu wurde ein rotes Bleioxid verwendet, auf Lateinisch *minium* genannt, von dem sich das Wort „Miniatur" ableitet: Etymologisch hat es nichts mit der Größe zu tun, auch wenn es später mit der Porträtmalerei im Kleinformat assoziiert wurde.

Da sich die ersten gedruckten Bücher an Handschriften orientierten, war es nur natürlich, dass die Drucker im 15. Jhdt. deren Mehrfarbigkeit nachzuahmen suchten. Aber viele der Zutaten für die Pigmente waren für Hersteller wie Nutzer giftig:[4] Dazu gehörte etwa Azurit, ein Kupfercarbonat, das für Blautöne Verwendung fand, Malachit für Grüntöne und Bleiweiß, das man erhielt, indem man Bleistreifen in Essig tauchte und diese Mischung in Steinzeugtöpfen mehrere Monate in gärendem Mist vergrub (ein riskanter Prozess, der bis in die 1880er Jahre hinein angewandt wurde). Ebenfalls gefährlich war Bleimennige, die durch Erhitzen von Bleiweiß entsteht, und Grünspan, gewonnen aus Kupferstreifen, die durch Kontakt mit Essig, geronnener Milch oder Urin korrodiert waren. Grünspan konnte als ein bereits auf alten ägyptischen Papyri verwendetes Pigment identifiziert werden. Der Vorbehalt in puncto Gesundheitsschädlichkeit gilt auch für Zinnober aus dem Sulfid-Mineral Cinnabarit, das seit der Antike als Kosmetikum verwendet wurde und in römischen Zeiten

33 Buchmalerei, die den Evangelisten Markus mit einer Schreibfeder und einer Handschrift zeigt. Frankreich, 2. Hälfte des 15. Jhdts.

kaum erschwinglich war (es ist nicht zu verwechseln mit dem *cinnabaris* des Plinius, dem „vermischten Blut des Elefanten und des Drachen"). Und schließlich gab es noch Gelbtöne aus Operment, einem Sulfid, das zu 60 % aus Arsen besteht. Daher die vernünftige Warnung des italienischen Renaissancemalers Cennino Cennini: „Hüte dich davor, den Mund damit zu beschmutzen, weil dir nur Schaden daraus erwachsen könnte."[5] Andere Pigmente kamen aus fernen Ländern und waren dementsprechend teuer, wie etwa Ultramarin aus dem kostbaren Stein Lapislazuli, der im Tal des Flusses Koktscha in Nordost-Afghanistan abgebaut wird.

Kolorierte Ephemera

Wie wir im vorhergehenden Kapitel gesehen haben, gingen gedruckte Holzschnitte gedruckten Büchern voraus. Einblattholzschnitte wurden oft mit Farben auf Wasserbasis von Hand koloriert und viele Tausende solcher Drucke auf Pergament und Papier waren in der Renaissance Gegenstand einer laufenden Wiederverwendung. Pergament und Papier waren teure Güter. Wenn also ein Kalender oder ein Ablassbrief abgelaufen war oder der Druck aus irgendeinem anderen Grund ausgemustert worden war, so konnte er einem neuen Zweck zugeführt werden. Oft fand er dabei seinen Weg in das Einbandmaterial von Büchern. Daher haben relativ wenige dieser kurzlebigen Einblattdrucke überdauert; von jenen, bei denen das doch der Fall ist, haben Andachtsbildchen eine der besten „Überlebensraten", da sie manchmal geschützt wurden, indem sie in Bücher eingeklebt wurden. Eines der frühesten europäischen Beispiele ist solch ein handkolorierter Andachts-Holzschnitt, der dank seiner Wiederverwendung als Vorsatzblatt zu einer auf das Jahr 1417 datierten Handschrift erhalten blieb (Abb. 34). Das Bild, der Heilige Christophorus, wie er das Christuskind über einen Fluss trägt, weist das Datum 1423 auf, obwohl es womöglich mehrere Jahrzehnte später gedruckt und koloriert wurde: Das Datum könnte ein Gedenkdatum sein, statt sich auf das Jahr der Herstellung zu beziehen, oder der Holzschnitt selbst könnte eine spätere Kopie eines Drucks mit früherem Datum sein.[6]

1449 vollendete Anna Jäck, Schreiberin, Übersetzerin und Priorin des Klosters von Inzigkofen nördlich des Bodensees ein Manuskript, indem sie eine Reihe von vorab kolorierten Holzschnitten einklebte.[7] Die Farben waren zum größten Teil flächig angelegt mit einer vertrauten Palette von Rußschwarz oder Azurit, (organischen) verlackten Pigmenten und sogar *Zwischgold*, einem Verbund von Blattgold und -silber, das zusammen mit anderen Pigmenten für den Nimbus von Heiligenfiguren verwendet wurde.[8] Ähnlich wurden Holzschnitte in gedruckten Büchern manchmal von Hand koloriert, entweder von einem professionellen Koloristen oder

34 Der Einblattholzschnitt des Hl. Christophorus, ca. 1423. Er blieb als Vorsatzblatt in einer Handschrift erhalten, der *Laus Virginis*, datierend aus dem Jahr 1417 und aus Böhmen stammend.

vom Besitzer des Buchs, mit gemischten Resultaten und recht unterschiedlichen Graden an künstlerischem Verdienst.

Rubrizierung

In Handschriften gab es keine technischen Barrieren für die Hinzufügung von Farben, doch das typografische Buch brachte neue Herausforderungen mit sich. Das erste und hauptsächliche Hindernis für den Farbdruck waren die Kosten. Die Hinzufügung auch nur einer Farbe, Rot etwa, zusätzlich zum Schwarz für den Text konnte die für den Druck des Buchs benötigte Zeit fast verdoppeln, da jede Farbe üblicherweise einen separaten Durchlauf durch die Presse erforderlich machte. Zweitens musste besondere Sorgfalt darauf verwendet werden, dass die separat gedruckten roten und schwarzen Elemente passgenau waren. Wenn es also darum ging, die traditionell farbigen Charakteristika von Handschriften nachzuahmen, standen Drucker vor der Wahl, entweder eine wirtschaftlich machbare typografische Lösung zu finden oder das betreffende Merkmal gänzlich aufzugeben.[9] Beim frühen Druck war Rot die gebräuchlichste Zweitfarbe, da es zur Rubrizierung verwendet wurde.[10] Die Hinzufügung solcher roter Elemente war nicht als Schmuck gedacht, sondern integraler Bestandteil der Textorganisation. Beispiele sind Unterstreichungen, Durchstreichungen und Häkchen bei Großbuchstaben oder roter Druck für Holzschnitt-Initialen, Kopfzeilen oder Titel.[11] Die zahlreichen einfarbigen Wiegendrucke mit für Initialen freigelassenen Leerstellen zeigen, dass Ausschmückung, Rubrizierung und das Hinzufügen von Farbe in illustrierten Büchern optionale Extras waren, die je nach Geschmack und finanziellen Möglichkeiten von Hand hinzugefügt wurden. Während des 15. Jhdts. war etwa die Hälfte aller Bücher von Hand rubriziert. Im 16. Jhdt. dann ersetzten einfarbige typografische Lösungen – Kursivierungen, Versalien, Kapitälchen und unterschiedliche Schriftgrößen – zunehmend das Rot aus der Feder eines Rubrikators.

Während des ersten halben Jahrhunderts des Druckwesens waren die am häufigsten in Farbe gedruckten Genres juristische und liturgische Bücher. In juristischen Büchern war Rot insbesondere vor der gedruckten Paginierung

35 Die zweiteilige Initiale aus dem Mainzer Psalter. Jeder Teil wird einzeln bzw. *à la poupée* eingefärbt, dann wird alles wieder zusammengesetzt und gedruckt.

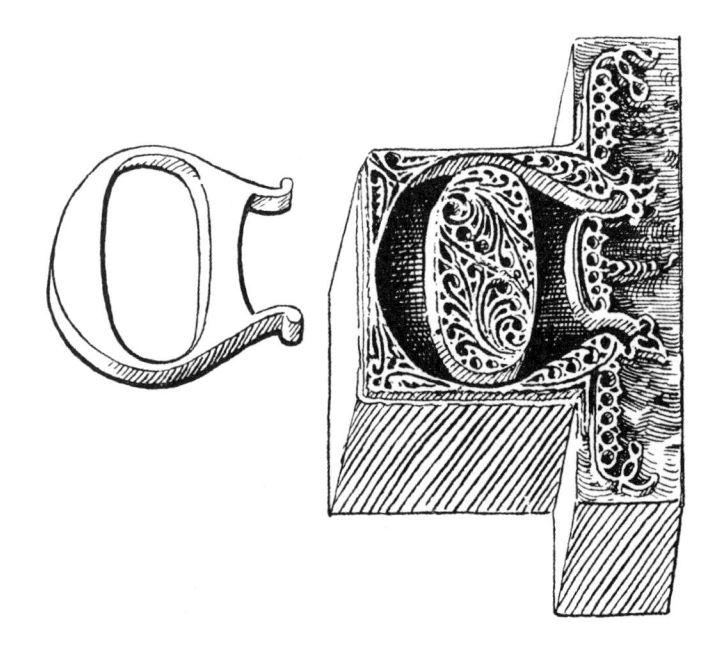

(Seitennummerierung) unumgänglich, um lange und komplexe Texte zu strukturieren. Liturgische Werke machten den größten Anteil der zweifarbig gedruckten Bücher aus, wobei Rot für Kalender (als Kennzeichnung der Feiertage), für Prologe und den Notendruck verwendet wurde.

Das erste bekannte Beispiel für einen Farbdruck im Hochdruckverfahren ist in Gutenbergs 42-zeiliger Bibel (ca. 1454–55) zu finden, in der Rubriken auf einer Handvoll Blätter in Rot gedruckt sind, was die B42 zum ersten Buch mit in roter Farbe gedrucktem Text macht.[12] Diesen Versuch, zeitgenössische Schreiberpraktiken nachzuahmen, gab Gutenberg zugunsten eines Hinzufügens der Rubriken per Hand auf, bei einem ohnehin schon beträchtlichen Unterfangen – einer riesigen Bibel von 1.286 Seiten im sogenannten Royal-Folio-Format. Seine Entscheidung belegt zweifelsohne, dass gedruckte Rubriken, die einen zweiten, präzise daraufpassenden Abdruck erforderten, schlicht zu unpraktisch und teuer waren. Nicht lange nach Gutenbergs erstem Experiment mit Farbe druckten seine Erben, Fust und Schöffer, in einigen Exemplaren ihres Mainzer Psalters von 1457 zweifarbige Initialen. Diese Initialen bestanden aus zwei ineinandergreifenden Metallkomponenten (Abb. 35),[13] von denen jede separat oder *à la poupée* mit Tinte eingefärbt wurde, so dass die zweifarbigen Initialen (normalerweise rot und blau) in einem einzigen Druckvorgang gedruckt werden konnten. Diese Technik löste alle Schwierigkeiten mit der Passgenauigkeit, da das „Puzzle", einmal zusammengesetzt, einen standgerechten Druck erbrachte, das heißt für perfekte Übereinstimmung sorgte. Auch wenn die Initialen aus dem Mainzer Psalter weitere drei Jahrzehnte immer und immer wiederverwendet wurden (zuletzt in einem benediktinischen Psalter, der 1490 von Peter Schöffer gedruckt wurde), ist diese Methode des Farbdrucks im 15. Jhdt. sehr selten.[14]

Schablonen

Die frühesten kolorierten Holzschnitte wurden freihändig in der vertrauten spätmittelalterlichen Farbpalette bemalt. Der Gebrauch von Schablonen im frühen Farbdruck ist recht gut dokumentiert, doch Schablonen waren keine mittelalterliche Erfindung.[15] Tatsächlich gehen sie auf die Antike zurück;[16] neben ihrem Gebrauch für illuminierte Handschriften wurden sie verwendet, um Kirchenwände und Textilien zu schmücken, möglicherweise spielten sie auch bei der Herstellung von Spielkarten eine Rolle.[17] Ab der Mitte des 16. Jhdts war es nicht ungewöhnlich, Drucke mithilfe von Schablonen zu kolorieren. Eine Holzschnitt-Illustration in Jost Ammans *Ständebuch* zeigt einen *Briefmaler*, wie er mit einem breiten Pinsel durch eine Schablone bzw. „Patrone" (so ein ebenfalls dafür gebräuchlicher Begriff) Farbe auf eine gedruckte Holzschnitt-Illustration appliziert

Der Brieffmaler.

Ein Brieffmaler bin aber ich/
Mit dem Pensel so nehr ich mich/
Anstreich die bildwerck so da stehnd
Auff Papyr oder Pergament/
Mit farben/ vnd verhöchs mit gold/
Den Patronen bin ich nit hold/
Darmit man schlechte arbeit macht/
Darvon auch gringen lohn empfacht.

Der

(Abb. 36).¹⁸ Ironischerweise lautet ein Teil des begleitenden Gedichts in gereimten Versen: „Den Patronen bin ich nit hold / Damit man schlechte Arbeit macht."¹⁹ Als einfache, schnell anzuwendende und kostengünstige Technik erwiesen sich die Patronen bis ins 18. Jhdt. hinein als eine beliebte Methode, um gedruckte Illustrationen mit Farbe zu versehen.²⁰

Bei der gebräuchlichsten Methode des Farbdrucks spielte eine Art von Schablone eine Rolle, die als Rähmchen bezeichnet wird. Von den frühesten Tagen der Handpresse an wurde es gebraucht, um die Ränder eines Blatts abzudecken bzw. zu schützen. Es wurde auch verwendet, um Bereiche abzudecken, die in einer zweiten Farbe bedruckt werden sollten (Abb. 37).²¹ Beispielsweise konnte auf eine Form rote Farbe aufgebracht werden, wobei aber die Bereiche eines Bogens, die in Schwarz gedruckt werden sollten, mit einer Schablone maskiert wurden; Löcher, die in diese geschnitten waren, ließen nur die rot zu druckenden Bereiche frei. Der Bogen wurde gedruckt und die Buchstaben, die rot gedruckt worden waren, wurden aus der Form entfernt und durch Blindmaterial ersetzt. Dann wurden die restlichen Typen

36 (gegenüber) Ein *Briefmaler* bzw. berufsmäßiger Kolorist von Drucken, der einen breiten Pinsel verwendet, um durch eine Schablone Farbe auf gedruckte Holzschnitte aufzubringen. Aus *Das Ständebuch*: Text des Schusters, Meistersingers und Spruchdichters Hans Sachs; Illustrationen von dem überaus produktiven Holzschnittkünstler Jost Amman. Frankfurt, 1568.

37 (oben) Ein Schablonenblatt, verwendet, um Text und Initialen in Rot zu drucken, während Flächen, die nicht bedruckt werden sollten, abgedeckt werden. Einmal gedruckt, wurden die roten Elemente aus der Druckform entfernt und der Rest wurde separat in Schwarz gedruckt.

Mehrfarbigkeit im Druck

38 Farbholzschnitt der drei Heiligen Valentin, Stephan und Maximilian. Holzschnitt von Hans Burgkmair. Gedruckt von Erhard Ratdolt, 1494 und 1498.

für den zweiten Abdruck, diesmal ohne das Schablonenblatt, mit schwarzer Tusche eingefärbt.[22] Oft wurden Papierreste oder Blätter aus Pergamenthandschriften als Schablonen beim Farbdruck herangezogen und nicht wenige davon fanden schließlich in den Büchern der frühen Neuzeit als Material beim Buchbinden (etwa für den Einband) eine Wiederverwendung.

Ratdolt und der Hochdruck in Farbe

Die frühesten bekannten farbigen Intaglio-Illustrationen in einem typografisch gesetzten Buch sind in einem Band über Astronomie zu finden, der 1476 von Nicolaus Götz in Köln gedruckt wurde.[23] Das Buch enthält eine Reihe von einfarbigen schwarzen Holzschnitten, die eine Sonnenfinsternis zeigen, aber in manchen der zehn erhalten gebliebenen Exemplare gibt es zwei Stiche von astronomischen Instrumenten, die in Rot und Schwarz gedruckt sind. Wie wir bereits gesehen haben (S. 75), kann der Intagliodruck nicht auf einer Presse realisiert werden, die für den Hochdruck konzipiert ist, da wesentlich mehr Druck notwendig ist, um die Farbe auf den Druckbogen zu übertragen.[24] Vor der Erfindung der Walzenpresse wurden daher von metallenen Intaglio-Platten Abzüge erstellt, indem man die Rückseite des Papiers anrieb.[25]

Für das Erscheinen von Farbbildern im Hochdruck müssen wir mehr als ein Jahrzehnt vorspulen zu einem deutschen Immigranten, der in Venedig arbeitete. 1474 verließ Erhard Ratdolt (1447–1527/8) im Anschluss an einen Streit mit seinem Bruder seine Heimatstadt Augsburg, um nach Venedig zu gehen, wo er wahrscheinlich 1475 ankam. Ratdolt hatte seine Jugendjahre in Mainz verbracht und war von dort geflohen, kurz bevor die Truppen von Erzbischof Adolf II. die Stadt 1462 eroberten.[26] Er publizierte im darauffolgenden Jahr sein erstes Buch zusammen mit zwei deutschen Landsleuten, Bernhard Maler und Peter Löslein. Ratdolt war ein besonders innovativer Drucker und produzierte viele eindrucksvolle Bücher, darunter eine erkleckliche Zahl an Erstausgaben. Die ersten erhaltenen in Italien gedruckten Farbbilder waren die von Ratdolt 1482 in Venedig in Rot und Schwarz gedruckten Abbildungen von Sonnen- und Mondfinsternis im *Kalendarium* des Regiomontanus (Johannes Müller aus Königsberg in Bayern, 1436–1476).[27] Der erste dreifarbige Druck, in Rot, Schwarz und Gelb, folgte im Jahr 1485 mit der Veröffentlichung des *Breviarium Augustanum*,[28] dann, im selben Jahr, in einer Ausgabe von Johannes de Sacroboscos *Sphaera mundi* („Weltsphären").[29] Nach seiner Rückkehr nach Augsburg auf Betreiben zweier aufeinanderfolgender Bischöfe druckte Ratdolt vorwiegend liturgische Arbeiten und setzte seine Experimente mit dem Farbdruck fort. Mehr als alle anderen Druckerpressen im 15. Jhdt. wird jene von Ratdolt mit dem Mehrfarbendruck in Verbindung gebracht.

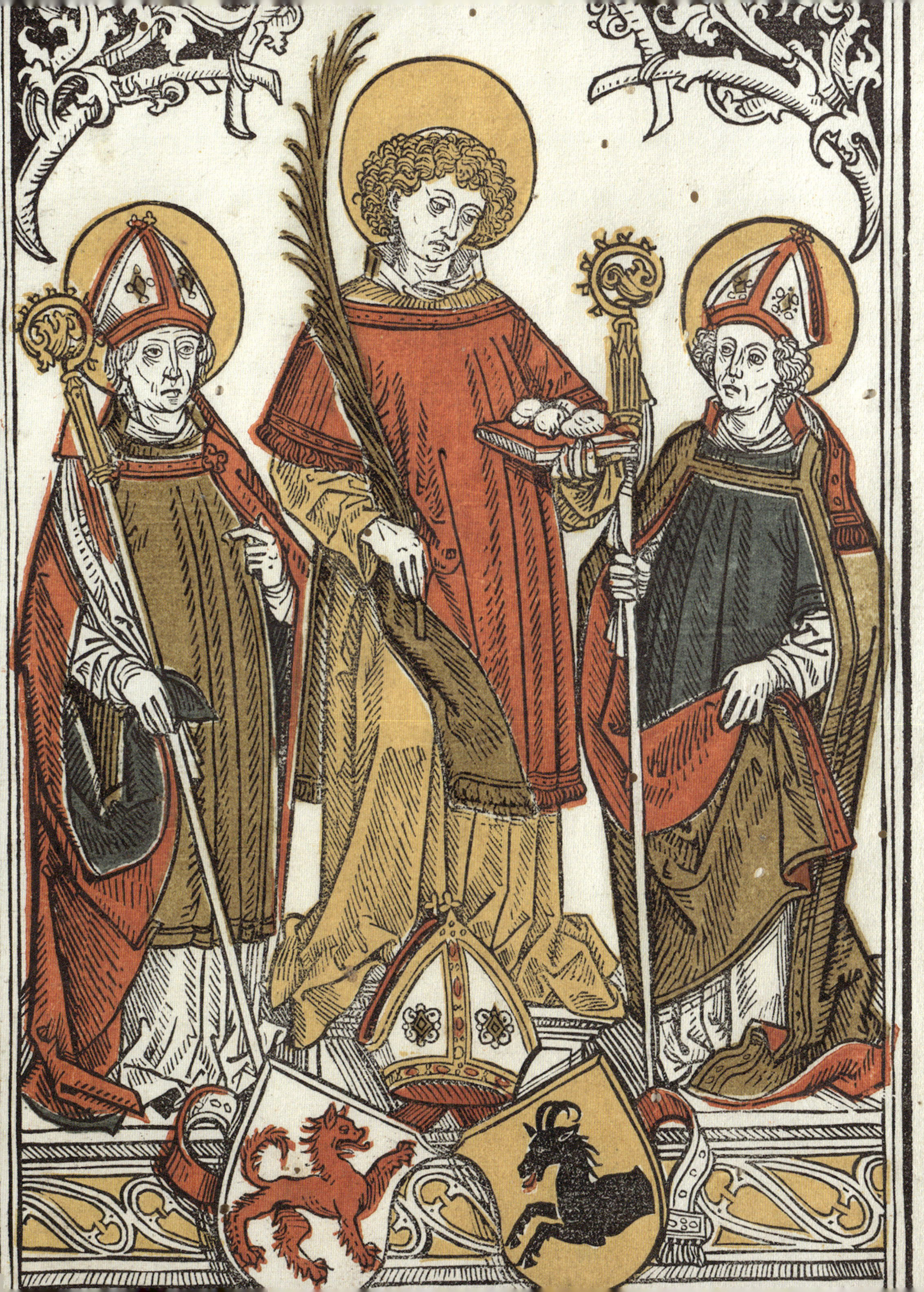

Bevor er als Meister sein eigener Herr wurde, scheint Hans Burgkmair (1473–1531), der berühmte Augsburger Drucker, bei Ratdolt in Augsburg in die Lehre gegangen zu sein. Es ist gut möglich, dass ihre Zusammenarbeit bereits 1493 begann. Hans Burgkmair war einer der allerersten Proponenten des Chiaroscuro-Holzschnitts, einer Technik, bei der mehrere Druckstöcke geschnitten und mit verschiedenen Tönen derselben Farbe eingefärbt werden, um subtile Abstufungen zu erzielen (siehe S. 95), ein Effekt, der bis dahin nur von Hand erreicht werden konnte.

Der fünffarbige Holzschnitt der Heiligen Valentin, Stephan und Maximilian, der als Titelseite für ein Passauer Missale diente (Abb. 38), ist, wenn auch nicht von Burgkmair signiert, sicherlich ihm zuzuordnen. Bei diesen mehrfarbigen Drucken ging man einst davon aus, dass sie mit Schablonen koloriert wurden. Rezentere Untersuchungen jedoch haben enthüllt, dass sie in Wirklichkeit mit Holzstöcken gedruckt wurden, einem für jede Farbe: Schwarz, Rot, Gelb, Blau und Olivgrün. Farbig gedruckte Holzschnitte und Metallschnitte mit mehreren Farben sind im 15. Jhdt. sehr selten. Ein besonders ungewöhnliches Beispiel ist das erste in England mit beweglichen Lettern gedruckte Buch, das – ebenfalls gedruckte – Farbillustrationen enthält. *The Book of Hawking, Hunting and Heraldry* („Buch von der Falknerei, der Jagd und der Heraldik") von einem anonym gebliebenen Drucker in St Albans mit dem Notnamen „Schoolmaster Printer", besser bekannt als „The Book of St Albans", wurde 1486 oder kurz danach gedruckt und ist mit 117 Holzschnitten von Wappen illustriert, von denen Dutzende in bis zu vier Farben gedruckt sind: Schwarz, Rot, Blau und Grün, mit Hinzufügungen in Gelb oder Gold per Hand.[30] Joseph Dane zufolge ist es „klar, dass der Ehrgeiz dieses Druckers die verfügbaren technischen Ressourcen weit übertraf",[31] und laut Ad Stijnman und Elizabeth Savage ist es „das einzige überlieferte Beispiel für einen Druck in mehr als zwei Farben im England der Tudorzeit".[32]

Dass Elemente des Farbdrucks einige Zeit lang eine beträchtliche technische Herausforderung darstellten, ist durch die Nürnberger Drucker Johann Sensenschmidt und Andreas Frisner belegt, die – dem Beispiel der Rubrizierung von Handschriften folgend – rote Unterstreichungen hatten drucken wollen, damit aber gescheitert waren und eine entsprechende Entschuldigung in ihr Vorwort zur *editio princeps* von Peter Lombards Kommentaren zu den Psalmen einfügten, gedruckt im Jahr 1478.[33] Soweit ich weiß, kommen in keinem Buch des 15. Jhdts. gedruckte rote Unterstreichungen vor.

Christopher de Hamel, einer der weltweit führenden Experten für mittelalterliche Manuskripte, schreibt: „[D]er vielleicht sichtbarste Unterschied zwischen einer Handschrift aus dem Mittelalter und späteren Druckbüchern besteht darin, dass der Großteil der Handschriften in mehr als einer Farbe geschrieben wurde."[34] Erasmus, der sich zu sehr vielen unterschiedlichen Themen äußerte, behauptet, das Hinzufügen von Farben zu erlesenen Drucken sei bestenfalls überflüssig – und im schlimmsten Fall verderblich. Von Albrecht Dürers Arbeit schreibt er: „Das stellt er einem in schwarzen Strichen vor die Augen, die so gelungen sind, dass man dem Werke Unrecht täte, wenn man Farben hinzufügen würde."[35] Jedoch räumt er ein, dass die Verwendung von Farben bei weniger bedeutenden Werken dazu beitragen könne, dass das Urteil über diese milder ausfalle. Ungeachtet der selektiven Farbphobie des Erasmus vervielfachten sich die Beispiele von Mehrfarbigkeit beim Hochdruck und beim Intagliodruck und von Anfang des 16. Jhdts. an beobachten wir einen damit einhergehenden Verfall bei den handkolorierten Drucken.

Zweihundert Jahre sollten vergehen, bis zu Beginn des 18. Jhdts. Christoff Le Blons Dreifarbtechnik entwickelt wurde, die als Vorläufer von Lithografie und Chromolithografie betrachtet werden kann.[36] Und noch ein weiteres Jahrhundert ging ins Land, bis der Farbdruck kommerziell tragfähig wurde. Bis zu jenen relativ späten technologischen Entwicklungen war der Druck mit Farben immer so etwas wie ein kostspieliger Kompromiss, wobei die ästhetischen Kriterien und Erwartungen durch die geschilderten Einschränkungen geformt wurden.[37]

Magnificat aia
mea dominum.
Et exultauit spūs et͞
Require in offo domi
nae ad vesperas. Ant
Omne quod dat mihi
pater ad me uciet: et eū
qui uenit ad me nō eici
am foras. Pater nr̄. Secto
℣. Et ne nos. ℟. Sed libe͞a
Lauda anima. ps.
mea dn͞m. lauda

bo dominum in uita me
a: psallam deo meo q̄ diu
fuero. Nolite confidere
i principibus neq̄ infilijs
hominū: iquibus nō est
salus. Exibit spūs eius
& reuertet͞ in ter̄ram suā.
in illa die p̄ibunt omēs
cogitationes cor. Be
atus cuius deus iacob ad
iutor eius: spes eius in
dn̄o deo ipius: qui fecit

Gedruckte Illuminationen
Der erste Golddruck

> Nim ein hafen … unnd nim neun mollen / und thu sie in den hafen mit der milch / und den sturz darüber / grab in mitt der milch in die erden … / unnd das der sturz mit dem loch ob der erden sei / das die moll lufft haben mögen … / laß sie stehen biß an den siebenden tag nach mittag / so nim den hafen mit den mollen herauß / so haben sie den messing von hunger außfressen / und die groß gifft zwingt den messing / das er sich muss wandeln zu golt.[1]

DIE ANTIKEN HISTORIKER PLINIUS UND HERODOT erwähnen beide das Vergolden – Letzterer schreibt, die Ägypter hätten Holz und Metall vergoldet. Gold wurde über Jahrtausende zur Verzierung von Keramiken wie auch in der Kunst verwendet und mindestens vom 5. Jhdt. an bei der Herstellung illuminierter Handschriften. In seinem Vorwort zum Buch Hiob zeigt sich der Hl. Hieronymus kritisch gegenüber dem Schreiben in Gold bei den Evangelien, verleitete das doch die Besitzer, sich mehr für die luxuriöse Ausstattung zu interessieren als für die Genauigkeit der Texte. In seinen *Briefen* schreibt er: „Man schreibt mit Purpur auf Pergament, flüssiges Gold wird zu Buchstaben, Edelsteine zieren die Handschriften, während vor der Türe Christus im Elende stirbt."[2] Doch die wohlhabenden Lieferanten von illuminierten Luxushandschriften ließen sich nicht entmutigen. Zusätzlich zum Schreiben in Gold, der sogenannten „Chrysografie", wurde Goldstaub aus zerriebenen Resten von Blattgold verwendet, um Manuskripte zu verzieren oder zu illuminieren. Obwohl der Begriff „illuminierte Handschrift" oft verwendet wird, um sämtliche ausgeschmückte Manuskripte zu bezeichnen, bezieht er sich genau genommen eigentlich nur auf jene, die mit Gold und Silber verziert wurden. Die Metalle reflektieren das Licht und illuminieren daher im wörtlichsten Sinne die Seite. Wenn in einem Manuskript Gold zum Einsatz kam, wurde es vor den anderen Farben appliziert, da man durch das Polieren, das die Haftung verbessern und den Glanz erhöhen sollte, Gefahr lief, bereits bemalte Bereiche zu beschädigen.[3] Von den Millionen von mittelalterlichen Handschriften, die hergestellt wurden, waren die meisten eher schlicht und nur ein sehr geringer Anteil wurde in Gold dekoriert oder geschrieben. Jedoch sorgte ihre großzügige und kostspielige Ausschmückung oftmals dafür, dass sie in unverhältnismäßig großer Zahl erhalten blieben.

39 Eine in Gold geschriebene italienische Stundenbuch-Handschrift aus dem 15. Jhdt. MS. Canon. Liturg. 287.

Erhardus ratdolt Augustensis impressor Serenissimo Alme vrbis venetae Principi Joanni Mocenico S.

Solebam antea Serenissime Princeps mecum ipse cogitans admirari quid causae esset: q̃ in hac tua praepotenti & famosa vrbe cũ varia auctorum veterũ nouorũq; volumina quottidie imprimerent. In hac mathematica facultate vel reliquarum disciplinarũ nobilissima aut nihil aut parua quaedam & friuola in tanta impressorũ copia qui in tua vrbe ogunt: viderent impressa. Haec cum mecũ saepius disceperem: aduertebam id difficultate operis accidisse. Non enim adhuc quo pacto schemata geometrica: quibus mathematica volumina scatent: ac sine quibus nihil i his disciplinis fere intelligi optime potest excogitauerant. Itaq; cum hoc ipsum tantummodo communi omnium vtilitati que ex his percipitur obstaret: mea industria nõ sine maximo labore effeci. vt qua facilitate litterarum elementa imprimuntur. ea etiam geometricae figurae conficerent. Quamobrem vt spero hoc nostro inuento hae disciplinae quas mathemata graeci appellant voluminũ copia sicut reliquae scientiae breui illustrabũt. De quaz laudibus & vtilitate possem multa impraesentia adducere ab illustribus collecta auctorib9: nisi studiosis iam omnib9 haec nota essent. Illud etiam plane cognitũ est caeteras scientias sine mathematib9 imperfectas ac veluti mancas esse. Neq; hoc profecto negabũt Dialectici neq; Philosophi abnuent: in quoz libris multa reperiunt: quae sine mathematica ratione minime intelligi possunt. Quam diuin9 ille Plato moere veritatis arcanũ. vt adipisceretur cyrenas ad. Theodorum summum eo tempore mathematicum & ad egyptios sacerdotes enauigauit. Quid q̃ sine hac vna facultate viuendi ratio nõ perfecte constat. Nam vt de musice taceam: quae nobis numeri ab ipsa natura ad perferendos facili9 labores pcessa videtur: vt astrologiã praeteream qua exculti certum ipsum veluti scalis machinisq; quibusdaz conscendentes verum ipsius naturae argumentum cognoscimus: sine arithmetica & geometria: quaruz altera numeros altera mẽsuras docet: ciuiliter comodeq; viuere qui possum9? Sed quid ego i his moroz quae iam omnibus vt dixi: notiora sunt q̃ vt a me dicantur. Euclides igitur megarensis serenissime princeps qui. xv. libris omnem geometriae rationem pfummatissime complexus est: quem ego summa & cura & diligentia nullo praetermisso schemate imprimenduz curaui: sub tuo nomine tutus foelixq; prodeat.

Typografisches Gold

Auch wenn der Gebrauch von Gold in Handschriften eine deutliche zusätzliche Ausgabe darstellte, war er, da dies schon jahrhundertelang praktiziert wurde, keine allzu große technische Herausforderung. In Gold zu drucken allerdings war eine ganz andere Sache. Der aus Augsburg stammende Drucker Erhard Ratdolt war zweifelsohne einer der größten Erneuerer des Buchdrucks im 15. Jhdt. Abgesehen davon, dass er der Allererste war, der eine dekorative Titelseite verwendete, und unter den ersten, die mit dem vielfarbigen Druck experimentierten (siehe S. 86), scheint er auch der Erste gewesen zu sein, der in Gold gedruckt hat. In manchen Exemplaren seiner *editio princeps* von Euklids *Elementen*, gedruckt in Venedig im Jahr 1482, übersetzt aus dem Arabischen von dem Gelehrten des 12. Jhdts. Adelard von Bath und gerühmt für ihren frühen Gebrauch von über 400 gedruckten geometrischen Figuren, druckte er die Widmung an den amtierenden Dogen der Republik Venedig, Giovanni Mocenigo, in Gold.[4] Von etwa 300 erhaltenen Exemplaren sind zumindest bei sieben die Widmungen in Gold gedruckt, darunter auch bei dem Exemplar, das sich in der British Library befindet.

Tatsächlich war Ratdolt während des 15. Jhdts. nur einer von zwei Druckern, die mit dem Golddruck experimentierten; der andere war der kretische Drucker und ehemalige Kopist Zacharias Kallierges, der berühmt ist für seine griechische Druckerpresse in Venedig.[5] Im Juli 1499 druckte Kallierges für Nicolaus Blastus und Anna Notaras eine Folio-Ausgabe eines byzantinisch-griechischen Wörterbuchs, *Etymologicum Magnum Graecum*.[6] Es scheint, als sei die Partnerschaft mit Blastus einzig und allein für die Herstellung dieses Wörterbuchs begründet worden. Anna Notaras, die Tochter des letzten Megas Doux von Konstantinopel, Loukas Notaras, soll maßgeblich an Blastus' Einbindung in das Projekt beteiligt gewesen sein. Dieses sehr erlesene Buch, das über einen Zeitraum von fünf Jahren geplant und umgesetzt wurde, war das erste, das aus Kallierges' Presse hervorging. In den meisten Exemplaren sind die im Weißlinienschnitt ausgeführten Initialen (bei denen die Buchstabenform aus dem Holzstock herausgeschnitten wird) und die Überschriften in Rot gedruckt, aber in manchen Exemplaren sind Kolumnentitel und Initialen in Gold gedruckt.[7] Während die Buchmaler bei mittelalterlichen Handschriften ihre Goldfarbe, oder ihr Muschelgold (benannt nach den Gefäßen, in welchen es angemischt wurde), herstellten, indem sie Goldpulver mit Gummiarabikum verbanden, hat es den Anschein, dass Ratdolt zuerst das Papier oder Pergament mit einem puderförmigen Haftmittel bestäubte und dann Blattgold auf die Oberfläche von erhitzten Lettern aufbrachte. Die erhitzten Lettern schmolzen so beim Druck das Klebemittel und das Blattgold blieb auf der Seite haften. Das alles war recht schwierig zu bewerkstelligen: Erhitzte man die Lettern zu stark, riskierte man, das Papier oder Pergament zu versengen, erhitzte

40 Euklids *Elemente*, gedruckt von Erhard Ratdolt am 25. Mai 1482 in Venedig. Die an Giovanni Mocenigo, den Dogen von Venedig, gerichtete Widmung ist das erste erhaltene Beispiel für einen Golddruck.

Gedruckte Illuminationen

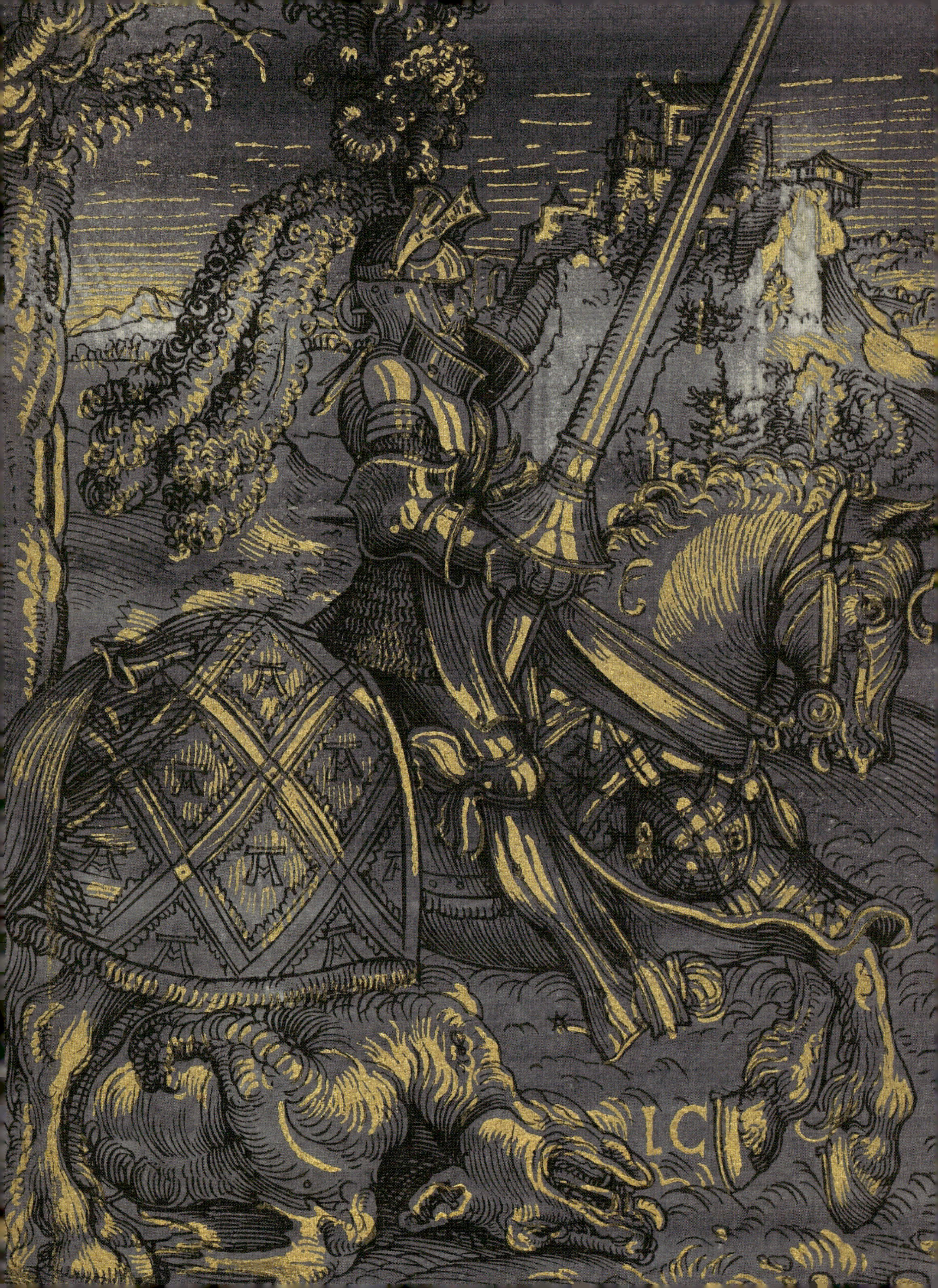
LC

man sie nicht stark genug, blieb das Gold nicht haften. Die Tatsache, dass Blattgold und nicht Goldfarbe verwendet wurde, ist an dem Goldstaub erkennbar, der bei entsprechender Vergrößerung auf der gesamten Seite zu sehen ist – ein Überbleibsel vom Abpinseln des überschüssigen Blattgolds. Nach seiner Rückkehr nach Augsburg druckte Ratdolt erneut mit Gold, und zwar im Vorwort zu zwei Exemplaren von Johannes de Thwroczs *Chronica Hungarorum* auf Pergament, die 1488 erschien, auch wenn er hier offenbar eine Art von Goldfarbe statt Blattgold verwendete.[8] Ein drittes und letztes Mal benutzte er Gold im Jahre 1505 im Kolophon von Conrad Peutingers dünnem Bändchen mit römischen Steininschriften, die in und um Augsburg entdeckt worden waren, *Romanae vetustatis fragmenta*.[9] Dies war bei jenem Genre das erste Beispiel hierfür im Druck.[10]

Gold war auch schon vor Ratdolts Euklid-Ausgabe in gedruckten Büchern aufgetaucht. In manchen Exemplaren der ersten gedruckten Ausgabe von Dantes *Göttlicher Komödie*, gedruckt in Foligno von Johann Neumeister im Jahr 1472, enthält die erste Seite Randverzierungen und Buchstaben in Gold.[11] Jedoch wurden die zugrundeliegenden Buchstabenformen mit Tusche gedruckt und dann mit Goldpigmenten übermalt. Ein sogar noch früheres Beispiel für die Verwendung von Gold findet sich in einem Cicero aus dem Jahre 1465 aus der Mainzer Presse von Johann Fust und Peter Schöffer, wo in manchen Exemplaren die Überschriften mit Goldtinktur per Hand geschrieben wurden.[12]

Kurz nach der Publikation von Ratdolts letztem Golddruck in Peutingers Inschriftensammlung experimentierte ein weiterer Augsburger, Lucas Cranach d. Ä. (1472–1553) – der berühmte Maler, Kupferstecher, Freund von Luther und frühe Verfechter des mehrfarbigen Drucks und des Chiaroscuro-Holzschnitts – ebenfalls mit Gold. Der Begriff Chiaroscuro (italienisch: „dunkel und hell") beschrieb die Renaissance-Technik des Zeichnens und Malens mit starken Hell-Dunkel-Kontrasten, u.a. durch den Einsatz von Glanzlichtern, auf farbigem Papier. Chiaroscuro-Holzschnitte erreichten einen ähnlichen Effekt mit übereinandergelegten Holzstöcken, zwei für Abstufungen im Tonwert und einem mit der schwarzlinigen Zeichnung, um so ein ineinandergreifendes Muster von Schattierungen und Glanzlichtern zu erreichen. Eines der bekanntesten Beispiele für einen sehr frühen Chiaroscuro-Holzschnitt ist Hans Burgkmairs mit drei Druckstöcken (einer schwarz eingefärbten sogenannten Strich- bzw. Linienplatte und zwei rot eingefärbten Tonplatten) hergestelltes Werk *Liebende vom Tod überrascht*.[13] Cranachs Holzschnitt *Der Heilige Georg zu Pferd mit totem Drachen* ist mit zwei Druckstöcken gedruckt, einem Hauptblock für das Schwarz, das zuerst gedruckt wurde, und einem zweiten Block für den Golddruck (Abb. 41). Zu dem sehr überschaubaren Korpus an frühen Golddrucken gehört auch ein Gedenkholzschnitt

41 Ein Farbholzschnitt des Hl. Georg, hergestellt mit zwei Druckstöcken. Gedruckt von Lucas Cranach d. Ä., 1507.

42 Gedenkholzschnitt des jungen Karl V., gedruckt von dem flämischen Künstler Jost de Negker. Gedruckt auf Pergament mit zwei Druckstöcken (gold und schwarz) und von Hand koloriert. Augsburg, ca. 1519.

des jungen Karl V., dessen Krönung zum römisch-deutschen König im Oktober 1519 stattfand. Er wurde in Augsburg von dem flämischen Künstler Jost de Negker gedruckt und eingehende Röntgen- und Mikroskop-Untersuchungen haben ergeben, dass Goldtinktur (in einem flüssigen Medium aufgelöstes Goldpulver) verwendet wurde.

Geschenkbände

Während des 15. Jhdts., als die Handschriften-Tradition noch recht stark war, wurde der Golddruck aus denselben Gründen und für dieselbe Klientel ausgeführt, wie dies bei der Verwendung von Gold in illuminierten Handschriften der Fall war. Solche Handschriften sollten, außer dass sie Wohlstand und Status ihrer Eigentümer widerspiegelten, auch deren Frömmigkeit demonstrieren. Wenn Ratdolt in begrenztem Umfang mit Gold druckte, so diente dies einem ähnlichen Zweck. Seine Bücher sollten als Geschenke dargereicht werden, um den Kaiser oder den Dogen von Venedig zu ehren und zu beeindrucken. Ratdolts Gebrauch des Golddrucks im Vorwort zu Johannes de Thwroczs *Chronica Hungarorum* war keinem anderen gewidmet als dem gelehrten Förderer der Künste Matthias Corvinus, König von Ungarn und Böhmen. Ein Buch mit einer in Gold gedruckten Seite (zu dieser Zeit einzigartig) war vielleicht auch Ratdolts Antwort auf die Frage, was man jemandem schenken konnte, der schon alles hatte.

Nur eine Handvoll Beispiele für den Golddruck existieren vor dem 18. Jhdt.,[14] als Joachim Andreas Bähre ein Patent für den Golddruck – nicht in Büchern, sondern auf Tapeten – verliehen wurde für seine Methode zum Leimen (Imprägnieren) von Papier, das mit Gold und Silber bedruckt werden sollte.[15] Im 17. Jhdt. beschreibt Joseph Moxon zusätzlich zu seiner Schilderung von Prozessen der Schriftgießerei und des Drucks die übliche Technik für den Goldauftrag in gedruckten Büchern, nicht in der Presse, sondern per Hand mit Firnis und Blattgold.[16]

Goldfarben wurden nicht immer auch aus Gold hergestellt. Ein gelbes Zinnsulfid, oder Musivgold,[17] war ein weniger kostspieliger Ersatz und seine Herstellung wurde im frühen 4. Jhdt. von den Chinesen beschrieben,[18] die es auch als Elixier nutzten; in Europa wird ein Rezept aus Quecksilber und Schwefel von Cennino Cennini beschrieben. Dann gibt es da noch das wenig einleuchtende Rezept aus dem 16. Jhdt., in das Messing, neun Eidechsen und ein Viertel Ziegenmilch als Zutaten eingehen, oder die ebenso zweifelhafte Mischung aus Quecksilber und frischen Hühnereiern.[19] Heutzutage enthalten Goldfarben selten Gold – oder Quecksilber oder Ziegenmilch –, sondern werden im Allgemeinen aus pulverisiertem Aluminium oder aus Messing, einer Kupferlegierung mit Zink, hergestellt.

Die Erfindung des Buchs

Carl von gottes gnad- n. Römischer Künig, zů Castillien Aragon Leon/ bayde Sicilien hierusalem Nauarren Grannat
leten Valencien Gallicien Maioricarum hispalen Sardinien Corduben Corsicen Murcien Giennen Algarbien Alge-
en Gibraltar en/ auch der Insule Canarie Indien vnnd des Lands Oceanisch Moers. rc. Künig. Ertzherzog zů Osteneich
rzog re zů Burgundien/ Lotrich Brabant Steyr Kernthen Crain Limburg Luzelburg Geldren Calabrien Achenarum
Neupatrien re. Graue zů flandern Hapspurg Tyrol Bargalon Arthois vnd burgundien re. Pfalzgraue zů Henegaw
land Seland Ohyr Roburg Namur Rosilio Lenthani vnd Zuphen rc. Landgraue am Elsas Margraue zů Burgaw
istanen vnd Gocian rc. des heyligen reychs fürst zů Cathalonie Schwaben vnd Asturien rc. herre zů Friesland/ Bischey
Molitten auff der Windischen marck zů Porten aw Salins vnd Mehelm rc.   Jost de Negker zů Augs urn 1519

ERASMI ROTERODAMI ADAGIORVM CHILIADES TRES, AC CENTVRIAE FERE TOTIDEM.

ALD. STVDIOSIS. S.

Quia nihil aliud cupio, q̃ prodesse uobis Studiosi. Cum uenisset in manus meas Erasmi Roterodami, hominis undecunq̃ doctiss. hoc adagiorũ opus eruditum. uarium. plenũ bonæ frugis, & quod possit uel cum ipsa antiquitate certare, intermissis antiquis autorib. quos paraueram excudendos, illud curauimus imprimendum, rati profuturum uobis & multitudine ipsa adagiorũ, quæ ex plurimis autorib. tam latinis, quàm græcis studiose collegit summis certe laborib. summis uigiliis, & multis locis apud utriusq̃ linguæ autores obiter uel correctis acute, uel expositis erudite. Docet præterea quot modis ex hisce adagiis capere utilitatem liceat, puta queadmodum ad uarios usus accõmodari possint. Adde, qđ circiter decẽ millia uersuum ex Homero. Euripide, & cæteris Græcis eodẽ metro in hoc opere fideliter, & docte tralata habẽtur, præter plurima ex Platone, Demosthene, & id genus aliis. An autem uerus sim, ἰδοὺ ῥόδος, ἰδοὺ καὶ τὸ πήδημα. Nam, quod dicitur, αὐτὸς αὐτὸν αὐλεῖ.

Alchemie und Antimon
Die ersten Druckermarken

8

> Denn der Kopf des Delfins ist nach links gewandt,
> während der unsere, wie wohlbekannt ist, nach rechts zeigt.
> ANDREAS TORRESANUS[1]

VOR GUTENBERG WAREN BÜCHER jahrhundertelang das Produkt von Schreibern und Kopisten. Ihre Arbeit war mühsam und ging langsam vonstatten. Dennoch blieben die meisten anonym und in den mittelalterlichen Manuskripten tauchen ihre Namen nur selten im Kolophon auf. Die *Regel des Heiligen Benedikt* warnte davor, dass Mönche, die sich ihrer Handwerkskunst rühmten, eine Entlassung riskierten.[2] Doch ebenso wie sich der Buchmaler gelegentlich auf die Ränder verirrte, um dem Grotesken und dem Profanen zeichnerisch Ausdruck zu verleihen, bemächtigten sich auch die Schreiber manchmal der Ränder und Kolophone, um sich über ihre Arbeitsbedingungen zu beklagen, den schmerzenden Rücken und die wunden Finger, oder um mit dem üblichen bescheidenen Refrain ihrer Zerknirschung über zu schnell oder zu schlecht geschriebene Seiten Ausdruck zu verleihen: „Ach, ich habe schlecht geendet, weil ich es nicht verstanden habe, gut zu schreiben."[3] Im mittelalterlichen Deutschland fügten einige klösterliche Schreiberinnen, obwohl sie den Großteil ihrer Arbeiten unsigniert ließen, bei herausfordernden Aufträgen gelegentlich ihre Namen hinzu. So etwa bei Antiphonarien und Gradualien, besonders schwierigen Texten, „bei denen das Kopieren eine besondere professionelle Ausbildung verlangte".[4] Vom Spätmittelalter an und mit dem Niedergang des klösterlichen Skriptoriums gewannen bibliografische Details im Kolophon von Schreibern an Bedeutung. Insofern war es ein geeigneter Vorläufer des Kolophons von Druckern.

Gutenberg sah nie die Notwendigkeit, seine Bücher mit einem Kolophon zu versehen. Das erste gedruckte Buch, das ein solches enthielt, war der Mainzer Psalter von 1457, hergestellt von Gutenbergs Erben, Johann Fust und Peter Schöffer: „Vorliegendes Psalmenbuch […] ist durch die kunstvolle Erfindung des Druckens und Buchstabenformens ohne jede Anwendung eines Schreibrohrs so gestaltet und zum Preise Gottes mit solcher Sorgfalt fertiggestellt worden durch Johannes Fust, Bürger zu Mainz, und Peter Schöffer aus Gernsheim, im Jahre des Herrn 1457, am

43 Aldus Manutius' Druckerzeichen: Delfin und Anker.

Vortag von Mariae Himmelfahrt."[5] Ein Merkmal, das den Kolophon schon bald begleiten sollte, aber keine unmittelbare Parallele in der Handschriftentradition hatte, war die Druckermarke, ein dem Markenzeichen ähnliches Emblem oder Symbol. In Frankreich erhielten Druckersignets einen gewissen Rechtsschutz, als Franz I. 1539 eine Anordnung erließ, der zufolge alle Buchhändler und Drucker ihr eigenes Zeichen führen mussten. Andernorts in Europa wurden Druckerzeichen meist erst Ende des 16. Jhdts. geschützt.[6] 1462 publizierten Fust und Schöffer neben einer Anzahl von Ablassbriefen in Form von Flugblättern, die im Frühjahr erschienen, im Herbst eine lateinische Bibel,[7] das erste Buch mit einem Druckerzeichen. Die Druckermarke von Fust und Schöffer taucht auch schon in einem früheren Werk auf, in Rot gedruckt auf einem einzelnen erhaltenen Exemplar des Mainzer Psalters von 1457. Jedoch wurde sie wahrscheinlich erst zu einem späteren Zeitpunkt in den Psalter gestempelt, wahrscheinlich etwas später als in der Bibel von 1462.[8] Die Marke umfasste zwei von einem Zweig hängende Wappenschilde. Diese zeigten ein Andreaskreuz (ein diagonales Kreuz) sowie einen von drei Sternen umgebenen Sparren. Möglicherweise basierten diese auf den jeweiligen Familienwappen von Fust und Schöffer,[9] obwohl es auch möglich ist, dass Kreuz und Sparren die griechischen Buchstaben X und Λ darstellen, für Christus und Logos. Warum also verwendeten Fust und Schöffer eine solche Marke? Schöffer behauptete, er habe das Buch „glücklich zu Stande gebracht, indem er es mit seinem Wappen zeichnete". Die Marke war folglich ein Siegel der Vollendung, Zeichen des Stolzes eines Handwerkers auf seine Arbeit.[10]

Das Zeichen von Fust und Schöffer wurde von einer Reihe von Druckern des 15. Jhdts. nachgeahmt, darunter Gerard Leeu in Antwerpen, Johann Veldener in Leuven, Michael Wenssler und Nicolaus Kesler in Basel und Peter Drach in Speyer. Das Wappenzeichen wurde nördlich der Alpen ein beliebtes Motiv, v.a. in Deutschland und in den Niederlanden, während die Drucker auf der italienischen Halbinsel gewieft dem Symbolismus des *globus cruciger* oder „Reichsapfels" den Vorzug gaben. Dieser war in der christlichen Ikonografie seit dem frühen Mittelalter populär, wobei das Kreuz die Herrschaft Gottes über den Erdball repräsentierte.[11] Der Reichsapfel mit Kreuz, der heute mit Nicolas Jenson (ca. 1420–1480) in Venedig in Verbindung gebracht wird, wurde zu dessen Lebzeiten nie als Druckerzeichen verwendet. Er erschien erstmals im April 1481, etwa sechs Monate nach Jensons Tod, in einem Buch mit dem Druckvermerk „Johannes de Colonia, Nicolaus Jenson et Socii" (so die Bezeichnung dieses kurzlebigen Unternehmens, das nur Monate vor Jensons Tod gegründet wurde).[12] Es wurde im späten 15. und frühen 16. Jhdt. überall in Italien nachgeahmt. Auch in Frankreich war der Reichsapfel ein populäres Motiv, obwohl solche einfachen Zeichen früh im 16. Jhdt. oft in ein mit Architekturelementen ausgeschmücktes Frontispiz integriert oder von einer Überfülle von disparaten grafischen Ausstattungselementen verdeckt wurden.[13] Diese Druckermarken nur mit einem Reichsapfel oder auch zusätzlich mit der Zahl 4 versehen (und Varianten davon) waren direkte Abkömmlinge des Händlerzeichens. Passenderweise ist der Kreis mit dem Kreuz auch das alchemistische Symbol für Antimon, das, wenn es mit Blei und Zinn legiert wird, zur Härte und Dauerhaftigkeit des Metalls von Lettern beiträgt.

Konrad Sweynheym, Arnold Pannartz und Ulrich Han, die frühesten Drucker in Italien, verwendeten keine Druckermarken. Erst in den letzten Jahrzehnten des 15. Jhdts. sehen wir italienische Drucker ihre eigenen Zeichen einführen. Sixtus Riessinger gehörte zu den ersten, die in Italien ein Druckersignet verwendeten. Sein Zeichen, eine von einem Pfeil durchbohrte Holzleiste, existierte in zwei unterschiedlichen Varianten; in Neapel erschien es im Jahr 1478 auf einem von der mythologischen Persischen Sibylle gehaltenen Schild[14] und von 1481 an, nach seiner Rückkehr nach Rom, stand das Motiv mit dem Stock und dem Pfeil für sich. In dem komplexeren Signet fand sich eine Banderole mit den Initialen S.R.D.A. für „Sixtus Riessinger de Argentina".[15]

William Caxton kam viele Jahre ohne Druckermarke aus und verwendete eine solche nur in etwa 10 % seiner Bücher.[16] Selbst nach seiner Rückkehr nach England, wo er 1476 der Erste war, der auf britischem Boden druckte,[17] sollte es noch ein weiteres Jahrzehnt dauern,

44 Eine Auswahl an Druckerzeichen: (obere Reihe, von links nach rechts) Andrea Wechello, François Regnault, Johann Froben, Lucantonio Giunti; (untere Reihe, von links nach rechts) Johannes de Colonia, Nicolas Jenson et Socii, Sébastien Gryphius, Melchior Sessa, William Caxton.

bis seine eigene Marke in einem Missale nach dem Brauch von Salisbury erschien.[18] Caxtons Zeichen ging der Reichsapfel der St Albans Press voraus, der von etwa 1483 an verwendet wurde.[19] Bis zum heutigen Tag bleibt die Druckermarke von Caxton etwas rätselhaft.[20] Stehen die Initialen S.C. am Rand für „Sancta Colonia" (eine Bezugnahme auf Köln, siehe S. 147) oder einfach für „Caxton's Seal" (*sigillum Caxtoni*)?

Merkur und *mercurium*

Die meisten Druckerzeichen des 15. Jhdts. waren relativ klein und fanden sich üblicherweise auf der Titelseite oder im Kolophon am Ende des Buchs. Eines der großformatigsten Beispiele eines für sich stehenden Druckerzeichens im 15. Jhdt. ist das des deutschen Druckers Erhard Ratdolt. Sein Zeichen wurde zum ersten Mal ab ca. 1494 in einem lateinisch-deutschen Psalter verwendet, lange nachdem Ratdolt Venedig verlassen hatte und in seine Heimatstadt Augsburg zurückgekehrt war. Es nahm eine ganze Seite ein und wurde immer zweifarbig, schwarz und rot, gedruckt. Im Zentrum des Zeichens steht der nackte Gott Merkur, wobei ein wohlplatzierter Stern den gleichnamigen Planeten darstellen soll und die Gottheit etwas dezenter dastehen lässt. (In der Astronomie des Mittelalters und der Renaissance wurden Planeten und Sterne allesamt als Sterne bezeichnet, auch wenn man sie in zwei Gruppen unterteilte: die Fixsterne – unsere heutigen Sterne – und die wandernden Sterne oder Planeten.) Merkur hält einen

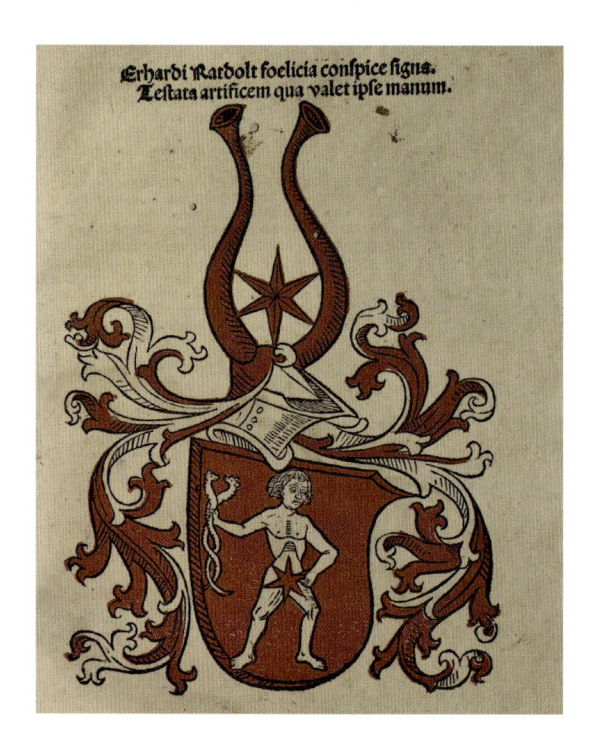

45 Erhard Ratdolts ganzseitiges, zweifarbiges Holzschnitt-Druckerzeichen mit dem Bild des Merkur.

von Schlangen umwundenen Stab empor, einen sogenannten Hermesstab (*caduceus*), was der üblichen Darstellungsweise des griechischen Gottes Hermes (in der römischen Mythologie Merkur), Sohn des Zeus, entspricht. Abgesehen von seiner Eigenschaft als Götterbote war Merkur, zumindest für die Römer, auch der Schutzgott des Handels und der Kaufleute (daher auch der Begriff „Merkantilismus"). Der Hermesstab, emporgehalten von der aus den Wolken herausragenden Hand des Gottes, wurde in Venedig ab etwa 1505 als Druckermarke von Johannes Tacuinus und in Basel ab etwa 1516 von dem Drucker und Verleger Johann Froben (ca. 1460–1527) verwendet.

Betrügerische Delfine

Das wohl bekannteste aller Druckerzeichen ist das des größten Druckers und Verlegers aller Zeiten, Aldus Manutius. Er zog es zunächst vor, kein Druckerzeichen zu verwenden; zum ersten Mal erschien die Marke mit dem Delfin und dem Anker im zweiten Band von *Poetae Christiani veteres* („Die alten christlichen Dichter") vom Juni 1502.[21] Im Verlaufe der nächsten sieben Jahrzehnte sollte diese Druckermarke von Aldus Manutius, Andreas Torresanus (Aldus' Partner) und ihren Erben in fast 50 Varianten auftauchen.[22] Im Vorwort zu den *Dekaden* von Livius aus dem Jahr 1518[23] schrieb Torresanus von Konkurrenten, die das Druckerzeichen des Aldus fälschten:

> Zuletzt muss ich die Aufmerksamkeit der Gelehrten auf die Tatsache lenken, dass einige Florentiner Drucker, als sie sahen, dass sie es uns bei der Korrektur und beim Druck nicht an Sorgfalt würden gleichtun können, auf ihre üblichen Schliche verfallen sind. Den in ihren Werkstätten gedruckten *Institutiones Grammaticae* des Aldus haben sie unser wohlbekanntes Zeichen des um den Anker gewundenen Delfins beigefügt. Aber es ist ihnen so geraten, dass jeder, der auch nur im Mindesten mit den Büchern aus unserer Herstellung vertraut ist, nicht umhin kann, zu bemerken, dass es sich um eine unverschämte Fälschung handelt. Denn der Kopf des Delfins ist nach links gewandt, während der unsere, wie wohl bekannt ist, nach rechts zeigt.[24]

In Ermangelung offizieller Gesetze zu Fragen des geistigen Eigentums oder des Copyrights war Piraterie gang und gäbe. Und oft war es die Druckermarke, die als Zeichen der Authentizität zu überprüfen die Leser gebeten wurden. Die Druckergilden entstanden als Reaktion darauf, dass Buchausgaben ungestraft gefälscht werden konnten. In Venedig existiert die Gilde der Buchdrucker und Buchverkäufer seit 1548. In England wurde der Stationers' Company 1557 durch Philipp von Spanien und Maria Tudor eine Royal Charter gewährt. In Mailand wurde 1589 eine Druckergilde etabliert, bei der die Mitgliedschaft nur denjenigen offenstand, die eine achtjährige Lehre bei einem Drucker oder Buchhändler absolviert hatten. Die

Bestimmungen verlangten, dass „jede Publikation [...] das Imprint ihres Druckers oder Verlegers tragen" sollte und „kein Drucker oder Händler [...] als sein Zeichen ein Merkmal verwenden darf, das mit einem solchen identisch ist, das bereits in Gebrauch ist, oder diesem stark ähnelt".[25]

Wortspiele und Parodien

Visuelle Wortspiele waren bei Druckerzeichen gebräuchlich. Beispielsweise war das Bilderrätsel des englischen Druckers William Norton (spätes 16. Jhdt.) ein Wortspiel mit seinem Vor- und Zunamen. Sein Zeichen war eine Bartnelke (englisch *sweet william*), die durch ein Fass oder einen Bottich (englisch *ton*) wuchs, der mit den Buchstaben *nor* beschriftet war.[26] Ein weiteres, wohl subtileres *jeux de mots* fand sich in der Druckermarke von Simon de Colines, auf der eine Kaninchenfamilie am Fuße eines Baums herumtollt. Warum Kaninchen? „Conil", das altfranzösische Wort für Kaninchen, ist ein akustisches Anagramm für Colines. Außerdem bezeichnet *bouquin*, das Wort, das ein französischer Landwirt für einen männlichen Hasen bzw. ein männliches Kaninchen verwenden würde, in der französischen Umgangssprache auch ein Buch. Die Pariser Straßenhändler oder Hausierer, die mit Büchern handelten, waren *bouquinistes* – wörtlich „Hasenhändler".[27]

Doch gab es nicht nur Wortspiele, sondern auch Parodien. Beispielsweise zeigte das Druckerzeichen von Giovanni Angelo Ruffinelli aus Venedig drei Artischocken, eine Parodie auf die Druckermarke mit den Lilien der Florentiner Giunti-Dynastie. (Obwohl die Familie Giunti für ihre Raubkopien und Imitate von Aldinen bekannt war, verteidigte sie in Lyon ihr eigenes geistiges Eigentum ebenso erbittert wie erfolgreich gegen ihren ehemaligen Geschäftspartner, Filippo Tinghi, als dieser den Rechtsweg beschritt, um die Exklusivität der Lilien-Druckermarke der Giunti anzufechten.[28]) Bei Stefano Zazzeras Parodie der aldinischen Druckermarke wird der Delfin durch eine Schlange ersetzt, die sich um eine Gartenhacke windet. Die parodistische Absicht blieb nicht unbemerkt und Zazzera war später gezwungen, seine Druckermarke zu ändern, wobei er die Schlange fortan durch einen Fuchs ersetzte.[29] Man fragt sich, wer in dieser Auseinandersetzung als Letzter lachte.

Im 16. Jhdt. waren Druckermarken mit Tieren sehr beliebt: von mythischen Bestien der klassischen Antike über die Elefanten von François Regnault in Paris bis hin zu Kindern, die auf riesenhaften Fröschen reiten, oder auch Katzen wie im Mittelstück von Melchior Sessas Marke.[30] Daneben gab es viele weitere Zeichen, die zahlreiche klassische und christliche Motive verbanden. Beispielsweise begnügte sich im Paris der Mitte des 16. Jhdts. Andrea Wechello nicht mit Hermesstab, Palmen und Monogrammen, sondern krönte sein Zeichen mit einem geflügelten Pegasus.

Im 19. Jhdt. behauptete der Buchhistoriker William Roberts: „Was die Schönheit von Entwurf und Ausführung angeht, erreichte das Druckerzeichen genau wie die Titelseite ihren Höhepunkt an künstlerischer Exzellenz in den frühen Jahren des 16. Jahrhunderts."[31] Eine Einschätzung, die zeitlich weiter ausgreift, würde die besten Beispiele für Druckermarken im „langen 16. Jahrhundert" ansiedeln. Von den frühen Jahren des 16. Jhdts. an machte das aufkommende Geschäft mit der Buchproduktion bedeutsame Veränderungen durch: Die wachsende Internationalisierung des Buchhandels und die sich ändernden Beziehungen zwischen Investoren, Verlegern, Druckern, Buchhändlern, Auslieferern und Käufern brachten den Druckern eine neue Stellung innerhalb der Hierarchie des Verlagswesens ein. Die daraus resultierende Arbeitsteilung bewirkte sehr bald eine Ersetzung des Druckerzeichens durch das Verlagssignet.[32] Die Geschichte des Druckerzeichens spiegelt die Entwicklung des gedruckten Buchs wider. Von der Schlichtheit der „Reichsapfel"-Zeichen – Spiegelbild der maßvollen und ordentlichen *mise en page* der erlesensten italienischen Bücher des 15. und 16. Jhdts. – bis hin zu den im Barock- und Rokokostil gehaltenen Bemühungen späterer Jahrhunderte sind Druckermarken und Verlagssignets Indikatoren für vorherrschende typografische und künstlerische Geschmäcker bzw. deren „Kristallisationspunkt" gewesen.

46 Simon de Colines' humorvolles Zeichen, das auf einigen Titelseiten zwischen 1520 und 1527 verwendet wird, war ein Wortspiel sowohl mit seinem eigenen Namen als auch dem französischen umgangssprachlichen Begriff für ein Buch.

Alchemie und Antimon

CHRISTOPHORI MORALIS HYSPALENSIS, MISSARVM LIBER PRIMVS.

IACOBVS MODER.

LVGDVNI M. CCCCC. XLVI.

Anfänge über Anfänge
Die ersten Titelseiten

> Die Geschichte des Buchdrucks ist über
> weite Strecken eine Geschichte der Titelseite.
> STANLEY MORISON[1]

9

DAS BUCH IN SEINER GEGENWÄRTIGEN FORM ist das Ergebnis von permanenter Fortentwicklung, glücklicher Fügung und gestalterischen Bemühungen. Seine Größe und Proportionen stellen Adaptionen an die menschliche Gestalt dar – die Länge unserer Arme etwa – und die Schriftgröße ist ein Zugeständnis an unsere durchschnittliche visuelle Aufnahmefähigkeit. Im Wesentlichen hat sich die Form des Buchs in den letzten 500 Jahren wenig geändert. Die allerersten mit beweglichen Lettern gedruckten Bücher ähnelten ihren handgeschriebenen Vorläufern, aber im Zuge der Verbreitung des Drucks in ganz Europa während des 15. Jhdts. nahm das Buch seine eigenen, einzigartigen Merkmale an. Seitenzahlen, Kolumnentitel, Register, Kolophone, Rubrizierung, Ausschmückung, Farbdruck – Aneignungen und Innovationen – wurden bald zu geläufigen Merkmalen des mit beweglichen Lettern gedruckten Buchs.[2]

Heute ist unsere erste Begegnung mit einem Buch die mit seinem Cover, das im Allgemeinen aus dickem Papier oder Karton besteht. Typischerweise ist der erste Text, auf den wir stoßen, der Titel des Buchs und der Name von dessen Autor oder Autorin, der über Buchrücken und Vorderseite des Einbands verläuft. Weitere Informationen, darunter der Klappentext oder eine kurze Inhaltsangabe vom Verlag, schmücken oft die Rückseite des Buchs, wenn dieses in einen Schutzumschlag eingeschlagen ist (ein solcher trat erstmals in den 1830er Jahren in Erscheinung).[3] Allerdings wurden Bücher im 15. Jhdt. selten fertig gebunden verkauft: Wie andere Aspekte der Buchherstellung auch war das Buchbinden bis zu seiner Mechanisierung im 19. Jhdt. Handarbeit. Und erst etwa ab dem zweiten Viertel des 19. Jhdts., als man begann, anstelle von Leder bevorzugt Stoff für den Einband zu verwenden, sehen wir allmählich schmückende und textuelle Elemente auf massenhaft produzierten Einbänden und Buchrücken erscheinen. Die frühesten gedruckten Bücher wurden üblicherweise ungebunden verkauft und trugen keinen Titel, sondern begannen wie ihre Gegenstücke in Manuskriptform mit einem Incipit

47 Die dekorative Titelseite von Cristobál de Morales' *Missarum liber primus*, Lyon, 1546, gedruckt von Jacques Moderne.

(lat. „es beginnt"). Als Buchbestände erstmals geordnet bzw. indiziert wurden, wurden sie nach den ersten Worten des Textes bzw. des Incipits katalogisiert – viele Kurztitel-Kataloge für Handschriften und gedruckte Bücher sind noch immer so organisiert. So sind etwa viele Bücher der Bibel nach ihrem Incipit benannt. Beispielsweise heißt das erste Buch des Neuen Testaments Genesis bzw. „Am Anfang". Entsprechend ist das letzte Buch, die Offenbarung, nach ihrem ursprünglichen griechischen Incipit, *„apokalupsis"* benannt. Das Incipit wurde in Handschriften wie in typografischen Büchern oft durch die Feder des Rubrikators – eine rote Unter- oder Durchstreichung etwa – vom eigentlichen Text unterschieden.

Vor dem Aufkommen des gedruckten Buchs waren handgeschriebene Bücher augenscheinlich einzigarte Exemplare, die als Auftragsarbeiten angefertigt wurden. Aber die Entwicklung des Buchdrucks und die darauffolgende starke Verbreitung von Büchern in vielen (mutmaßlich) identischen Exemplaren einer einzigen Ausgabe sowie ein Wandel des Buchmarkts – von der Auftragsarbeit zum Spekulationsgeschäft – machten Veränderungen in der Art und Weise notwendig, wie Bücher der potenziellen Leser- oder Kundschaft präsentiert wurden. Die meisten frühen Inkunabeln begannen mit einem Incipit, manche schlossen mit einem Kolophon. Erst 1463 sehen wir zum ersten Mal eine Art Titelseite: in der von Johann Fust und Peter Schöffer gedruckten päpstlichen Bulle *Bulla cruciata contra Turcos*, Teil der Bemühungen von Papst Pius II., einen neuen Kreuzzug gegen die Ottomanen zu bewerben, die ein Jahrzehnt zuvor

48 Titelseite der päpstlichen Bulle *Bulla cruciata contra Turcos* von Johann Fust und Peter Schöffer, 1463.

Bulla cruciata sanctissimi domini nostri Pape cōtra turchos,

Konstantinopel eingenommen hatten (Abb. 48).[4] Dieses Pamphlet in zwei Ausgaben, lateinisch und deutsch, das lediglich sechs bzw. acht Blätter umfasste, scheint ein bewusster Versuch von Seiten der Drucker gewesen zu sein, mit dem Neuentwurf eines Elements des typografischen Buchs zu experimentieren. Sieben Exemplare der lateinischen Ausgabe sind erhalten. Das in Aschaffenburg aufbewahrte Exemplar der lateinischen Ausgabe zeichnet sich durch eine im Werden begriffene Titelseite aus, die gesetzt ist in der großen gotischen *Textura*-Type aus dem Mainzer Psalter von 1457. Gleiches gilt für die deutsche Ausgabe der Bulle in der John Rylands Library in Manchester, auch wenn dort der Titel vier- statt nur zweizeilig ist. Das Exemplar in der Bibliothèque nationale de France unterscheidet sich gänzlich in der Gestaltung, stammt doch hier die Titelseite vom Druck eines einzigen Holzschnitts, während die Titelseite des anderen Exemplars in Frankreich (im Musée Condé) nicht gedruckt, sondern handgeschrieben ist. Bei all diesen Exemplaren werden nicht mehr als Titel und Autor dargeboten. Schöffer gab danach die Titelseite bis 1486 auf.[5] Die versuchsweise inkludierte Titelseite in Arnold Ther Hoernens Kölner Ausgabe von Rolewincks „Sermon" von 1470 ähnelt Schöffers frühen Bemühungen, aber auch wenn sie Titel und Druckdatum umfasst, fehlt der Name des Autors. Es handelt sich um die Art von Gestaltung, die sich mit Theodore de Vinne als Frühform des Schmutztitels (in seiner Terminologie „paragraph-title") bzw. als Label-Titel („label-title") beschreiben lässt.[6]

Es sollte im Venedig des 15. Jhdts. sein, der Welthauptstadt der Buchherstellung, dass drei Deutsche, Ratdolt, Löslein und Maler, die erste dekorative Titelseite für ihre Quartausgabe des *Kalendarium* des Astronomen Regiomontanus von 1476 produzierten, zugleich das allererste Buch, das aus ihrer Druckerpresse hervorging (Abb. 49). Es war die erste Titelseite, die fast alles enthielt, was man auch heutzutage darauf erwarten würde: Titel, Autor, Erscheinungsjahr und -ort sowie Drucker – Details, die bis dahin teilweise auf Incipit, Label-Titel und Kolophon verteilt waren. „Während der Zeit der Wiegendrucke und im frühen 16. Jhdt. findet man selten Daten auf Titelseiten. Wenn solche Angaben irgendwo im Buch erschienen, so verblieben sie meistenteils im Kolophon."[7] Obwohl Ratdolts umrandete Titelseite in Versform dargeboten wurde und der Titel des Buchs in der dritten Zeile versteckt war, ist das Format sofort als Titelseite erkennbar.[8] Auch das Datumsformat in arabischen statt den traditionellen römischen Ziffern war eine Neuerung. Der elegante Schmuckrand der Titelseite setzte sich aus fünf separaten Holzschnitten zusammen, die als Schwarzlinienschnitt gedruckt wurden; d.h. der Hintergrund wurde weggeschnitten, sodass nur die Umrisse stehen blieben. Ähnlich wie bei den kurzlebigen Experimenten von Fust und Schöffer sowie von Arnold Ther Hoernen erschien die Titelseite Ratdolts und seiner zwei Landsleute nur in einem Werk, dem *Kalendarium* von Regiomontanus, wenn auch in drei Ausgaben, lateinisch, italienisch und deutsch.[9] Spätere und nur von Ratdolt gedruckte Ausgaben des Kalenders – es waren mindestens ein Dutzend – erschienen ohne Titelseite. Dass die schmückende Titelseite nur während der Partnerschaft mit Löslein und Maler verwendet wurde, legt nahe, dass sich deren Einführung dem Einfluss Letzterer verdankt haben mag. Während einer Karriere, die sich über fünf Jahrzehnte des 15. und 16. Jhdts. erstreckte, brachte Ratdolt über 200 Editionen heraus, doch ist das *Kalendarium* die einzige mit einer solchen Titelseite. Zu Beginn des 16. Jhdts. wurden die meisten Bücher mit irgendeiner Art von Titel auf der ersten Seite gedruckt, ob als Label-Titel oder vollständige Titelseite. Zu einer Zeit, als Bücher selten vor dem Verkauf

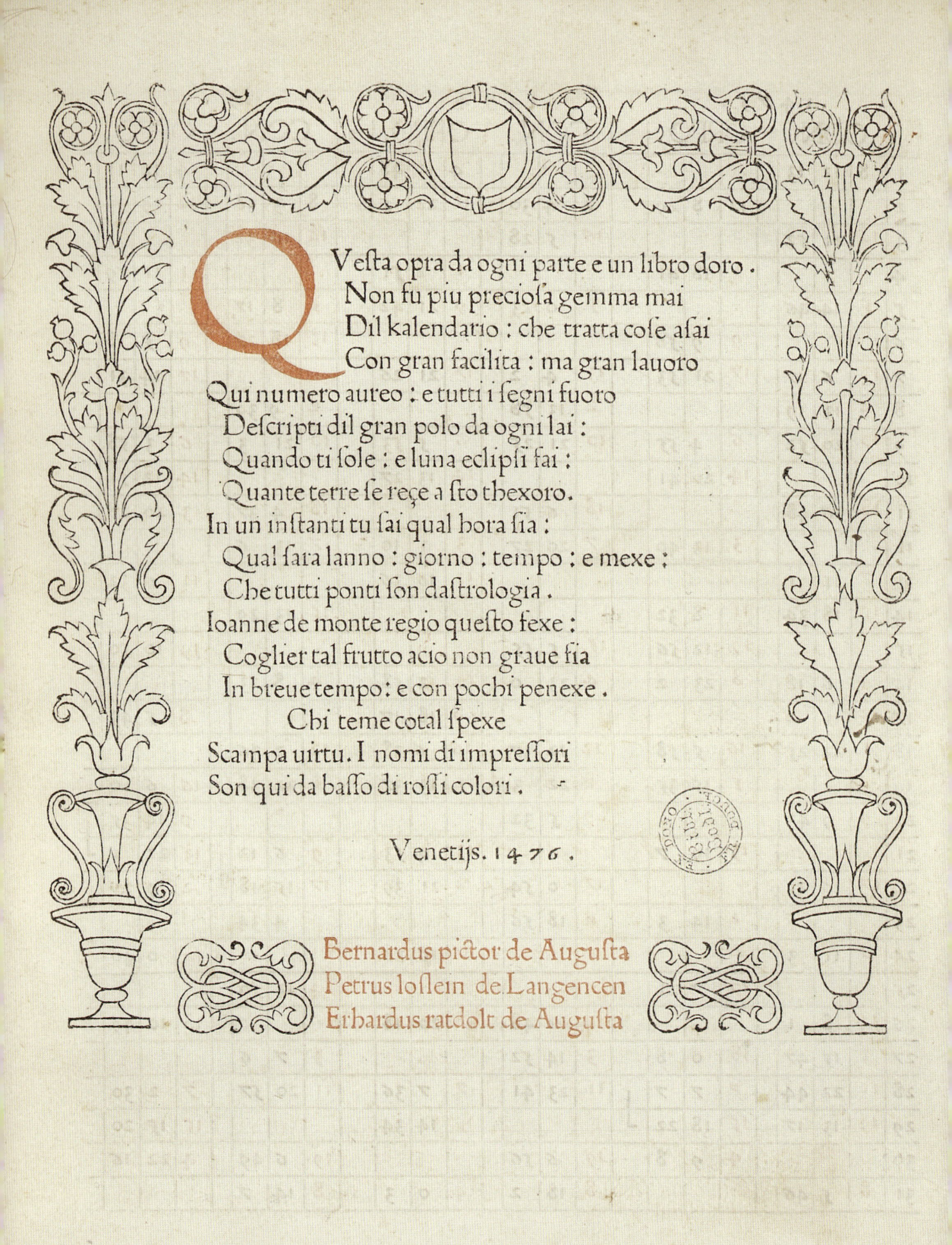

Questa opra da ogni parte e un libro doro.
 Non fu piu preciosa gemma mai
 Dil kalendario : che tratta cose asai
 Con gran facilita : ma gran lauoro
Qui numero aureo : e tutti i segni fuoro
 Descripti dil gran polo da ogni lai :
 Quando ti sole : e luna eclipsi fai ;
 Quante terre se rece a sto thexoro.
In un instanti tu sai qual hora sia :
 Qual sara lanno : giorno : tempo : e mexe ;
 Che tutti ponti son dastrologia.
Ioanne de monte regio questo fexe :
 Coglier tal frutto acio non graue sia
 In breue tempo : e con pochi penexe.
  Chi teme cotal spexe
Scampa uirtu. I nomi di impressori
Son qui da basso di rossi colori.

   Venetijs. 1476.

Bernardus pictor de Augusta
Petrus loslein de Langencen
Erhardus ratdolt de Augusta

gebunden wurden, diente die Titelseite dazu, die ungebundenen Lagen leicht identifizierbar zu machen, und könnte sich aus einem unbedruckten Blatt entwickelt haben, welches das ungebundene Buch schützen sollte.

49 Ratdolt, Löslein und Malers erste dekorative Titelseite für Regiomontanus' *Kalendarium*, gedruckt in Venedig, 1476.

Das Frontispiz

Beginnend etwa mit dem zweiten Viertel des 16. Jhdts. beobachten wir, zuerst insbesondere in Frankreich und in den Niederlanden, zunehmend kunstvollere und aufwändiger ausgeschmückte Titelseiten mit Motiven, die der Antike, der Zeit des Mittelalters und der frühen Kunst der Renaissance entliehen sind. Architekturmotive, Ziergiebel, Kolonnaden und Pilaster sowie figürliche Randverzierungen, die mit Putti und Geschöpfen aus der antiken Mythologie bevölkert waren, zu denen sich Schnörkel, Girlanden und Festons gesellten, waren sehr beliebt. Einigen recht chaotischen Titelseiten, denen es irgendwie gelingt, nahezu alle der gerade erwähnten Motive in sich zu vereinen, stehen nüchternere Titelseiten etwa von Simon de Colines in Paris oder Jean de Tournes in Lyon gegenüber, deren Entwürfe, wiewohl sehr dekorativ, von taktvoller Zurückhaltung und anmutiger Eleganz gekennzeichnet waren.[10] Während des 18. Jhdts. war die Titelseite oft von einem ihr gegenüberstehenden Frontispiz begleitet, üblicherweise einem Holzschnitt oder öfter noch einem Stich.[11] Nun könnte man behaupten, diese Entwicklung sei eine Aneignung der Praxis der mittelalterlichen Schreiber, Illuminatoren und Miniaturmaler, die den Anfang des Buchs auf ähnliche Weise herauszustreichen suchten. In vielen Büchern aus dem 16. und 17. Jhdt. gab es Überschneidungen in der Rolle von Titelseite und Frontispiz.[12] Diese Entwicklung sorgte zweifelsohne für einige Verwirrung und dafür, dass die Begriffe synonym verwendet wurden. Während jedoch das Frontispiz ein grafisches Kunstwerk war, war die Titelseite im eigentlichen Sinne textueller Natur und bibliografisch in der Zielsetzung.

Pestbücher

Englands Prototypograf William Caxton verwendete keine Titelseiten, doch sein Assistent und Erbe, Wynkyn de Worde, begann nach Caxtons Tod im Jahr 1491 eine solche zu verwenden. Ein frühes Beispiel für einen Label-Titel in drei Zeilen, der alleine mitten auf der Recto-Seite des ersten Blatts stand, findet sich in Wynkyn de Wordes *The Chastysing of goddes Chyldern* („Die Bestrafung von Gottes Kindern"), gedruckt etwa 1492–93.[13] Jedoch erschien die allererste Titelseite in England in einem weitverbreiteten Pesttraktat, *Treatise on the Pestilence* („Traktat über die Pest"), gedruckt von William de Machlinia in London um 1483.[14] De Machlinia war möglicherweise ein gebürtiger Niederländer, der zuvor eine Geschäftspartnerschaft

50 (unten) Frontispiz und Titelseite für Anthony Weldons *A Cat May look upon a King*, „Printed for William Roybould, at the Unicorn in Pauls Church-yard" (1652).

51 (gegenüber) Kunstvolle Titelseite von Andreas Vesalius, *De humani corporis fabrica*, gedruckt in Basel im Jahr 1543.

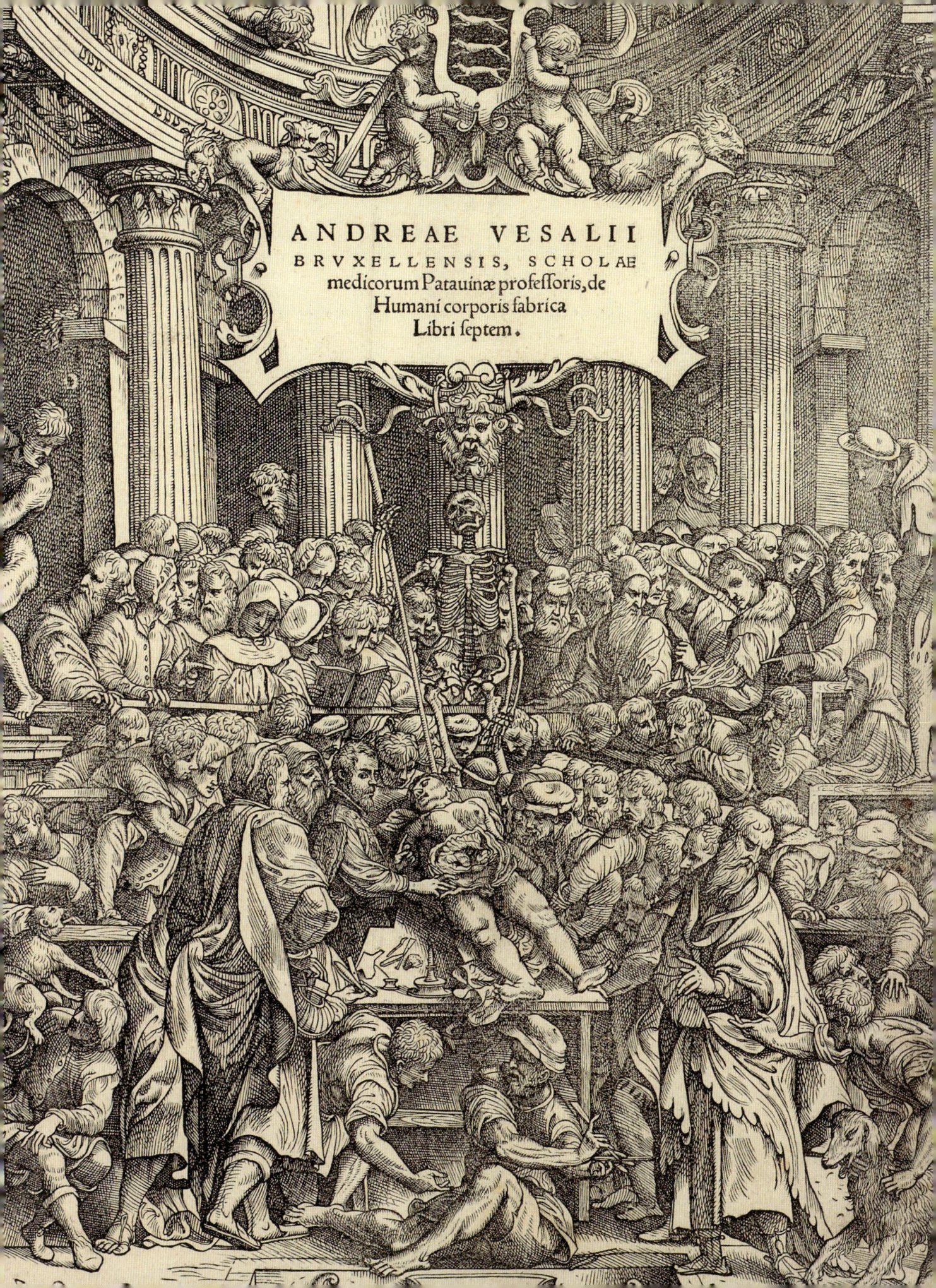

ANDREAE VESALII
BRVXELLENSIS, SCHOLAE
medicorum Patauinæ professoris, de
Humani corporis fabrica
Libri septem.

52 Die auf das Wesentliche reduzierte gesetzte Titelseite für Vergils *Bucolica, Georgica et Aeneis*, gedruckt von John Baskerville im Jahr 1757.

mit John Lettou eingegangen war, dem ersten Drucker der Stadt London, mit dem er ausschließlich Gesetzesbücher druckte. Ein immer wieder zu verzeichnendes Wiederaufflackern der Beulenpest des 14. Jhdts. erschütterte Europa noch bis in die Mitte des 17. Jhdts. London wurde zwischen 1349 und 1485 mehrmals heimgesucht und ohne Zweifel waren es solche Ereignisse, die die Editionen von Machlinia veranlassten.

Mit der Zeit umfasste die Titelseite weitere biografische Informationen wie die Namen von Übersetzern und Herausgebern. Johann Amerbach, der berühmte Schweizer Drucker, der durch Zufall dafür verantwortlich war, die Antiqua 1486 nach Basel eingeführt zu haben, starb am Weihnachtstag des Jahres 1513.[15] Er hatte an Ausgaben des Hl. Hieronymus gearbeitet. Bei seinem Tod wurde die verlegerische Arbeit von Erasmus von Rotterdam übernommen, wobei der Druck seinem engen Freund Froben überlassen wurde, mit der Hilfe von Amerbachs drei Söhnen. Erasmus' Name erscheint an prominenter Stelle auf den Titelseiten und dies ohne Zweifel verdientermaßen – nachdem sie vollendet war, brachte es die Hieronymus-Ausgabe auf neun Bände.[16] Erasmus behauptete mit dem ihm eigenen *jeu d'esprit*: „Es hat Hieronymus weniger gekostet, seine Werke zu verfassen, als mich, diese wiederherzustellen." Und an anderer Stelle bemerkte er: „Ich habe dabei eine derartige Arbeitslast auf mich genommen, dass man sagen könnte, ich hätte mich selbst beinahe umgebracht in dem Bemühen, Hieronymus neues Leben zu verleihen." – Empfindungen, die bei Herausgebern auf der ganzen Welt durchaus Widerhall fanden und finden.[17]

Zu der Zeit, als Bücher öfter fertig gebunden verkauft wurden, war die Titelseite bereits üblich geworden. Sie erscheint in fast allen heute publizierten Büchern, sowohl auf Papier als auch in digitaler Version. Obwohl die Ursprünge der Titelseite eher zufällig erscheinen, bezeugen ihr Fortbestehen in den folgenden 500 Jahren und ihre allgemeine Verbreitung zweifellos ihre Nützlichkeit. In meiner Bibliothek habe ich eine Anzahl von in Stoff gebundenen Büchern aus dem späten 19. Jhdt. Die Titel auf ihrem Stoffeinband sind längst abgenutzt, aber ihre Titelseiten sind nach wie vor makellos und sprechend. Außerdem war die Titelseite vor der Illustration des Buchcovers, einer sehr späten Innovation, eines der wenigen Elemente des Buchs, die Typografen wirklichen Gestaltungsfreiraum boten, und so sind die Titelseite, ihre Geschichte und Entwicklung zu einem zuverlässigen Indikator für typografische Trends geworden.[18] Und gleich ob es sich um einen üppig illustrierten Entwurf des 16. Jhdts. aus Paris, Antwerpen oder Basel handelte oder ein karges typografisches Arrangement (Abb. 52), wie es etwa von Baskerville und Bodoni im 18. Jhdt. bevorzugt wurde, die Titelseite diente als Einladung zu einer der wundervollsten Errungenschaften der Menschheit, dem typografischen Buch.[19]

PUBLII VIRGILII

MARONIS

BUCOLICA,

GEORGICA,

ET

AENEIS.

BIRMINGHAMIAE:
Typis JOHANNIS BASKERVILLE.
MDCCLVII.

Eo do m
ne ut dum
culo imperij huius
absoluas me aut cer
te de sup terram eripias

Polyphonie im Druck
Der erste Notendruck

> Daher kann ohne Musik keine Wissenschaft vollkommen sein, nichts gibt es nämlich ohne sie. Denn man sagt auch, dass die ganze Welt in einer gewissen Harmonie der Töne komponiert ist und der Himmel selbst sich unter dem Takt der Harmonie dreht.
> ISIDOR VON SEVILLA[1]

10

BIS ZUM HEUTIGEN TAGE weiß man nicht genau, warum Musik derart urtümliche und machtvolle Gefühle hervorruft, und doch ist ihre Wirkung auf den Einzelnen und in der Populärkultur zweifellos tiefgreifend. So wie Alphabete und Schriftsysteme sich als Antwort auf unseren Wunsch herausbildeten, die gesprochene Sprache festzuhalten, so wurde auch die musikalische Notation erfunden, um etwas aufzuzeichnen, was andernfalls vergänglich wäre – ein Dilemma, das im 7. Jhdt. von dem Gelehrten, Heiligen und Musiktheoretiker Isidor von Sevilla auf den Punkt gebracht wurde, der schrieb: „Wenn die Töne nämlich nicht von einem Menschen in Erinnerung gehalten werden, vergehen sie, weil sie nicht aufgeschrieben werden können."[2] Beispiele für eine rudimentäre Notation wurden in Gestalt von Keilschrift-Tafeln aufgefunden, die auf etwa 2000 v. Chr. zurückgehen. Die alten Griechen hatten ein komplexes Notationssystem entwickelt, das später verloren ging. Letzteres gilt jedoch nicht für die Ideen der griechischen Musiktheoretiker, die durch die Schriften von Boethius (ca. 480–524) ins Mittelalter überliefert wurden, dessen *De Institutione Musica* („Einführung in die Musik") großenteils auf den Werken des Nikomachos von Gerasa und des Ptolemäus aus dem 1. Jhdt. basierte.

Vor dem Entstehen der Notenschrift wurde Musik nach dem Gehör gelernt und aus dem Gedächtnis aufgeführt. Zumindest von Beginn des Mittelalters an wurden die Gebete der täglichen christlichen Messe als einstimmige Gesänge oder *Cantus planus* ausgeführt. Musik war das Medium, in dem die Gebete zu Gott aufstiegen.[3] Die Wurzeln der modernen musikalischen Notation können bis zu einem gewissen Grad zurückverfolgt werden auf die Bemühungen der mittelalterlichen Kirche um Einheit und ihren Wunsch, geografisch voneinander getrennte Kongregationen mögen sich des gleichen Gesangsbuchs bedienen. Während des 9. Jhdts. begann eine rudimentäre Form der Notation zu erscheinen, eine Art stenografische Gedächtnisstütze, die angewandt wurde, um Choralmelodien mit

53 Handschriftliches Antiphonar aus Pisa, Mitte bis spätes 14. Jhdt. Das Antiphonar war das wichtigste mittelalterliche Chorbuch und enthielt die Gesänge des Stundengebets. Die Bezeichnung leitet sich von der Art ab, wie die Gebete abwechselnd von den zwei einander gegenübersitzenden Hälften des Chors gesungen wurden.

als Neumen bekannten Symbolen zu notieren. Die Neumen haben ihren Ursprung wahrscheinlich in den Akzentzeichen der griechischen und römischen Literatur. So wie *acutus* (´) und *gravis* (`) der Grammatiker das Anheben und Senken der Stimme andeuteten, wurden entsprechende Zeichen und Kombinationen daraus auch in das System der gregorianischen Neumen-Notation übernommen.[4] Die frühen Neumen erschienen über dem Liedtext. Später wurde die neumatische bzw. Choralnotation von der Notation mit Notenlinien abgelöst. Diese Entwicklung wird üblicherweise dem italienischen Benediktinermönch Guido von Arezzo zugeschrieben, der ganz zu Beginn des 11. Jhdts. ein Notensystem mit vier Linien im Terzabstand erdachte, was für den *ambitus* (Tonumfang) einer durchschnittlichen gregorianischen Melodie als ausreichend erachtet wurde.[5]

Im späten 12. Jhdt. angelangt, hatte sich die neumatische Notation größtenteils in eine Quadratnotation auf Notenzeilen weiterentwickelt. Vom späten 13. Jhdt. an bildete sich die für polyphone Vokalmusik verwendete Mensuralnotation heraus. Diese sollte es erlauben, komplexe Rhythmen aufzuzeichnen, was die existierende neumatische Notation nicht zu leisten vermochte. Eine frühe Form der Mensuralnotation wird von Franco von Köln in seiner *Ars cantus mensurabilis* („Lehre des mensurierten Gesangs") beschrieben. Bis zum 15. Jhdt. schließlich hatte sich die musikalische Notation aus den frühen und rudimentären mittelalterlichen Neumen in ein ausgefeiltes und umfassendes Notationssystem entwickelt, das weiße und schwarze Mensuralnotation, Tabulaturen für Tasteninstrumente und Laute, gotische und römische Choralnotation sowie Notationsformen für den Ambrosianischen Gesang einschloss.[6]

Typografische Musik

Der Notendruck brachte besondere Herausforderungen mit sich. Die musikalische Notation umfasst zwei grundlegende und einander überschneidende Komponenten: die horizontalen Notenlinien und die senkrechten Noten. In der Überlagerung dieser beiden Komponenten lag die größte typografische Schwierigkeit. Am naheliegendsten war es, die Einzelkomponenten in separaten Durchläufen zu drucken. Naheliegend war diese Lösung auch deswegen, weil man nicht mit der Farbcodierung der Handschriftentradition – schwarzen Noten auf roten Notenlinien – brechen wollte. In manchen der frühesten gedruckten Bücher ließ man schlicht Platz frei für eine von Hand hinzuzufügende musikalische Notation, ganz ähnlich wie Platz für die Hinzufügung von Großbuchstaben und illuminierten Initialen freigehalten wurde. Das war etwa in Johann Fusts und Peter Schöffers Mainzer Psalter von 1457 (Abb. 54) der Fall, wo Platz für die spätere Ergänzung von Notenlinien und Noten gelassen wurde. Ein in Süddeutschland gedrucktes Graduale, von dem ein einzelnes Exemplar in der British Library erhalten ist, ist vielleicht das früheste Beispiel überhaupt für einen musikalischen Druck und lässt sich, wiewohl undatiert, näherungsweise auf ca. 1473 einordnen. Das Graduale wurde im Gegensatz zum Missale nur vom Chor verwendet und enthält lediglich die musikalischen Bestandteile der Messe. Das Missale war das wichtigste liturgische Buch für die Feier der Heiligen Messe und Exemplare davon machen den Großteil der erhaltenen musikalischen Inkunabeln aus.[7] Die Musikstücke wurden in gotischer Notation mit beweglichen Lettern gedruckt, und zwar in zwei Druckgängen. Das früheste datierte Buch mit gedruckter Musik ist eine Ausgabe des *Collectorium super Magnificat* aus dem Jahr 1473.[8] Es enthält jedoch nur fünf gedruckte Noten und keine Notenzeile und wird von dem Musikhistoriker Alec Hyatt King als „wenig mehr als eine Kuriosität", beschrieben, als „Musik ohne Bedeutung".[9] Der erste bedeutsame

54 *Psalterium Benedictinum* oder Mainzer Psalter, gedruckt von Fust und Schöffer im Jahr 1459 (zweite Auflage). Musikalische Notation und Notenlinien wurden per Hand hinzugefügt.

Polyphonie im Druck

55 Ulrich Han, *Missale Romanum*, das einen *Cantus romanus* auf einem Notensystem mit vier Linien zeigt, Rom, 1476.

Notendruck und das erste datierte Buch, das sowohl gedruckte Notenzeilen als auch mit beweglichen Typen gedruckte Noten enthält, ist Ulrich Han's *Missale Romanum*, publiziert in Rom 1476 (Abb. 55).[10] Gleichzeitig handelt es sich um den ersten gedruckten *Cantus romanus*. Han hatte im Frühjahr 1475 eine frühere, praktisch identische Version publiziert,[11] in der er Seiten für die spätere handschriftliche Hinzufügung von Noten freigelassen hatte. Mary Kay Duggan ist der Ansicht, dass Ulrich Han's „Ausgabe von 1475 des Missale mit Bedacht so angelegt wurde, dass sie diejenige Musik enthielt, die erst in der zweiten Auflage, achtzehn Monate später, im Druck erscheinen sollte". Außerdem waren es nicht die Erfordernisse mehrerer Druckgänge, die Han davon abgehalten hatten, in seinem Missale von 1475 Noten abzudrucken, denn auch wenn in dem Manuskript Platz für die handschriftliche Ergänzung von Noten gelassen wurde, wurde es ohnehin in zwei Durchläufen gedruckt: rot für Überschriften und Initialen, schwarz für den Text.[12] Han's Missale im Folioformat von 1476 enthält 33 Seiten *Cantus romanus* und ist das einzige Buch mit gedruckter Musik, das er je veröffentlichte.[13] Der Notendruck wird im Kolophon von Ulrich Han explizit erwähnt: „… gedruckt in Rom. Zusammen mit Gesang: was noch nie zuvor unternommen wurde."[14] Obwohl der Text in Han's gotischer *Rotunda* gesetzt ist, ist die Musik nicht in gotischer, sondern in römischer Quadratnotation gesetzt – was keineswegs eine Abkehr von der Konvention darstellt, sondern eine Fortsetzung der Schreibertradition für solche liturgischen Bücher, wie sie südlich der Alpen hergestellt wurden.

Keine sechs Monate später wurde von den Brüdern Damianus und Bernardus de Moyllis in Parma ein *Graduale Romanum* mit 212 Seiten Musik gedruckt (gegenüber den 33 Seiten von Han).[15] Binnen lediglich einem Vierteljahrzehnt seit dessen erstem Experiment mit dem Notendruck hatten 66 verschiedene Drucker, die in 25 verschiedenen kleinen und großen Städten arbeiteten, unter Verwendung der Technik des Drucks in zwei Arbeitsgängen liturgische Werke geschaffen, die Musik wiedergaben.[16]

Ottaviano dei Petrucci

Jede Art von Druck machte eine beträchtliche Kapitalinvestition erforderlich, die sich nur langsam durch entsprechende Einkünfte auszahlte. Während des 15. und 16. Jhdts. wurden Druckern zahlreiche Privilegien verliehen. Das erste derartige Privilegium, ein Monopol auf alle Druckerzeugnisse in Venedig, wurde im Jahr 1469 Johann von Speyer zugebilligt. Abgesehen davon, dass sie Monopole gewährten, suchten viele frühe Privilegien technologische Erfindungen und Neuerungen zu schützen. Sie waren von entscheidender Bedeutung für das frühe Wachstum und die Entwicklung des Notendrucks.[17] Um ein solches Privileg suchte Ottaviano dei Petrucci (1466–1539) an; 1498 erhielt er ein 20 Jahre gültiges Monopol auf den Notendruck in der Venezianischen Republik. Im Juni 1514 suchte er beim Venezianischen Senat um Verlängerung seines Monopols an, wobei er anführte, dass es der Krieg mit der Liga von Cambrai (1508–16), angestachelt von dem großzügigen Kunstmäzen und „Kriegspapst" Julius II., beinahe unmöglich gemacht habe, aus dem ursprünglich gewährten 20-jährigen Privileg von 1498 Nutzen zu ziehen, und dass er seine bedeutenden Anfangsinvestitionen nicht wieder habe hereinholen können. Es wurde ihm eine fünfjährige Verlängerung bewilligt.[18] Er erhielt dieses beeindruckende Vorrecht, da er „mit großer Mühe und unter großen Ausgaben ausgeführt hatte, was viele vor ihm, in Italien und anderswo, lange vergeblich versucht hatten".[19] Innerhalb von drei Jahren nach Zubilligung des Privilegs druckte Petrucci im Frühjahr 1501 die erste polyphone Musik mit Metalltypen, eine Anthologie weltlicher Lieder, *Harmonice Musices Odhecaton* („Einhundert Lieder") – ein Buch, das sich als bemerkenswert einflussreich für den Kanon der Renaissancemusik erweisen sollte.[20] Petrucci hatte keine neue Methode erfunden; tatsächlich verwendete er die Methode mit mehreren Druckgängen, die Ulrich Han und der anonyme Drucker des Missale von ca. 1473 über ein Jahrzehnt zuvor verwendet hatten. Aber die

Antiffanarium per circulum anni.
Dominica prima in aduentu domini
Ad vesperas Responsorium

Ecce dies ve ni et di cit domin⁹
 et suscitabo dauid germẽ
iustum et regna bit rex et sa piens erit et fa ci et
iudicium et iusti ci am in ter ra. Et
hoc est nomen qd vo cabũt e ũ do mi nus
iu stus no ster. ℣. In dieb⁹ illis saluabit
iu da et israhel habitabit ꝯfiden ter. Et hoc
Gloria patri et fili o et spiri tui

Eleganz von Petruccis *mise en page*, seine kleinen, kompakten Notenlettern und die Passung waren für geraume Zeit unübertroffen. Zusätzlich zu dem venezianischen Privileg genehmigte der kurz zuvor gewählte Papst Leo X., ein verschwenderischer Patron der Künste, Petrucci ein 15-jähriges Monopol auf den Notendruck. 1513 hielt der Sekretär des Papstes, Pietro Bembo (zu dessen Ruhm Manutius beigetragen hatte), die schwerwiegenden Strafen für jene fest, die es wagten, gegen das päpstliche Privileg zu verstoßen – darunter die drohende Exkommunikation![21]

Doch sogar während Petrucci den Notendruck mit beweglichen Typen in drei Druckgängen bewerkstelligte – jeweils einen für Notenlinien, Musik und Worte – druckte der italienische Kupferstecher Andrea Antico zunächst in Rom und dann in Venedig noch immer Noten mithilfe von Holzschnitten, auch wenn er Vertiefungen zum Einfügen von Metalltypen herausschnitt, so dass alles in einem einzigen Vorgang gedruckt werden konnte. Andere experimentierten mit dem Druck von Noten mittels Metallstichen.[22] Solange der Notendruck mehrere Druckgänge erforderte, blieben Musikalien relativ kostspielig.

Der nächste Meilenstein des Notendrucks war die Erfindung des Drucks in einem einzigen Arbeitsgang, dessen Pionier von 1519 an John Rastell in London war, obwohl es noch fast zwei Jahrzehnte dauern sollte, bis die Methode durch den Pariser Musikverleger Pierre Attaingnant voll entwickelt und popularisiert wurde.[23] Attaingnant scheint der Erste gewesen zu sein, der ihr volles Potenzial auszuschöpfen wusste, und er publizierte im Jahr 1528 die *Chansons nouvelles en musique à quatre parties* („Neue Lieder in vier Teilen"). 1537 wurde er *imprimeur du roi* und profitierte beträchtlich von königlichen Privilegien, die ihm vom französischen König Franz I. gewährt wurden. Attaingnant war ein rühriger Drucker, der sich fast ausschließlich auf Musik konzentrierte und 14 Ausgaben pro Jahr publizierte. Seine Methode des Notendrucks mit beweglichen Typen in einem einzigen Arbeitsgang verbreitete sich schnell von Paris nach Lyon – wo sie von Persönlichkeiten wie dem italienischstämmigen Jacques Moderne aufgegriffen wurde – sowie nach Deutschland und in die Niederlande. Binnen eines Jahrzehnts nach Attaingnants Wirken war die Methode allgemein in Gebrauch gekommen.[24]

Bis 1538 hatte sie Venedig erreicht, wo das Verlegen von Musik in den nächsten 30 Jahren von den beiden Familiendynastien Scotto und Gardano bestimmt wurde, deren gemeinsamer Output erstaunlicherweise größer war als derjenige aller anderen europäischen Notendrucker zusammengenommen.[25] Der Begründer der Scotto-Verlegerdynastie, Ottaviano Scotto (Octavianus Scotus), war der erste Italiener, der Noten mit beweglichen Typen druckte. Bevor er zum Notendruck überging, hatte er hauptsächlich akademische Texte gedruckt, wobei sein ansehnlichster Absatzmarkt in der

56 Von Erhard Ratdolt gedrucktes Antiphonar, 23. Februar 1495. Diese Ausgabe ist für den Gebrauch von Augsburg bestimmt. Es handelt sich um ein schönes Beispiel für den frühen Notendruck; zu sehen sind gotische Neumen gedruckt auf ein rotes Notenliniensystem mit vier Linien.

Polyphonie im Druck

PARTHENIA
or
THE MAYDENHEAD
of the first musicke that euer was printed for the VIRGINALLS.

COMPOSED

By three famous Masters: William Byrd, Dr: John Bull, & Orlando Gibbons, Gentilmen of his Ma:ties most Illustrious Chappell.

Dedicated to all the Masters and Louers of Musick

Ingrauen by William Hole for Dorethie Euans Cum Priuilegio.

Printed at London by G: Lowe and are to be soulde at his howse in Loathberry.

57 Titelseite der ersten als Stich ausgeführten Sammlung von Cembalo-Stücken in England: *Parthenia, or The maydenhead of the first musicke that ever was printed for the virginalls,* 1613.

Universitätsstadt Padua lag. Sein erstes Buch, das gedruckte Noten enthielt, war ein Folio-Band (*Missale Romanum*, 1482), der in zwei Druckgängen gefertigt wurde, wobei zuerst die Notenlinien in Rot gedruckt wurden, gefolgt von Noten und Text in Schwarz.[26] Ein Jahr zuvor hatte er ein weiteres *Missale Romanum* im Quartformat gedruckt,[27] hatte aber Platz gelassen für das Einfügen von Noten per Hand. Venedigs Vorrangstellung im Verlegen von Musik blieb über den Großteil des 16. Jhdts. bestehen.

Das 16. Jhdt. erlebte, was Andrew Pettegree als die „Domestizierung der Musik" beschreibt,[28] mit Berühmtheiten des Musikaliendrucks und des Verlagswesens wie Ottaviano dei Petrucci in Venedig, Pierre Attaingnant in Paris sowie Pierre Haultin in Paris und in La Rochelle als Pionieren – ihre Arbeit beförderte die musikalische Alphabetisierung und brachte einen neuen Aspekt des europäischen kulturellen Lebens hervor, der später Größen wie Händel, Bach, Mozart und Chopin den Weg ebnen sollte. (Petruccis Lautenbücher enthielten Anweisungen für jene, die mit der musikalischen Notation nicht vertraut waren, und zeigten damit ein neues Bewusstsein für einen Markt, der auch den Amateurmusiker umfasste.) Die Geschichte des Notendrucks ist mit der Kulturgeschichte der Musik verwoben und mit unserem Wunsch, das, was sonst ungreifbar und flüchtig bliebe wie die „überaus liebliche Musik der kreisenden Sterne"[29], greifbar und dauerhaft werden zu lassen.

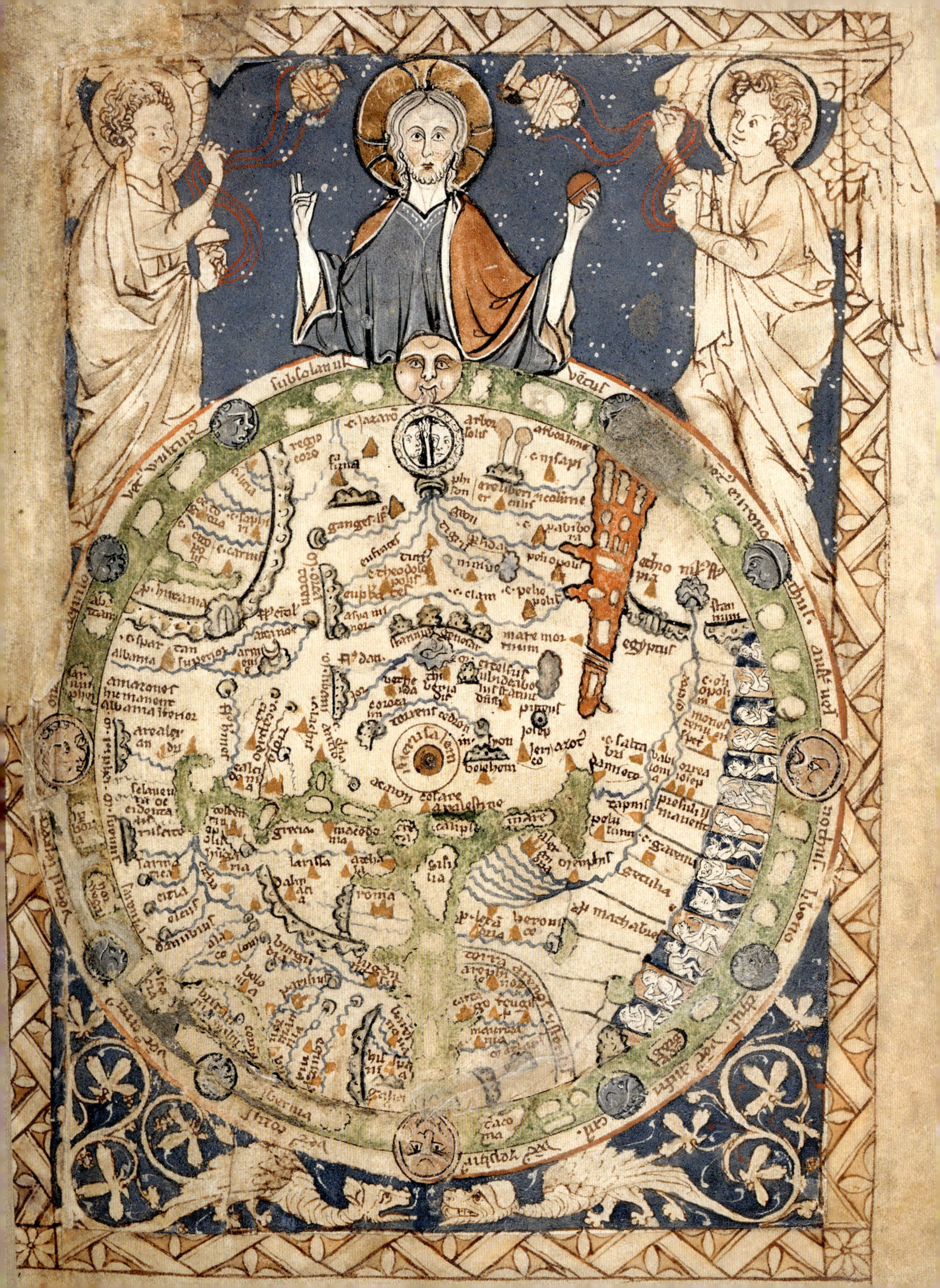

Gedruckte Atlanten
Die ersten Karten

11

> Baumreich ist die Insel, es haust auf ihr eine Göttin,
> Atlas' Tochter, des tückisch gesinnten, der jeglichen
> Meeres Tiefen kennt und die Pfeiler, die hochaufragenden,
> selber stützt, die auseinanderhalten Erde und Himmel.
> HOMER[1]

FÜR DIE ALTEN BABYLONIER war die Erde eine flache Scheibe umgeben von einem riesigen salzigen Meer, wobei weit entfernte Gebiete als Orte gekennzeichnet waren, die „geflügelte Vögel nicht zu erreichen vermögen" oder wo „die Sonne sich versteckt und nichts zu erkennen ist". Mythische Kreaturen und Heroen bevölkerten diese alt-mesopotamische Welt. Ganz ähnlich war für Homer die Erde, wie sie auf dem legendären Schild des Achilles dargestellt ist, eine von Meer umgebene Scheibe, mit Delphi als ihrem Zentrum. Im 5. Jhdt. v. Chr. spottet Herodot über zeitgenössische Darstellungen der Erde, vielleicht die von Anaximander, wenn er schreibt, „Ich muß aber lachen, wenn ich sehe, wie schon Viele den Umkreis der Erde gezeichnet haben, und so ohne Sinn und Verstand."[2] Im 4. Jhdt. v. Chr. schließlich gab es, gestützt auf die Beweise des Aristoteles, Einigkeit unter den griechischen Gelehrten über die kugelförmige Gestalt der Erde.

Dennoch waren Karten von der Antike bis zur Frührenaissance alles andere als gebräuchlich, und antiken wie mittelalterlichen Kartografen ging es selten um räumliche Orientierung oder geografische Genauigkeit. Der mittelalterliche Kartenhersteller wollte die Großartigkeit von Gottes Schöpfung und „die wesentlichen Ereignisse in der christlichen Geschichte" porträtieren.[3] Im Fernen Osten wurden Karten spätestens im 12. Jhdt. gedruckt.[4] Im späten 15. Jhdt. wurde durch die gleichzeitige Entwicklung des Druckwesens und das Zeitalter der Entdeckungen in ganz Europa eine starke Verbreitung von Karten ausgelöst.

Prima Orbis Terrarum

Im Westen ist die erste erhalten gebliebene Karte eine sogenannte TO-Karte (von *orbis terrarum*, „Erdkreis"). Diese Art der schematischen Darstellung existierte mindestens von der ersten Hälfte des 7. Jhdts. an, als Isidor von Sevilla (ca. 560–636) sie in seinem populären Werk *Etymologiae* beschrieb. Die Erde wird als ein Kreis mit drei bekannten Kontinenten dargestellt,

58 Londoner Psalterkarte. Westminster, ca. 1265. Womöglich ein Exemplar der verlorenen Karte, die ab Mitte der 1230er Jahre das Schlafzimmer von Heinrich III. schmückte.

59 (rechts) Isidor von Sevillas TO-Karte aus einer Ausgabe der *Etymologiae* von 1472, gedruckt von Günther Zainer in Augsburg.

60 (gegenüber) Klimatische und TO-Karte aus dem *Supplementum chronicarum* von Giacomo Filippo Foresti (Philip von Bergamo), einer illustrierten Geschichte der Welt seit ihrer Erschaffung. Gedruckt für Albertino da Lessona in Venedig, 1503. Die fünfte Ausgabe war die erste, die einen Bericht über Kolumbus' erste Reise enthielt.

Asien, Europa und Afrika, zentriert um Jerusalem. Dem Kreis ist ein T eingeschrieben, dessen Stamm den Mittelmeerraum darstellt, der Afrika und Europa trennt, und bei dessen Querbalken auf der einen Seite der Nil Afrika und Asien und auf der anderen Seite der Tanais (oder Don) Europa und Asien voneinander abgrenzt (Abb. 60, rechts unten). Die drei Kontinente werden von den Nachkommen von Noahs drei Söhnen Sem, Ham und Japhet bevölkert, und in Übereinstimmung mit mittelalterlichen Gepflogenheiten ist der Osten, also die Himmelsrichtung der aufgehenden Sonne und des biblischen Gartens Eden, oben auf der Karte platziert, während sich die Säulen des Herkules unten befinden. Es ist eine Verschmelzung von Kartografie, griechisch-römischer Mythologie, alttestamentarischer Theologie und neutestamentarischer Eschatologie. Obwohl die Welt der TO-Karte kreisförmig ist, stellt sie keine flache Scheibe dar, sondern ist eine Projektion der oberen Hemisphäre der Erde. Von der unteren Hemisphäre dachte man, sie sei, wenn nicht unbewohnbar und gänzlich von Meer bedeckt, so doch unzugänglich durch eine nicht passierbare äquatoriale Dürrezone.[5] Erschienen war Isidors TO-Karte als kleiner Holzschnitt in einer von Günther Zainer in Augsburg gedruckten Ausgabe der *Etymologiae* von 1472, womit sie den Anspruch erheben kann, die erste im Westen erhalten gebliebene gedruckte Weltkarte zu sein (eine Karte auf einem chinesischen Holzschnitt von 1155 ist noch älter).[6]

Die Erfindung des Buchs

fore uitales. ☙ Ipsa igitur quatuor flumina ab eodem paradisi fonte: ut nostri affirmant Theologi omnes eueniunt: & separantur; Et iterum quædam inter se comiscentur atque iterū separant: sæpe etiam absorbentur: & locis rursus i plurimis emergūt. Inde est q̃ de eoꝝ ortu uaria leguntur. Quia gangem dicit Plinius in locis caucasi montis nasci. Nilum uero procul ab Atlante monte: & Euphratem in armenia.

Paradisi sex
☙ Paradisos autē terrestres sex fuisse inuenimus scriptū. Vnum uidelicet in occidente uersus Zephirum. Alterum in equinoctiali: inter Eurum & Euronothū. Tertium: de quo Beda meminit: inter cancri Tropicū & circulum Antarcticū. Quartū paradisū ad orientē uersus Eurum ultra Eqnoctialē: i quo solis arbores sunt. Quintus terrestris paradisus ad polum arcticū eē dicit: de quo Solinus meminit. Inueniē̄t et in occidēte alius uoluptatis & delitiaꝝ paradisus: de quo sic habemus: q̃ senatus: populusq̃ Romanus mandauit: summū sacroꝝ pontifice: nō nisi de Italiæ horto delitiaꝝ eligi debere. De paradiso itaq̃ terresti multa a theologis in secūdo sniaꝝ di. xix. tractant. Ex ipso quippe loco dñs postq̃ parētes nr̃os eiecisset: comfestim eius aditū portis firmissimis occlusit: ac rupheā flamæam: atq̃ uertiginē præsidētiū cherubin obfirmauit: quæ usq̃ ad christi domini nostri passionem obseratæ stetere: Verū eius sanguis easdē penitus extinxit: & effregit

☙ Terræ uniuersæ distinctio.

☙ Orbis terraꝝ uniuersus i qnque distiguit ptes: quas Zonas uocat: Media solis torret flammis. Vltias aūt cōtinuū ifestat gelu. Quæ sunt hitabiles: quæ iter exustam & rigentes sunt. Altera a quibus incolatur nullis unq̃ licuit aut licebit agnoscere. Interiecta autem torrida utriq̃ hoium generi cōmertiū ad se comeādi oīno denegat. Sola ergo superior icolit: uidelicet iter Septētrionē: & Eqnoctialē circulū: uel ut alii uoluerūt: iter Tropicū æstiuū: & circulū arcticū: ab oi quale scire possum? hoium genere semotum Hæc ergo ab ortu porrecta: ad occasum longior est: q̃ ubi latissima. Quo palā fit: quatū hic uapor abstulerit: illic rigor addiderit. Hā igit i tres ptes maiores nostri diuisēre Asiam: uidelicet & Aphricam & Europam. Asia a meridie: per orientē usq̃ ad septētrionē ptēdit. Europa a septētrione usq̃ in occidentem: Et Aphrica ab occidente usq̃ ad meridiē mediterrāeo mari ab Europa disiuncta: Asyæ termini: a meridie Nilus: a septētrione tanais. De quibus latius infra diseremus.

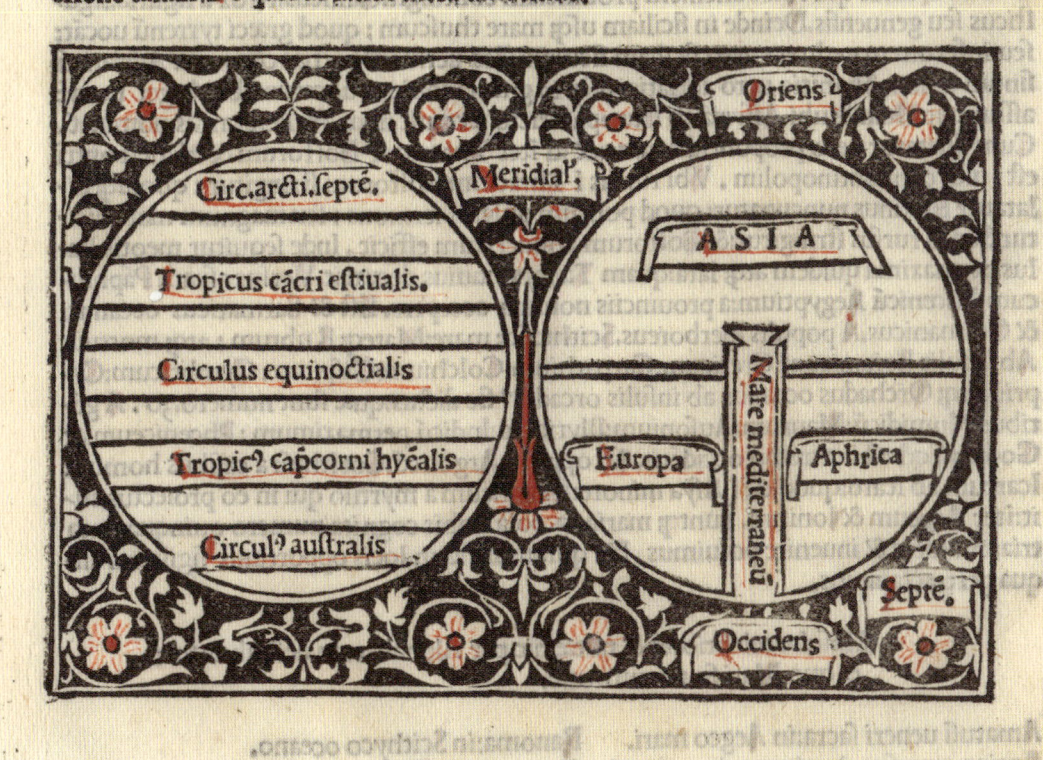

Der erste Atlas

Wir bewegen uns von Günther Zainers Holzschnitt einer TO-Karte zur Kegelprojektion der ptolemäischen Karten, rekonstruiert aus einigen der 8.000 Koordinaten von Längen- und Breitengraden, die in der Anleitung zur *Geographia* (ca. 150 n. Chr.) des Ptolemäus verzeichnet sind. Jahrhundertelang galt die *Geographia* als verschollen – bis zu ihrer Übersetzung ins Lateinische im 14. Jhdt.[7] Die Karten des Ptolemäus erscheinen erstmals 1477 im Druck mit einer in Bologna publizierten Ausgabe seiner *Geographia*.[8] Dies war die zweite Ausgabe seines Atlas und seiner Abhandlung zur Kartografie, jedoch die erste mit Karten gedruckte, was ihn zum ersten gedruckten Atlas macht. Was seine Bedeutung noch steigert, ist die Tatsache, dass es sich bei den gedruckten Karten nicht um Holzschnitte, sondern um Kupferstiche handelt. Im folgenden Jahr wurde die *Geographia* in Rom von Arnold Buckinck gedruckt.[9] Diese Ausgabe des Atlas des Ptolemäus ist von besonderem Interesse, da sie einen der italienischen Prototypografen wieder ins Spiel bringt, Konrad Sweynheym, der zusammen mit Arnold Pannartz in Subiaco und Rom gedruckt hatte (siehe S. 40). Nachdem die beiden im Mai 1473 eine Ausgabe der *Naturgeschichte* des Plinius gedruckt hatten, gingen sie getrennte Wege.[10] Pannartz druckte allein weiter, während Sweynheym Kupferstich-Karten für eine Ausgabe von Ptolemäus' *Geographia* fertigte. Unglücklicherweise starb er 1477, kurz vor deren Vollendung. Der Atlas umfasst insgesamt 27 Karten: eine Weltkarte, zehn Karten von Europa, vier von Afrika und zwölf von Asien.

Die *Nürnberger Chronik*

Zusätzlich zu seinem Ruf als Zentrum von Kunst und Handel und für astronomische Präzisionsgeräte (ein Faktor, der den berühmten Mathematiker, Astronomen und Drucker Regiomontanus dazu veranlasste, sich in der Stadt niederzulassen) wurde Nürnberg während der deutschen Renaissance zu einem der bedeutendsten Zentren der Kartenherstellung. Eine der bekanntesten Weltkarten in einem Wiegendruck ist in Hartmann Schedels *Liber chronicarum* abgedruckt, besser bekannt als *Schedelsche Weltchronik* oder nach der Stadt ihrer Veröffentlichung als *Nürnberger Chronik*.[11] Sie darf nach Gutenbergs B42 als die berühmteste aller Inkunabeln gelten, und das aus gutem Grund. Nicht nur, dass es mehr erhaltene Exemplare der *Nürnberger Chronik* gibt als von jedem anderen Wiegendruck – sie gehört auch zu den typografisch ausgefeiltesten und am reichsten illustrierten Druckwerken ihrer Zeit. So enthält sie mehr als 1.800 Holzschnitt-Illustrationen, obwohl nur 640 Holzstöcke verwendet wurden, sodass sich viele Szenen, Stadtansichten und Porträts wiederholen: beispielsweise wird derselbe Druckstock zur Illustration der Städte Mainz, Neapel, Aquila, Bologna und Lyon verwendet.¹² Die ptolemäische Weltkarte erscheint weit vorn innerhalb des zweiten Abschnitts des Buchs, *Secunda etas mundi*, der die biblische Erzählung von der Sintflut zu Noahs Zeiten bis zum Feuer und Schwefel nacherzählt, die über Sodom, Gomorra, Adma und Zebojim kamen. Die Holzschnitt-Karte ist umgeben von den zwölf Winden, dargestellt als zwölf Lockenköpfe – ein Vorläufer der modernen Kompassrose. Noahs drei Söhne erscheinen erneut, sie halten drei Ecken der Karte, während die vierte unten links eine Legende aufweist, welche die Natur der zwölf Winde beschreibt (Abb. 61). Die sieben ungewöhnlichen Erscheinungen am linken Rand haben nichts mit der Karte zu tun, sondern sind einfach eine Fortsetzung der vorherigen Seite mit der Erzählung des Plinius von monströsen menschlichen Gestalten („mancherlay gestaltnus der menschen") – „Item in dem land Sicilia haben ettlich so große orn das sie den ganzen leib damit bedecken" und „Item in dem land ethiopia wandern etlich nidergebogen als das vih und ettlich lebe vierhundert iar". Zweifelsohne sind dieser Fluss von Text und Bild und deren relativ nahtlose Integration die beeindruckendsten typografischen Merkmale der *Nürnberger Chronik*. Der Nürnberger Drucker und Verleger Anton Koberger,

61 Ptolemäische Weltkarte aus Hartmann Schedels *Nürnberger Chronik*, 1493. Gedruckt in Nürnberg von Anton Koberger.

der bereits zwei Jahrzehnte in der Stadt tätig war, druckte Schedels *Nürnberger Chronik* im Juli 1493 in lateinischer Sprache,[13] im Dezember folgte eine deutsche Ausgabe.[14] Die Illustrationen sind das Werk von Michael Wolgemut und Wilhelm Pleydenwurff, wobei manche behaupten, der junge Albrecht Dürer, der bei Wolgemut in die Lehre ging, sei in einem sehr frühen Stadium ebenfalls in ihre Herstellung involviert gewesen.

Die Zeit der Postinkunabeln

Das Zeitalter der Entdeckungen setzte in den letzten Jahrzehnten des 15. Jhdts. ein – mit den Reisen von Vasco da Gama und anderen portugiesischen Entdeckern, der Atlantiküberquerung von Christoph Kolumbus zwischen 1492 und 1502 und der ersten Weltumsegelung, einer dreijährigen Reise, begonnen 1519 von Ferdinand Magellan und vollendet von Juan Sebastián Elcano am 6. September 1522. Die Welt hatte sich verändert und die ptolemäische Karte war beinahe obsolet geworden.[15] Von etwa 30.000 Inkunabel-Ausgaben enthielten nur 56 Karten.[16] Das folgende Jahrhundert jedoch erlebte einen wahrhaft explosionsartigen Anstieg in deren Herstellung und Gebrauch. Eine der bemerkenswertesten Karten des frühen 16. Jhdts. – die an der Wand dargeboten und nicht in ein Buch eingebunden werden sollte – wurde von dem deutschen Kartografen Martin Waldseemüller entworfen. Diese beachtliche Weltkarte aus dem Jahr 1507 umfasste zwölf Holzschnitte und maß zusammengesetzt und ausgefaltet 1,2 × 2,4 Meter. Es ist die erste Karte, die den Pazifischen Ozean als eigenständige Wassermasse erkannte und die beiden Amerikas als separate Landmasse bzw. eigenständigen Kontinent dokumentierte. Die Karte enthielt Angaben, die von dem Florentiner Entdecker Amerigo Vespucci während seiner Reisen der Jahre 1501–02 zusammengetragen wurden, und Waldseemüller benannte die neuen Landstriche zu dessen Ehren; mancherorts wird die Karte deshalb auch als „Geburtsurkunde Amerikas" bezeichnet. 1538 entschied sich Gerhard Mercator bei seiner ersten Weltkarte, *Orbis Imago*, dafür, sowohl den nördlichen als auch den südlichen Teil des Kontinents als „Amerika" zu verzeichnen. Von den 1.000 Exemplaren, die einst existiert haben sollen, hat nur ein Exemplar von Waldseemüllers *Universalis Cosmographia* überlebt.[17] Die Library of Congress hat sie 2003 für 10 Millionen US-Dollar erworben.[18]

Nach Ptolemäus von Alexandria ist Gerhard Mercator aus Flandern zweifelsohne eine der einflussreichsten Figuren in der Geschichte der Kartenherstellung. Das nach ihm benannte Projektionssystem, erstmals publiziert 1569, ist die uns wohl vertrauteste Interpretation der Weltkarte: die zylindrische Projektion ist besonders nützlich für Navigatoren, da sie die Winkel bewahrt und genaue Messungen erlaubt, was ihnen ermöglicht, einen geradlinigen Kurs einzuhalten. Jedoch verzerrt sie Landmassen zunehmend, je weiter man sich vom Äquator entfernt. Mercator war auch der erste, der sein Kartenwerk einen „Atlas" nannte, und 1540 schrieb er ein gedrucktes Handbuch, *Literarum latinarum*, das sich für den Gebrauch von kursiven Beschriftungen auf Karten aussprach. Interessanterweise benannte Mercator sein Buch zu Ehren von König Atlas von Mauretanien, nicht nach dem Titanen Atlas aus der griechischen Mythologie. In Ausgaben aus den 1630er Jahren jedoch ist der König durch den Titanen ersetzt.

Die ersten gedruckten Reiseführer

Während des Mittelalters waren Pilgerreisen zu heiligen Orten und Reliquien – um Buße zu tun, Ablass von Sünden zu erlangen oder auf der Suche nach spiritueller Erleuchtung – unter gläubigen Christen weit verbreitet. Zweifelsohne benutzten viele solche Reisen auch als Vorwand, um ihre Neugier und Wanderlust zu befriedigen in einem ansonsten ausgesprochen beschränkten Dasein. Pilger konnten eine der vielen Städte besuchen, die religiöse Reliquien eines der örtlichen Heiligen und Märtyrer beherbergten, aber letztlich war das Ziel eines jeden Pilgers das biblische Heilige Land. Aus praktischen Gründen, darunter solchen der Sicherheit auf einer solch beschwerlichen und gefährlichen Reise, zogen es die Pilger häufig vor, in Gruppen zu reisen, wobei sich unterwegs oft neue Mitglieder anschlossen. 1483 brach Bernhard von Breydenbach, Domherr von Mainz, zu einer solchen Pilgerreise auf, begleitet von einer großen Gruppe, darunter eine beträchtliche Anzahl an Rittern und Baronen.[19] Zu ihnen gehörte auch der Utrechter Künstler Erhard Reuwich, den Breydenbach dazu eingeladen hatte, die gemeinsame Reise aufzuzeichnen. Im Februar 1486 publizierte Reuwich in Mainz die *Peregrinatio in terram sanctam* („Pilgerreise ins Heilige Land").[20] Dies war ein sehr früher Vorläufer der Reiseführer, die im 19. Jhdt. von Persönlichkeiten wie John Murray in England und Karl Baedeker in Deutschland popularisiert wurden. Erhard Reuwichs Ausgabe ist mit 14 Holzschnitten illustriert, von denen sieben ausklappbare topografische Faltkarten bzw. Panoramen von sechs Städten des Mittelmeerraums sind – eine weitere typografische Neuheit. Das hier wiedergegebene Exemplar der Bodleian Library (Abb. 64) ist in roter, blauer, grüner und gelber Farbe handkoloriert. Der Text der ersten Mainzer Ausgabe ist in einer besonders erlesenen *lettre bâtarde*-Type aus dem Atelier von Peter Schöffer gesetzt. Seine Übersetzung ins Deutsche, Dänische, Französische und Spanische allein im 15. Jhdt. sowie eine beträchtliche Anzahl an erhaltenen Exemplaren bezeugen seine Beliebtheit.

62 (folgende Seiten) Karte von Island, gezeichnet von Gerhard Mercator, 1606.

In Iokuls fiorder et
Isa fiorder

1 Nortfiord   5 Altafiord
2 Veidiwick   6 Seidisfiord
3 Langa fiord 7 Hest fiord
4 Skululfiord 8 Ksaufufiord

Miliaria Germanica communia

ISLANDIA.

Per Gerardum Mercatorem
Cum Privilegio

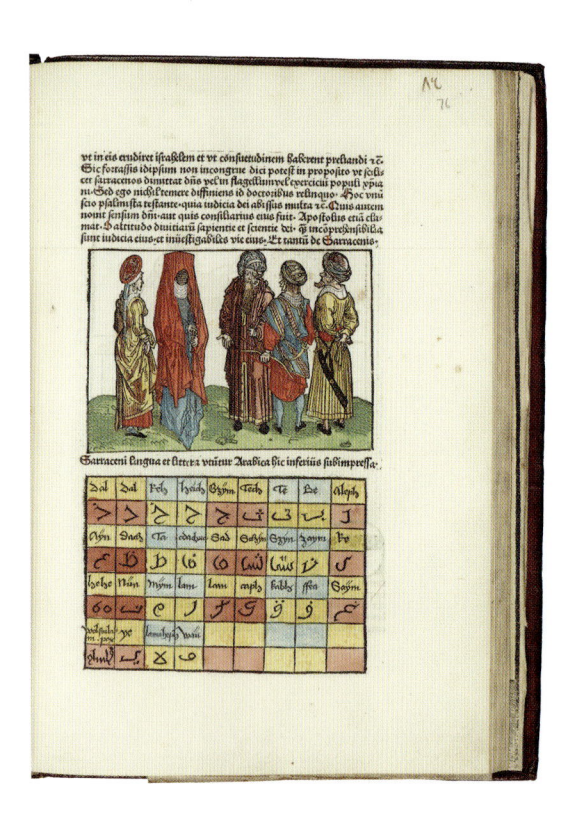

63 (links) und 64 (unten)
Bernhard von Breydenbachs
Peregrinatio in terram sanctam
(Mainz: Erhard Reuwich,
11. Februar 1486) ist vielleicht
der erste Reiseführer.

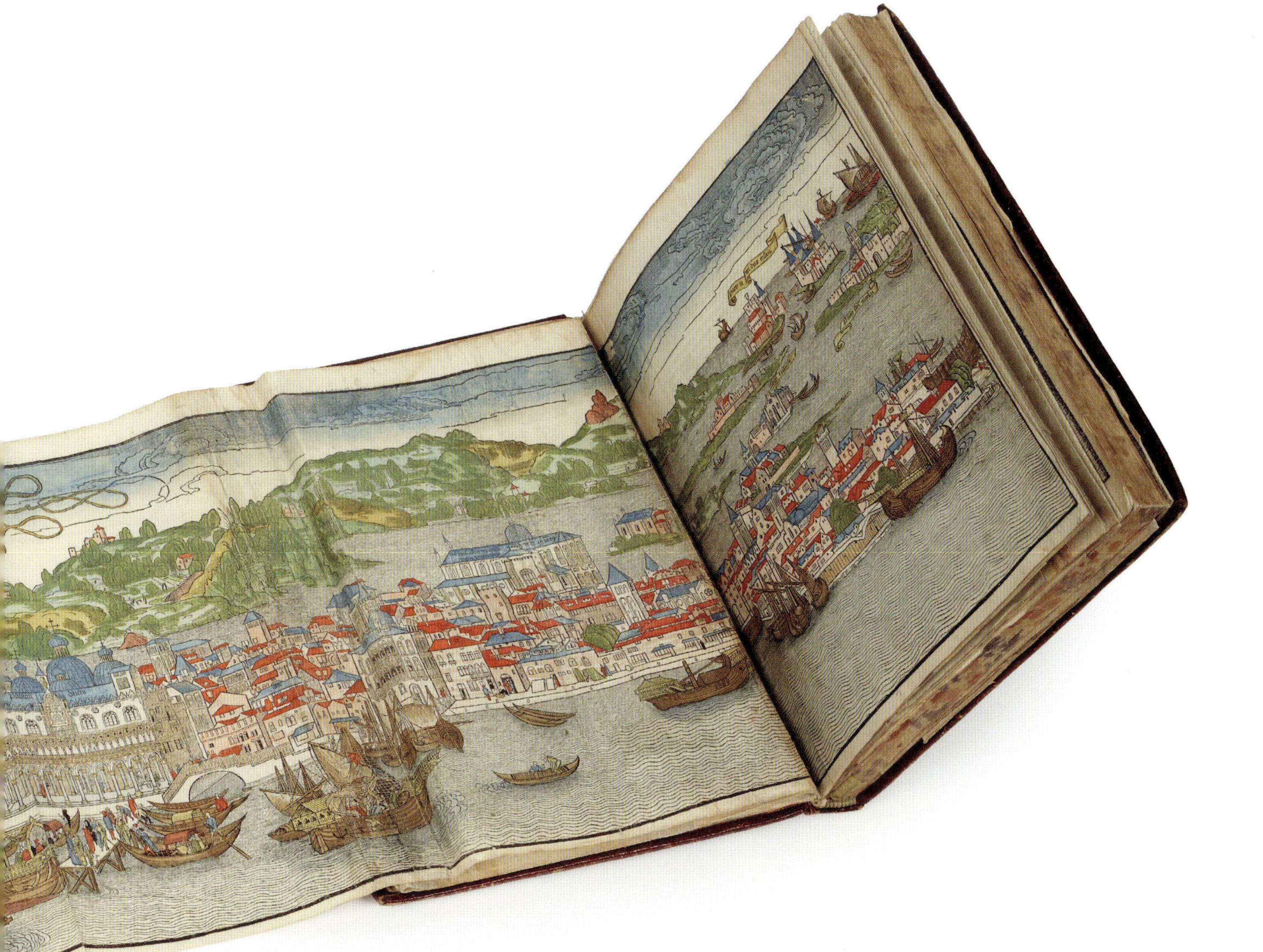

ESOPVS

Der Tugendbold und der Fabeldichter
Die ersten Kinderbücher

> Sie, die mit Büchern und mit Dingen so gezielt
> verfahren, daß sie den Verstand der Kinder sicher
> lenken wie die Sonne die Drehung einer Blume.
> WILLIAM WORDSWORTH[1]

12

ELTERN VERSTEHEN SEHR GUT, dass Bücher entscheidend zur intellektuellen und sozialen Entwicklung ihrer Kinder beitragen. Sie wissen auch, dass Kinderbücher tendenziell kurzlebig sind. Zerrissene oder fehlende Seiten, angekaute Ecken und hemmungsloses Ausmalen tragen zum unvermeidlichen Verfall und zur schließlichen Zerstörung des Buchs bei. In dieser Hinsicht waren Kinder im 15. Jhdt. nicht anders und so ist es wenig überraschend, dass die meisten der allerersten gedruckten Kinderbücher, auch wenn sie in großen Zahlen aufgelegt wurden, nicht überlebt haben. Von jenen, die uns erhalten sind, tragen viele die Spuren einer beschleunigten, von Kindern herbeigeführten Abnutzung.

Während des Mittelalters kamen Kinder selten in Berührung mit Büchern. Natürlich waren alle Bücher vor der Einführung des Buchdrucks in der Mitte des 15. Jhdts. handgeschrieben. Diese Handschriften waren einzigartig und kostspielig – nicht die Art von Gegenstand, die man einem Kind in die Hände geben würde. Der bloße Gedanke an einen Fünfjährigen mit einer illuminierten Handschrift würde Paläografen und Bibliophilen wahrscheinlich Tränen in die Augen treiben. Es gab seltene Ausnahmen, etwa für Patrizierkinder hergestellte Handschriften oder Schriften eines Erziehers oder Elternteils, die später gebunden wurden, aber eher in der Art eines Lehrer-Handbuchs verwendet wurden.[2] Aber bis zum 18. Jhdt. und verlegerischen Initiativen von Erziehern wie John Newbery (1713–67) war das Kinderbuch als Genre schlicht inexistent. Bis dahin waren die meisten von Kindern gelesenen Bücher Lehrwerke: lateinische Grammatiken, Rechtschreibbücher und Benimmbücher. Eines der beliebtesten Schulbücher des 15. Jhdts., Donatus' *Ars minor*, eine Einführung in die lateinische Grammatik für Anfänger, die studiert wurde, sobald die Schüler das Alphabet und ein paar einfache Gebete bewältigten, war im 15. Jhdt. Pflichtlektüre für alle Schüler und wurde vor 1501 in Hunderten von Ausgaben gedruckt – auch hier wiederum sind die meisten verloren gegangen, bis zum völligen Verschleiß aufgebraucht worden oder nur als Fragmente erhalten geblieben.[3]

65 Handkolorierte Holzschnitt-Illustration aus Heinrich Knoblochtzers Ausgabe von *Äsops Fabeln*, ca. 1481. Dargestellt ist Äsop umgeben von Elementen seiner Fabeln.

66 Holzschnitt zu „De Aquila et vulpe" („Der Adler und der Fuchs"), einer Fabel über Betrug und Rache, aus Heinrich Knoblochtzers Ausgabe von *Äsops Fabeln*, ca. 1481.

Sowohl zur Unterhaltung als auch zu Erziehungszwecken mochte sich ein Kind Äsops *Fabeln* zuwenden, die zu den frühesten in den Volkssprachen gedruckten Büchern zählten (Abb. 65). Johann Zainer, der den Druck nach Ulm brachte, publizierte um etwa 1476 eine zweisprachige illustrierte Ausgabe von Äsop in lateinischer und deutscher Sprache.[4] Solche Bücher jedoch, die als großformatige und recht kostspielige Folio-Ausgaben veröffentlicht wurden, richteten sich offensichtlich an erwachsene Leser, die sie wohl gelegentlich auch Kindern vorlasen. Die Fabeln selbst wurden, insbesondere von der Renaissance an, als erzieherisch wertvoll angesehen – denn an wem wäre schon die Lektion von „Der Hund und das Stück Fleisch" oder „Der Wolf und der Kranich" verloren? Später sollte John Locke illustrierte Ausgaben von Äsop als Geschichten empfehlen, „die ein Kind ergötzen und unterhalten werden und doch einem Erwachsenen nützliche Gedanken eingeben können".[5] Er befürwortete auch *Reynard the Fox*, eine Sammlung mittelalterlicher satirischer Erzählungen und Allegorien, die sich explizit an jüngere Leser wandte, zuerst gedruckt von William Caxton in England. Caxton, der als erster auf englischem Boden druckte, publizierte im Jahr 1484 auch eine englische Ausgabe von Äsops *Fabeln*[6] und um 1477 ein Pamphlet mit dem Titel *The Book of Curtesye* (etwa: „Das Buch von der Höflichkeit").[7] Das Letztere war ein Leitfaden für Manieren und Etikette für Kinder, der alles abdeckte vom morgendlichen Waschen über das Gebet bis hin zur Bedeutung der Lektüre. Dieses populäre Buch, das zuerst im 12. Jhdt. in lateinischer Sprache erschienen war, wurde später zweimal von Caxtons ehemaligem Assistenten und späteren Nachfolger Wynkyn de Worde[8] nachgedruckt, dem umtriebigsten unter den frühen britischen Druckern. Er war auch verantwortlich für den Druck einer der ersten illustrierten Lateingrammatiken, *Lac puerorum* (wörtlich „Milch für Kinder")[9] – einem grundlegenden, auf Englisch verfassten Text von dem Erzieher und Grammatiker der Tudorzeit John Holt – in London im Jahr 1505.[10]

Sogenannte *chapbooks* („Volksbücher"), die erstmals im 16. Jhdt. erschienen, waren billige Bändchen in Papierumschlag, illustriert mit Holzschnitten, die oft absolut keinen Bezug zum Text hatten – Almanache, Märchen, Balladen, Gedichte, Ritterromanzen, religiöse Traktate und Kinderliteratur, oft gekürzt und für einen Massenmarkt aufbereitet und dann von Straßenhändlern verkauft.[11] Im 18. Jhdt. erschienen solche Bücher speziell für Kinder; vor dieser Zeit waren viele davon von Erwachsenen wie Kindern gleichermaßen konsumiert worden. William Tyndales Verurteilung dieser Art von Büchern für Kinder mit der Behauptung, Robin Hood und Bevis of Hampton, Herkules, Hektor und Troilus würden „obendrein den Geist der jungen Menschen verderben", vermochten deren Popularität nicht zu mindern.[12]

℄ Primus

℄ Fabula·xiij· De aquila et vulpe·
Cum vulpes aquilaz pro rapta prole pugnit
Melle precū predaz reddere nescit auis·
Preda gemit indiq3 cibus timet esse gulosi
Sed redimit natos vtilis arte parens·
Arboreū zonat stipulis et vimine truncum
In stipulam docto porrigit ore facem·
In pullos aquile consurgit copia fumi
Hanc tamen vt vulpem prouida placat auis·
Non igitur studeat quis maior obesse minori
Cum bene maiori possit obesse minor

Potentes metuere debere infimos: hec attestatur fabula ℄ Vulpinos catulos aquila rapuit ac in nidum deportauit/ vt pullis suis escā daret/ prosecuta vulpes aquilam rogabat/ cattulos suos sibi reddi· aquila contēpsit vulpē/ quasi iferiorez· vulpes plena dolo/ ab ara ignez rapuit/ et arborez circumdedit collecta stipula Cunq3 fumus et flamma perstreperent· aquila dolore pulsa natorum/ ne flammis simul periret incolumes/ vulpinos cattulos suplex reddidit matri ℄ Docet hec fabula multos ne quis isultet inferiori ne ab aliqua flamma vindicte incendatur·

e j

Einer der größten Meilensteine in Bezug auf Kinderbücher ist *Orbis Sensualium Pictus* („Die sichtbare Welt"), publiziert in Nürnberg im Jahr 1658 von dem tschechischen Sozialreformer, Pädagogen und Verfechter der allgemeinen Alphabetisierung Johann Comenius (1592–1670). Obwohl es oft als das allererste Kinderbilderbuch bezeichnet wird, lässt es sich zutreffender als eines der ersten illustrierten Bücher beschreiben, das ausdrücklich der Erziehung von Kindern gewidmet ist.[13] Nach seiner Veröffentlichung in lateinischer und deutscher Sprache wurde es im folgenden Jahr auf Englisch publiziert und wurde zu einem der populärsten Lehrbücher in Europa, was es auch zwei Jahrhunderte lang blieb. Mit etwa 150 Illustrationen erinnerte *Orbis Sensualium Pictus* an ein illustriertes Wörterbuch bzw. eine illustrierte Enzyklopädie und deckte alles ab von Tiergeräuschen bis zur Natur der menschlichen Seele und dem Jüngsten Gericht. Abgesehen davon, dass es zu den ersten illustrierten Büchern für Kinder gehört, sind frühe Ausgaben von besonderem typografischen Interesse, werden doch darin gebrochene, Antiqua- und kursive Typen geschickt kombiniert.[14]

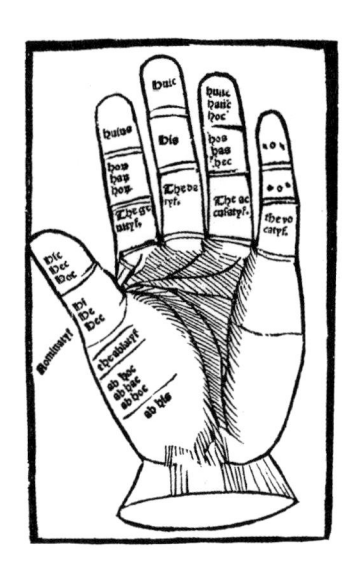

67 Eine Handfläche zeigender Holzschnitt aus John Holts *Lac puerorum*, eine Hilfestellung, um sich lateinische Demonstrativpronomen einzuprägen.

Der Vater der Kinderbuchverlage
Bücher aus dem 17. Jhdt. wie James Janeways *A Token for Children: being an exact account of the conversion, holy and exemplary lives, and joyful deaths of several young children* („Geistliches Exempel-Buch Für Kinder"[15]), die das Leben und den frühen Tod von 13 Kindern erzählen, mögen für junge Leser reichlich makaber erscheinen. Dennoch erwiesen sie sich auf beiden Seiten des Atlantiks als unglaublich populär, erlebten zahlreiche Neuauflagen und wurden zu der Zeit als moralisch erbaulich angesehen. John Newbery publizierte 1744 in London das einprägsam betitelte *A Little Pretty Pocket-Book Intended for the Instruction and Amusement of Little Master Tommy and Pretty Miss Polly*. Für einen Aufpreis von 2 Pennys wurde es entweder mit einem kleinen Ball (für Jungen) oder einem Nadelkissen (für Mädchen) verkauft, sowie zehn Nadeln; der Autor erklärt, der auf der einen Seite rote und auf der anderen schwarze Ball solle verwendet werden, um gute und schlechte Taten zu zählen. Befanden sich alle zehn Nadeln auf der roten Seite, so hieß dies „Ich werde dir einen *Penny* schicken"; für den Fall, dass sich alle Nadeln auf der schwarzen Seite des Balls wiederfanden, wurde recht plastisch körperliche Züchtigung in Aussicht gestellt.

Im selben Jahr erfolgte die Publikation von *Tommy Thumb's Pretty Song Book*, die früheste erhaltene Sammlung von Kinderliedern. Mit nur etwas mehr als 7,5 Zentimetern im Format enthielt es bis heute beliebte Lieder wie „Bah, Bah, a Black Sheep" und „Hickere, Dickere, Dock", auch wenn das Kinderlied über das Bettnässen, „Piss a Bed", nie seinen Weg in spätere Sammlungen fand. In der Publikation dieser Bücher spiegelt sich Lockes

Eintreten für Erziehung als Unterhaltung oder Vergnügen wider. Newbery, der als Vater der Kinderliteratur gilt, war auch der Erste, der eine Zeitschrift für Kinder herausbrachte, *The Lilliputian Magazine*, und seine äußerst erfolgreiche *History of Little Goody Two-Shoes* (1765). Letztere erhebt den Anspruch, der erste Roman für Kinder zu sein, und war eine prosaischere, weniger glamouröse Fassung der Geschichte von Aschenputtel, in der die ebenso arme wie tugendreiche Protagonistin, Margery, nur ein halbes Paar Schuhe hat. Newberys Bücher übten durch ihre Einbände in leuchtend-floralen Drucken und ihr kleines Format eine zusätzliche Faszination auf Kinder aus – mit etwa 10–12 Zentimetern Höhe waren sie wahrhaft Kinder-Taschenbücher.

Ein weiterer wichtiger Faktor bei der Betrachtung der Anfänge des Kinderbuchs sind Alphabetisierungsraten. Auch wenn es sehr schwierig ist, hier für Kinder im 15. Jhdt. genaue Raten festzustellen, können wir Daten aus erhaltenen Zeugnissen extrapolieren. Beispielsweise genossen in Florenz im Jahr 1480 bei einer Gesamtbevölkerung von etwa 42.000 Menschen etwa 28 % der Jungen im Alter von zehn bis 13 Jahren eine formale Schulbildung, was eine Alphabetisierungsrate von etwa einem Drittel nahelegt. Obwohl während des Mittelalters und sogar noch in der Renaissance die Meinung vorherrschte, dass Mädchen keine schulischen Neigungen hätten und ihre Erziehung nur jene Fächer umfassen sollte, die einer guten Haushaltsführung förderlich wären, gab es auch hier bemerkenswerte Ausnahmen. Mädchen, die eine formale Erziehung erhielten, waren jene aus wohlhabenden Familien, die von privaten Erziehern unterrichtet wurden. Unter den bemerkenswerten Ausnahmen war Catharinetta, die Tochter eines Barbiers und das einzige Mädchen unter den 500 Schülern, die in Genueser Dokumenten für die Jahre 1498–1500 verzeichnet sind. Man darf sich fragen, was aus ihr geworden ist. Sogar im Venedig der Hochrenaissance erging es Mädchen kaum besser, mit ungefähren Alphabetisierungsraten bei einem Drittel und einem Zehntel für Jungen respektive Mädchen.

Bildung durch Andacht
Zu den allerersten gedruckten Büchern gehörten Psalter, Sammlungen von Psalmen und Gebeten in lateinischer Sprache. Psalter haben ihren Ursprung im Irland des 6. Jhdts. und wurden im mittelalterlichen Europa als Mittel zum Lesenlernen populär. Von besonderem Interesse ist ein frühes Beispiel für einen Psalter, der speziell für Kinder entworfen und von dem deutschen Drucker Erhard Ratdolt publiziert wurde, während dieser in Venedig arbeitete. Sein *Psalterium puerorum* („Kinderpsalter") wurde zweifellos zu Hunderten gedruckt, jedoch ist nur ein einziges Exemplar in München erhalten geblieben.[16] Wir wissen von seiner frühen Existenz durch dieses

68 Eröffnende Recto-Seite aus Erhard Ratdolts *Psalterium puerorum*, Venedig, 1486 oder früher.

erhaltene Einzelexemplar und durch einen Hinweis darauf in der Verkaufskladde, dem *Zornale*, des venezianischen Buchhändlers Francesco de Madiis aus dem 15. Jhdt.[17]

Von allen Büchern von Ratdolt – und er publizierte während seiner langen Laufbahn etwa 200 verschiedene Titel – ist diese Fibel eines meiner Lieblingsbücher. Es beginnt mit einem Alphabet, darunter einige alternative Buchstabenformen (z.B. beim *d*, *r* und *s*). Die letzten drei Glyphen sind die allgemein gebräuchlichen tachygrafischen Zeichen oder Abkürzungen für die lateinischen Silben *con* und *rum*, und das Zeichen, das der Ziffer *4* ähnelt, ist ein tironisches *et* oder Et-Zeichen. Dem Alphabet geht ein Kreuz voran, das englischen Kindern als „criss-cross" (abgeleitet von „Christ-cross") bekannt war und dessen Vorhandensein die Leserschaft daran erinnern sollte, sich zu bekreuzigen, bevor sie das Alphabet rezitierte. Es kam häufig auch in Hornbüchern vor (ein Hornbuch war eine Holzplatte mit einem darauf befestigten Alphabet und Gebeten, im deutschen Sprachraum auch als ABC-Täfelchen bekannt).[18] Unter dem Alphabet befindet sich der lateinische Text des Vater Unser, bei dem von allen Kindern erwartet wurde, dass sie es auswendig lernten. Die gotische Rotunda, die Ratdolt aufgrund ihrer Größe üblicherweise nur für Überschriften nutzte, wird hier für den Text verwendet – ein schönes Zugeständnis an den jungen Leser.[19] Die wundervolle Bordüre aus Weinblättern, gedruckt in einem prächtigen Rot, erschien erstmals in einer Ausgabe der *Historia romana* („Römische Geschichte"), gedruckt von Bernhard Maler, Erhard Ratdolt und Peter Löslein im Jahr 1477.[20] Die Holzschnittbordüre zeigt, wenig verwunderlich nach jahrzehntelangem Gebrauch und nach Tausenden von Druckvorgängen, Abnutzungserscheinungen.

Die bedeutsamsten typografischen Zugeständnisse an junge Leser waren eine größere Schrift und kleinere Seitenformate. Neben diesen Attributen und der späteren Verbreitung von Illustrationen unterschieden sich frühe Kinderbücher wenig von ihren Gegenstücken für die ältere Leserschaft. Außerdem folgte die Wahl der Schrift, ob nun Antiqua oder gotisch, während des gesamten 15. Jhdts. traditionellen geografischen und Gattungsnormen. Von den über 400 Ausgaben der Grammatik des Aelius Donatus, *Ars minor*, verwendeten bis auf 13 (sie alle gedruckt in Italien) alle gotische Typen.[21] Erst im zweiten Viertel des 16. Jhdts. begann sich dies zu ändern, da Antiqua-Typen weitere Verbreitung fanden, sogar für jene Genres, die üblicherweise mit gotischen Schriften und Typen verbunden waren.

Solche Bücher sind meilenweit von zeitgenössischen Kinderbüchern entfernt, doch sie vermitteln wertvolle Einblicke in die Kultur, die Bildung und Lesefähigkeiten des Europas der Renaissance und der Frühmoderne. Die ersten Psalter für Kinder dienten einem zweifachen Zweck, sie vermittelten Lesefertigkeit auf dem Wege der Andacht. Die frühesten gedruckten lateinischen Grammatiken entstanden zeitgleich mit Gutenbergs ersten Büchern. Zunehmend verquickten Kinderbücher Unterweisung mit Unterhaltung. Illustrierte Ausgaben erschienen ganz zu Beginn des 16. Jhdts., wenig später kamen die *chapbooks* hinzu, die auf den Straßen feilgeboten wurden. Bis zum Ende des 18. Jhdts. wurden diese explizit für Kinder beworben und vermarktet, erlebten im darauffolgenden Jahrhundert eine Blütezeit und beförderten danach die weite Verbreitung von Kinderliteratur.

Aue maria gr̃a plena dominus tecũ benedicta tu in mulierib? et benedictus fruct? uentris tui: ihesus christus amen.

Gloria laudis resonet in ore omniũ Patri genitoq; proli spiritui sancto pariter Resultet laude perhenni Laboribus dei uendunt nobis omnia bona. laus: honor: uirtus potẽtia: τ gratiaɻ actio tibi christe. Amen.

Uiue deũ sic τ uines per secula cuncta. Prouidet τ tribuit deus omnia nobis. Proficit absque deo null?in orbe labor. Illa placet tell?in qua res parua beatũ. Me facit τ tenues luxuriantur opes.

Si fortuna uolet fies de rhetore consul. Si uolet hec eadem fies de cõsule rhetor. Quicquid amor iussit nõ est cõtẽdere tutũ Regnat et in dominos ius habet ille suos Uita data ẽ ut̃ ẽ data ẽ sine fenere nobis Mutua: nec certa persoluenda die.

Usus τ ars docuit quod sapit omnis homo
Ars animos frangit τ firmas dirimit urbes
Arte cadunt turres arte leuatur onus
Artibus ingenijs quesita est gloria multis
Principijs obsta sero medicina paratur
Cum mala per longas conualuere moras
Sed propera nec te uenturas differ in horas
Qui non est hodie cras minus aptus erit.

Non bene pro toto libertas uenditur auro
Hoc celeste bonum preterit orbis opes
Precauentis animi est bonis ueneranda libertas
Seruitus semper cunctis quoque despicienda
Summa petit liuor perflant altissima uenti
Summa petunt dextra fulmina missa iouis
In loca nonnunquã siccis arentia glebis
De prope currenti flumine manat aqua

Quisquis ades scriptis qui mentem forsitan istis
Ut noscas adhibes protinus istud opus
Nosce: augustensis ratdolt germanus Erhardus
Litterulas istos ordine quasq; facit
Ipse quibus ueneta libros impressit in urbe
Multos τ plures nunc premit atq; premet
Quique etiam uarijs celestia signa figuris
Aurea qui primus nunc monumenta premit
Quin etiam manibus proprijs ubicunq; figuras
Est opus: incidens dedalus alter erit

Nobis benedicat qui ĩ trinitate uiuit τ regnat Amen: Honor soli deo est tribuendũ Aue regina celorum mater regis angelorum o maria flos uirginum uelut rosa uel lilium o maria: Tua est potentia tu regnum domine tu es super omnes gentes da pacem domine in dieb? nostris mirabilis deus in sanctis suis Et gloriosus in maiestate sua oth panthon kyr

Quod prope sacre diem tibi sum conuiua futurus
Forsitan ignoras at fore ne dubites
Ergo para cenam non qualem stoicus ambit
Sed lautam sane more arenaico
Nanque duas mecum florente etate puellas
Adducam quarum balsama cunnus olet
Uernula sola domi sedeat quam nuper habebas
Si nondum cunnus uepubus horruerit
Sunt qui insimulent τ auari crimen amici
O biciant facto rumor ut iste cadat   Hec Philelphus

Nunc adeas mira quicunq; uolumina queris
Arte uel ex animo pressa fuisse tuo
Seruiet iste tibi: nobis iure sorores
Incolumem seruet usq; rogare licet

Est homini uirtus fuluo preciosior auro: æneas
Ingenium quondam fuerat preciosius auro.
Miramurq; magis quos munera mentis adornãt:
Quam qui corporeis emicuere bonis.
Si qua uirtute nites ne despice quenquam
Ex alia quadam forsitan ipse nitet

Nemo sue laudis nimium letetur honore
Ne uiles factus post sua fata gemat.
Nemo nimis cupide sibi res desiderat ullas
Ne dum plus cupiat perdat & id quod habet.
Ne ue cito uerbis cuiusquam credito blandis
Sed si sint fidei respice quid moneant
Qui bene proloquitur coram sed postea praue
Hic erit inuisus bina q̃ ora gerat

Pax plenam uirtutis opus pax summa laborum
pax belli exacti precium est preciumque pericli
Sidera pace uigent consistunt terrea pace
Nil placitum sine pace deo non munus ad aram
Fortuna arbitriis tempus dispensat ubi
Ista rapit iuuenes illa ferit senes

κλίω Τευτέρπη τε θάλεια τε μελπομένη τε
τερψιχορη τερατω τε πολυμνεια τουρανιη
τε καλλιοπη θεδη προφερεσατη εξιαπια
σαων   ιεσους χριστους μαρια τέλος.

Indicis characterʒ diuersarʒ manerierũ impressioni paratarũ: Finis.

Erhardi Ratdolt Augustensis uiri solertissimi: preclaro ingenio τ mirifica arte: qua olim Uenetijs excelluit celebratissimus. In imperiali nunc urbe Auguste uindelicorum laudatissime impressioni dedit. Annoq; salutis. M.CCCC.LXXXVI. Kalẽ. Aprilis Sidere felici compleuit.

Epilog

So werden die Letzten die Ersten und die Ersten die Letzten sein.[1]

SOLLTEN WIR EINE RANGORDNUNG der Drucker basierend auf Erstlingsdrucken erstellen, so würde wohl Erhard Ratdolt an der Spitze stehen. Er führte die erste verzierte Titelseite ein, auch wenn er und seine Partner Bernhard Maler und Peter Löslein sich deren Neuigkeitswert offenbar nicht bewusst waren. Er spielte eine Schlüsselrolle beim frühen mehrfarbigen Druck ebenso wie beim Golddruck. In Venedig produzierte er im späten Frühjahr des Jahres 1482 die *editio princeps* von Euklid, eine wunderbare Ausgabe im Folioformat, die einige der ersten gedruckten grafischen Darstellungen enthält.[2] Am 1. April 1486 druckte Ratdolt das erste bekannte Schriftmuster, den *Index characterum diversarum*. Auf dem Einblattdruck mit den Maßen 34 × 22 Zentimetern waren eine große Holzschnitt-Initiale und Muster von insgesamt 14 Schrifttypen dargestellt: zehn Varianten einer gotischen Rotunda in verschiedenen Größen, drei Antiqua-Schriften und eine griechische. Das einzige erhaltene Exemplar befindet sich in der Bayerischen Staatsbibliothek, wo es im späten 19. Jhdt. entdeckt wurde, versteckt im Einband eines anderen Buchs.[3] Möglicherweise wurde die Schriftprobe gedruckt, um den Verkauf von Ratdolts Typen oder seine neue Augsburger Presse zu bewerben.[4] Zusätzlich zu alledem war Ratdolt 1505 der Erste, der das Fleuron (auch „Hedera" oder später Aldusblatt genannt) verwendete, ein Symbol, das seinen Ursprung in der griechisch-römischen Antike hat, von den großen in der Tradition der französischen Renaissance-Antiqua stehenden Typografen popularisiert wurde und auch heute noch in Gebrauch ist.

Trotz Ratdolts Innovationen wäre kein Buch zur Frühgeschichte der Typografie vollständig ohne eine Diskussion von William Caxton. Seine Errungenschaften waren umso bemerkenswerter, als er erst in späten Jahren zum Druck fand, etwa im Alter von 50 Jahren. Caxton lernte das Druckerhandwerk in Köln und errichtete seine erste Druckerei in Brügge, wo er

69 *Index characterum diversarum:* das erste Schriftmuster, gedruckt von Erhard Ratdolt, 1. April 1486; es zeigt zehn gotische Rotunda-Schriften, drei Antiqua-Schriften und eine griechische Schrift.

um 1473–74 das erste Buch in englischer Sprache publizierte, *Recuyell of the historyes of Troye*.[5] Das erste Schachbuch auf Englisch, *The Game and Playe of Chesse*, wurde von ihm 1474 entweder in Gent oder in Brügge publiziert.[6] 1476 kehrte er nach England zurück, um im Bezirk um die Westminster Abbey die erste britische Druckerpresse einzurichten, wobei er im Sommer 1476 als erstes einen Ablassbrief druckte.[7] Etwas später publizierte er die erste Ausgabe von Chaucers *Canterbury Tales* in einer gotischen *Bastarda*, die er vorher in seiner Druckerei in Brügge verwendet hatte.[8] Bald danach (ca. 1477–79) wurde von Caxtons Presse die erste Werbung in englischer Sprache herausgebracht,[9] ein kleines Poster, das für ein informell als *Sarum Pie* bekanntes Buch warb, ein Ordinale, das von Priestern dazu verwendet wurde, die Feiertage während des Kirchenjahrs zu bestimmen.[10] Caxton verwendete ausschließlich gotische Schriftarten, nämlich die kontrastreiche *Bastarda* sowie das, was der auf Schrifttypen spezialisierte Historiker Daniel Updike *lettres de forme* nannte, eine spitzwinklige gebrochene Schrift.[11] Richard Pynson, in der Normandie gebürtig und Drucker für die Könige von England, blieb es vorbehalten, in seiner Londoner Druckerei 1509 erstmals eine Antiqua zu verwenden.[12] Danach erschienen in England Antiqua-Schriften mit zunehmender Häufigkeit und rivalisierten Mitte des 17. Jhdts. mit den gotischen Schriftarten.[13] Auf Geheiß von Jakob IV. wurde der Druck über Edinburgh im Jahr 1508 durch Walter Chepman und Andrew Myllar nach Schottland eingeführt; die Druckerlaubnis wurde von Jakob IV. am 15. September 1507 erteilt und die ersten Bücher wurden 1508 gedruckt.[14] In Irland wurde 1551 eine Druckerpresse etabliert; ihre erste Veröffentlichung war *The Boke of the Common Praier* („Buch des gemeinsamen Gebets"), gedruckt von Humphrey Powell.[15]

Jenseits des Lateinischen

In der zweiten Hälfte des 15. Jhdts. wurden von mehr als tausend Druckereien in über 300 größeren und kleineren Städten in ganz Europa Millionen von Büchern und Flugblättern gedruckt. Die nördlichsten Druckereien lagen in Stockholm (Bartholomaeus Ghotan, ab 1483), Odense (Johann Snell, 1482[16]) und Kopenhagen (Govert van Ghemen, ca. 1493–95[17]), die östlichsten in Krakau (1473–74[18]), der damaligen Hauptstadt des Polnischen Königreichs, und Konstantinopel, dem Ursprungsort einer einzelnen hebräischen Inkunabel aus der Druckerei von David und Samuel ibn Nahmias (1493).[19] Der Druck der hebräischen Schrift war in den 1470er Jahren über Kastilien oder Rom nach Europa eingeführt worden. Unter den ersten auf Hebräisch gedruckten Büchern war die *Mischne Torah* („Wiederholung der Tora") des Maimonides, die erste Ausgabe des wichtigsten mittelalterlichen jüdischen Gesetzeskodex, gedruckt von Solomon ben Judah und Obadiah ben Moses in Italien, vielleicht in Rom.[20] Das erste datierte Buch auf Hebräisch erschien in Reggio di Calabria (Süditalien), es handelte sich um *Perusch ha-Torah*, einen Kommentar zum Pentateuch, datierend auf den Februar 1475.[21]

In griechischer Schrift wurde früher gedruckt, auch wenn deren erstes Erscheinen sich auf kurze Zitate in der ersten Ausgabe von Ciceros Abhandlung *De officiis* („Von den Pflichten") beschränkte, die in Mainz von Fust und Schöffer im Jahr 1465 gedruckt wurde.[22] Manche der Buchstaben wurden dem Lateinischen entliehen, während andere verkehrt herum gedruckt wurden. Eine bessere griechische Type tauchte in einer Ausgabe der *Opera* („Werke") von Laktanz auf, welche die Druckerpresse von Sweynheym und Pannartz in Subiaco 1465 verließ und längere Zitate enthielt. Erst um etwa 1474 wurde der erste vollständige griechische Text gedruckt; dieser wird üblicherweise Thomas Ferrandus in Brescia zugeschrieben. Der erste datierte und signierte Text, der gänzlich in griechischer Sprache gesetzt ist, wird Dionysius Paravisinus zugeschrieben, der im Januar 1476 den Druck der *Erotemata*, einer griechischen Elementargrammatik, abschloss.[23] Erst 1519 wurde ein Buch in modernem bzw. volkssprachlichem Griechisch herausgegeben. Kyrillische Typen wurden erstmals in Krakau für liturgische Bücher verwendet, die 1491 von dem deutschen Kaufmann Swietopolk Fiol gedruckt wurden.[24] Der Venezianer Gregorio de Gregorii errichtete im Jahr 1514 in Fano eine Druckerei, in der er das erste in arabischer Schrift gesetzte Buch herausbrachte – eigenartigerweise ein

70 „Werbetext" für *Sarum Pie: Ordinale seu Pica ad usum Sarum*, Westminster, William Caxton, ca. 1476–77.

Epilog

Stundenbuch, das von Papst Julius II. in Auftrag gegeben worden war und zweifelsohne zum Export für Christen im Mittleren Osten gedacht war.[25]

Typografische Konventionen

Während des späten 15. Jhdts. und bis hinein ins 16. Jhdt. wurden viele heute vertraute Aspekte der typografischen Gestaltung festgelegt. Nicht immer wurden diese Merkmale sofort übernommen, doch mit der Zeit wurden sie fester Bestandteil des typografischen Kanons, wie etwa die Einführung der gedruckten Foliierung (Foliierung bezieht sich auf die Nummerierung der Folios oder Blätter auf nur einer Seite, üblicherweise recto, also der Vorderseite eines Blattes, während Paginierung sich auf die fortlaufende Nummerierung jeder Seite bezieht) im Jahr 1470 in einem Buch aus der Druckerei von Arnold Ther Hoernen in Köln.[26] Statt auf dem unteren Rand zu erscheinen, befinden sich die arabischen „Seitenzahlen" hier auf dem rechten Rand etwa auf der Seitenmitte. Die Paginierung wurde erst Mitte des 16. Jhdts. üblich. Register begannen in gedruckten Büchern von 1470 an zu erscheinen, ein Beispiel findet sich in den *Epistolae* („Briefen") des Hl. Hieronymus, gedruckt von einem der frühesten Drucker Roms, Sixtus Riessinger, einem Priester aus Straßburg.[27] Gedruckte Kolumnentitel erschienen erstmals 1493 in einer Ausgabe der *Philosophia pauperum* des universell gebildeten Philosophen und Theologen des 13. Jhdts. Albertus Magnus, gedruckt in Brescia von Baptista Farfengus, einem Priester und Doktor des Kirchenrechts.[28] Die ersten Errata erschienen im Jahr 1478 in einem von Gabriele di Pietro in seiner Druckerei in Venedig gedruckten Buch, eine Besonderheit, die ab den 1490er Jahren mit zunehmender Regelmäßigkeit zu beobachten war.[29] Dasselbe Jahr sah die Veröffentlichung von Rufinus' Kommentar zum apostolischen Glaubensbekenntnis, *Expositio symboli apostolorum*, dem allerersten Buch, das aus der ersten Druckerpresse Oxfords hervorging.[30]

Die erste mechanisierte Druckerpresse war Friedrich Koenigs dampfbetriebene Zylinderdruckmaschine, die erstmals von der Tageszeitung *The Times* im Jahr 1814 benutzt wurde. Nach nur einem halben Jahrzehnt druckten Rotationspressen 10.000 Zeitungen pro Stunde. Dann wurden Schriftguss und Schriftsatz mechanisiert mit der Einführung des Pianotyps im Jahr 1840, einem Vorläufer der Linotype- und Monotype-Setzmaschinen. Die Mitte des 20 Jhdts. brachte das Ende der Vorherrschaft des Hochdrucks mit der Einführung der Offsetlithografie, des Fotosatzes und, in den 1980er Jahren angelangt, des Digitalsatzes mit Schriften in Form von Software.

„Überlebensraten"

Geschätzte 30.000 Ausgaben wurden während der Wiegendruckzeit hergestellt, in Millionen von Exemplaren.[31] Die Überlebensrate von Inkunabeln wurde von einer Vielzahl von Faktoren beeinflusst. Wie wir gesehen haben, haben Grammatiken zumeist nur in Fragmenten überdauert, was ihrem täglichen und unerbittlichen Gebrauch durch Kinder geschuldet war. Als Auftragsarbeiten entstandene kostspielige Ausgaben von Stundenbüchern hingegen haben tendenziell in recht großer Zahl überlebt, sie blieben erhalten aufgrund ihres Werts und ihrer Schönheit. Die Auflagenzahlen steigerten sich beständig – von schätzungsweise zwei- bis dreihundert in den 1460er Jahren bis hin zu Ausgaben, bei denen diese Zahl manchmal in die Tausende ging, gegen Ende des 15. Jhdts. Von Hartmann Schedels großartigem Kompendium, der *Nürnberger Chronik* (siehe S. 130), ist uns die größte Anzahl an Exemplaren erhalten geblieben. Allein etwa 1.200 sind es von der lateinischen Ausgabe. Andere Werke wären uns unbekannt, hätte nicht gegen jede Wahrscheinlichkeit ein einzelnes Blatt oder ein Bruchstück davon überlebt – viele wurden oftmals erst Jahrhunderte später im Einbandmaterial anderer Bücher entdeckt, für das sie wiederverwendet worden waren. Es wurden sogar auf diese Weise gebrauchte Seiten der Gutenberg-Bibel aufgefunden, und zwar sowohl von Pergament- als auch von Papierexemplaren.[32]

Zu Recht verbinden wir den Zugang zu Büchern mit bestimmten Freiheiten – Freiheiten, die über den Bereich von intellektueller Unabhängigkeit und Wissbegierde hinausgehen. Die Reformation, die Aufklärung und die Wissenschaftliche Revolution wurden angetrieben vom gedruckten Wort. Dank des Buchs haben Autoren von der Antike bis hinein in die Gegenwart eine Stimme, die vernehmlich genug ist, um weltweit gehört zu werden, jetzt und von kommenden Generationen. Männer und Frauen haben ihr Leben riskiert und hingegeben für Bücher, sie wurden neben ihnen auf dem Scheiterhaufen verbrannt oder wegen ihres Besitzes erschossen. Aber das Buch hat puritanische Fanatiker, Despoten und Diktatoren überlebt. Ob auf einer Handpresse oder einer mechanischen Presse gedruckt, oder auch in Form von Millionen von Pixeln auf dem Bildschirm hat das gedruckte Buch triumphiert – von den allerersten Ausgaben aus der Mitte des 15. Jhdts. bis zu den heutigen, wie etwa dem Buch, an dessen Ende Sie soeben angelangt sind.

Glossar

à la poupée (**Tintenauftrag**) das selektive Aufbringen von mehr als einer Farbe auf eine einzelne Druckoberfläche. Aus dem Französischen („mit einer Puppe"), was das ballförmige Stoffknäuel beschreibt, das verwendet wird, um die Tafel einzufärben.

Bastarda gehört zu den gotischen Schriften, weniger stark formalisiert als die *Textualis formata*. Der Name verweist auf ihre hybride Abkunft von formalisierten, kalligrafischen Buchschriften und kursiven gotischen Schriftarten.

Druckform die in einem rechteckigen Schließrahmen gehaltenen zu druckenden Elemente (bewegliche Lettern plus andere Komponenten wie Holzstöcke).

Folio ein relativ großes Buchformat, bei dem das Papier einmal gefaltet wird, um zwei Blätter bzw. vier Seiten entstehen zu lassen.

Frontispiz Der Titelseite eines Buchs gegenüberliegende Illustration.

gotisch ein generischer Begriff für eine Schriftenfamilie, die sich vom 12. Jhdt. an entwickelt hat und gekennzeichnet ist durch ihre gebrochenen Rundungen und ein schmales Schriftbild. Im 16. Jhdt. wurden gotische Schriften zunehmend von Antiqua-Typen verdrängt.

Halbunziale eine Majuskelschrift, die in Europa vom 3. bis zum 8. Jhdt. verwendet wurde und normalerweise ohne Wortabstände geschrieben wird.

Handgießinstrument eine anpassbare Form für den Guss von Lettern.

Historisierte Initiale ein ausgeschmückter oder gemalter Großbuchstabe oder eine Initiale, der oder die ein (oft die Erzählung illustrierendes) Bild enthält. In der Typografie erschienen sie erstmals in einigen Exemplaren der Gutenberg-Bibel.

Hochdruck eine Drucktechnik, bei der die nichtdruckenden Flächen aus dem Druckträger geschnitten werden, wodurch die erhabenen Bereiche stehen bleiben und eingefärbt und gedruckt werden können (z.B. im Buchdruck).

Illumination ursprünglich das Aufbringen von Gold oder Silber in einer Handschrift oder einem Buch. Bezeichnet heute im weiteren Sinne jede farbige Ausschmückung, die den Text ergänzt.

Intagliodruck eine Drucktechnik, bei der ein Entwurf in die Oberfläche einer Druckplatte gestochen oder geätzt wird (z.B. Kupferstich und Radierung). Nur die Tusche, die die Rillen füllt, wird gedruckt (etwa auf der Oberfläche der Platte verbleibende Tusche wird vorsichtig entfernt). Vom Italienischen *intagliare*, mit der Bedeutung „stechen" oder „schneiden".

Justieren das Versäubern, das Ausrichten an einer einheitlichen Basislinie und das Begradigen der in einer Gussform verwendeten Matritze zum Gießen von Metall-Lettern.

karolingische Minuskel ein Produkt der karolingischen Renaissance, gefördert von Karl dem Großen: eine Schrift, die erstmals gegen Ende des 8. Jhdts. erschien und sowohl Groß- als auch Kleinbuchstaben enthält. Üblicherweise mit Wortabständen geschrieben.

Kolophon eine normalerweise am Ende eines Buchs oder einer Handschrift erscheinende Inschrift, die Informationen über dessen bzw. deren Herstellung (Druckvermerk) enthält. Vom griechischen *kolophon*, was so viel bedeutet wie „Spitze" oder „Ende".

Majuskel ein großer Buchstabe. In der Typografie ein Großbuchstabe. Vom Lateinischen *majusculus*, mit der Bedeutung „größer" oder „recht groß".

Matrize ein flacher Metallkörper (eine Art Pressform), von dem ausgehend ein einzelner metallener Schriftkegel gegossen wird. Formal auch verwendet zur Beschreibung eines jeglichen Blocks oder jedweder Platte, von dem bzw. der ein Abdruck gewonnen wird.

Minuskel ein kleiner Buchstabe. In der Typografie ein Kleinbuchstabe. Vom Lateinischen *minusculus*, mit der Bedeutung „kleiner" oder „recht klein".

Oktavo (Oktavformat) ein Buchformat, bei dem das Papier dreimal gefaltet wird, so dass acht Blätter oder 16 Seiten entstehen.

Punze (Buchstabeninnenraum) der ganz oder teilweise eingeschlossene weiße Raum innerhalb von Buchstabenformen.

Punziereisen ein Metallwerkzeug zum Herstellen von Buchstabeninnenräumen in einem Stempel.

Quarto (Quartformat) das gebräuchlichste Buchformat des 15. Jhdts., bei dem das Papier zweimal gefaltet wird, um vier Blätter oder acht Seiten entstehen zu lassen.

Rotunda eine Form von gotischer Schrift, die zuerst im 13. Jhdt. in Italien und auf der Iberischen Halbinsel auftaucht. Allgemein runder in der Erscheinungsform als die gotischen Schriftformen der *Textualis*.

Rubrizierung ein Vorgang, bei dem Text strukturiert oder ergänzt wird, üblicherweise in roter Farbe. Dazu gehören unter anderem Titel, Aufstriche und Unterstreichungen. Vom lateinischen *rubricare* („rotfärben").

Schriftkegel der physische Körper des gegossenen Einzelbuchstabens.

Standgerechter Druck die korrekte Ausrichtung übereinander zu liegen kommender Teildrucke.

Stempel (Patritze) ein gehärteter Stahlstab, in den an einem Ende reliefartig ein einzelner Buchstabe bzw. eine Glyphe geschnitten bzw. eingeprägt wird. Wird verwendet, um eine Matrize herzustellen.

Stempelschneider ein Graveur, der Stahlstempel zur Herstellung von Metall-Lettern fertigte.

Stichel ein spitz zulaufendes Metallwerkzeug, u.a. zum Gravieren von Stempeln, die für die Herstellung der Lettern verwendet werden.

Textualis die im Mittelalter am weitesten verbreitete gotische Schrift, üblicherweise verwendet in England, Frankreich, Deutschland, den Niederlanden, Mittel- und Osteuropa sowie Skandinavien.

Textualis formata **(oder** *Textura***)** eine eng laufende, kontrastreiche gotische Schrift mit kurzen An- und Abstrichen, charakteristisch sind die geraden Striche und gebrochenen Bögen.

Unziale eine Majuskelschrift, die in Europa vom 4. bis zum 8. Jhdt. verwendet wurde und normalerweise ohne Wortabstände geschrieben wird.

Abkürzungen

Bod-inc	*A Catalogue of Books Printed in the Fifteenth Century now in the Bodleian Library*, 6 Bde. Oxford, 2005, http://incunables.bodleian.ox.ac.uk
CERL	Consortium of European Research Libraries, www.cerl.org
EDIT 16	Censimento nazionale delle edizioni italiane del xvi secolo (Zensus italienischer Buchausgaben des 16. Jhdts.), http://edit16.iccu.sbn.it/
ESTC	English Short Title Catalogue, http://estc.bl.uk
GW	Gesamtkatalog der Wiegendrucke, http://gesamtkatalogderwiegendrucke.de/
ISTC	Incunabula Short Title Catalogue, http://data.cerl.org/istc
USTC	Universal Short Title Catalogue, www.ustc.ac.uk
VD 16	Verzeichnis der im deutschen Sprachbereich erschienenen Drucke des 16. Jahrhunderts (VD 16), www.vd16.de

Anmerkungen

Einleitung

1. Stanley Morison, *Selected Essays on the History of Letter-forms in Manuscript and Print*, Cambridge University Press, Cambridge, 2009, S. 25.
2. D. McKitterick, „The Beginning of Printing", in *The New Cambridge Medieval History*, Bd. 7: *c. 1415–c. 1500*, hrsg. v. C. Allmand, Cambridge University Press, Cambridge, 2004, S. 287–98, S. 298.
3. E.L. Eisenstein, *The Printing Press as an Agent of Change*, Cambridge University Press, Cambridge, 1979; und E.L. Eisenstein, *Die Druckerpresse: Kulturrevolutionen im frühen modernen Europa*, übers. v. Horst Friessner, Springer, Wien und New York, 1997, Kap. 5, „Die immerwährende Renaissance", S. 101–33.
4. Jacques Verger, „Schools and Universities", in *The New Cambridge Medieval History*, Bd. 7: *c. 1415–c. 1500*, Cambridge University Press, Cambridge, 1998, S. 220–24, S. 226; und E. Buringh und J.L. Van Zanden, „Charting the ‚Rise of the West': Manuscripts and Printed Books in Europe, a Long-Term Perspective from the Sixth through Eighteenth Centuries", *Journal of Economic History*, 69(2), 2009, S. 409–45, Tab. 1, S. 416, und Tab. 2, S. 417. Siehe auch Eltjo Buringh, *Medieval Manuscript Production in the Latin West*, Brill, Leiden und Boston, 2011, Tab. 5.6, S. 262. Zur exhaustiven quantitativen und qualitativen Abstützung dieser Zahlen siehe Kap. 6, S. 315–95
5. Christopher de Hamel, *A History of Illuminated Manuscripts*, Phaidon, London, 1994, S. 130–32.
6. Paul Needham, „Prints in the Early Printing Shops", in *The Woodcut in Fifteenth-Century Europe*, hrsg. v. P. Parshall, National Gallery of Art, Washington, DC, 2009, S. 39–91, S. 41.
7. C. McEvedy und R. Jones, *Atlas of World Population History*, Viking, New York, 1978, S. 26.
8. Vgl. Margaret Smith, „The Design Relationship Between the Manuscript and the Incunable", in *A Millennium of the Book: Production, Design & Illustration in Manuscript & Print 900–1900*, hrsg. v. M. Harris und R. Myers, St Paul's Bibliographies, Oak Knoll Press, New Castle, DE, 1994, S. 23–44.
9. Albert Derolez, *The Palaeography of Gothic Manuscript Books: From the Twelfth to the Early Sixteenth Century*, Cambridge University Press, Cambridge, 2003, S. 102–22.
10. B.L. Ullman, *The Origin and Development of Humanistic Script*, Edizioni di Storia e Letteratura, Rom, 1960, S. 134.
11. Die Daten stammen aus der ISTC-Datenbank, http://data.cerl.org/istc/. Es handelt sich um ungefähre Zahlen.
12. Erasmus von Rotterdam, *Adagia*, Lateinisch-Deutsch, Reclam, Stuttgart, 2012, S. 193.
13. Nach Martin Lowry, *The World of Aldus Manutius: Business and Scholarship in Renaissance Venice*, Cornell University Press, Ithaca, NY, 1979, S. 8. Für weitere Ausführungen zu Hervagius vgl. Peter G. Bietenholz (Hrsg.), *Contemporaries of Erasmus: A Biographical Register of the Renaissance and Reformation*, University of Toronto Press, Toronto, 2003, S. 186–87.
14. Foligno, 11. April 1472; ISTC: id00022000; Bod-inc: d-007. Gedruckt in einer relativ großen und etwas eigenwilligen, wenn auch dem Auge durchaus nicht unangenehmen

Antiqua-Schrift. Vgl. auch Lucien Febvre und Henri-Jean Martin, *The Coming of the Book: The Impact of Printing 1450–1800*, Verso, New York, 1976, S. 168–69.

15 Brian Richardson, *Printing, Writers and Readers in Renaissance Italy*, Cambridge University Press, Cambridge, 1999, S. 60.
16 Angela Nuovo, *The Book Trade in the Italian Renaissance*, Brill, Leiden und Boston, 2013, S. 25.
17 Federicus de Comitibus war auch bekannt als Federico del Conte di Verona. Victor Scholderer, *Gutenberg-Jahrbuch*, 1932, S. 110–13 (wieder abgedruckt in V. Scholderer, *Fifty Essays in Fifteenth- and Sixteenth-Century Bibliography*, Menno Hertzberger and Co., Amsterdam, 1966, S. 131–34).
18 *La Commedia,* 18. Juli 1472; ISTC: id00024000.
19 P. Dijstelberge und A.R.A. Croiset van Uchelen (Hrsg.), *Dutch Typography in the Sixteenth Century: The Collected Works of Paul Valkema Blouw*, Brill, Leiden und Boston, 2013, S. 68; und C. Clair, *Christopher Plantin*, Cassell, London, 1960, S. 49.
20 Stephan Füssel, *Gutenberg und seine Wirkung*, WBG, Darmstadt, 2004, S. 16.
21 Robert Bringhurst, *The Elements of Typographic Style*, Hartley & Marks, Dublin, 2005, S. 11.

Prototypografen

1 John Milton, *Aereopagitica. Eine Rede für die Pressefreiheit an das Parlament von England 1644. Aus dem Englischen übersetzt von Richard Roepell*, Boer, Grafrath, S. 12.
2 Für weitere Informationen zu handschriftlichen Ablassbriefen siehe K.M. Rudy, „Indulgences", in K.M. Rudy, *Rubrics Images and Indulgences in Late Medieval Netherlandish Manuscripts*, Brill, Leiden und Boston, 2016, S. 30–51; J.A. Hobson, *God and Mammon: The Relations of Religion and Economics*, Routledge Revivals, New York, 2011, S. 18; Jan van Herwaarden, *Between Saint James and Erasmus: Studies in Late-Medieval Religious Life – Devotion and Pilgrimage in the Netherlands*, Brill, Leiden und Boston, 2003, S. 108–09. Für Informationen über die Auflagenstärke siehe Janet Ing, „The Mainz Indulgences of 1454/5: A Review of Recent Scholarship", *British Library Journal*, 9(1), 1983, S. 14–31, S. 29–30, Anm. 19. Zwischen 1498 und 1500 wurde ein Drucker in Barcelona mit dem Druck von etwa 200.000 Ablassbriefen beauftragt. Siehe A. Pettegree, *The Book Trade in the Renaissance*, Yale University Press, New Haven, CT, 2010, S. 94.
3 Siehe Kenneth M. Setton, *The Papacy and the Levant, 1204–1571*, Bd. 2: *The Fifteenth Century*, American Philosophical Society, Philadelphia, 1976, S. 158 und Anm. 65.
4 Das früheste erhalten gebliebene handgeschriebene Exemplar der Zyprischen Ablassbriefe datiert vom 4. Januar 1454. Siehe Ernst Braches und Anna E.C. Simoni, „Gutenberg's ‚scriptorium'", *Quaerendo*, 21(2), 1991, S. 83–98, S. 94. R.W. Shaffern, „The Medieval Theology of Indulgences", in R.N. Swanson (Hrsg.), *Promissory Notes on the Treasury of Merits: Indulgences in Late Medieval Europe*, Brill, Leiden und Boston, 2006, S. 11–36, S. 12.
5 Paul Needham, „Copy-specifics in the Printing Shop", in *Early Printed Books as Material Objects*, hrsg. v. B. Wagner und M. Reed, De Gruyter Saur, Berlin und New York, 2010, S. 9–20.
6 Siehe Füssel, *Gutenberg und seine Wirkung*, S. 22; und Stan Knight, *Historical Types from Gutenberg to Ashendene*, Oak Knoll Press, New Castle, DE, 2012, S. 14–15, S. 27. Nicolas Barker behauptet auch das Involviertsein von Nikolaus von Kues: N. Barker, „Aldus Manutius: Mercantile Empire of the Intellect", *Occasional Papers*, 3, UCLA, Los Angeles, 1989, S. 1–25, S. 13–14. Siehe auch die ausgezeichnete Zusammenfassung bei Ing, „The Mainz indulgences of 1454/5", S. 14–31.
7 Aus Norman Housley, „Indulgences for Crusading, 1417–1517", in *Promissory Notes on the Treasury of Merits: Indulgences in Late Medieval Europe*, hrsg. v. R.N. Swanson, Brill, Leiden und Boston, 2006, S. 278.

8 Siehe H.D.L. Vervliet, „Gutenberg or Diderot: Printing as a Factor in World History", *Quaerendo,* 8(1), 1978, S. 3–28, S. 22–23.
9 Z.B. ISTC: id00316450.
10 G.D. Painter, „Gutenberg and the B36 Group. A Re-consideration", in *Essays in Honour of Victor Scholderer,* hrsg. v. D.E. Rhodes und Karl Pressler, Mainz, 1970, S. 292–322, S. 297.
11 ISTC: it00503500. Simon Eckehard, *The „Türkenkalender" (1454) Attributed to Gutenberg and the Strasbourg Lunations Tracts,* Medieval Academy of America, Cambridge, MA, 1988.
12 Das Fragment ist auch bekannt als *Fragment vom Weltgericht;* ISTC: is00492500. Siehe D.C. McTurtie, *Some Facts Concerning the Invention of Printing,* Chicago Club of Printing House Craftsmen, 1939. Siehe auch Margaret B. Stillwell, *The Beginning of the World of Books, 1450 to 1470: A Chronological Survey of the Texts Chosen for Printing During the First Twenty Years of the Printing Art,* Bibliographical Society of America, New York, 1972, S. 3–4; und M.W. Browne, „A Beam of Protons Illuminates Gutenberg's Genius: A New Examination Reveals Details of the Earliest Use of Movable Type", *New York Times,* 12. Mai 1987.
13 Siehe Laura Light, „The Thirteenth Century and the Paris Bible", in *The New Cambridge History of the Bible,* Bd. 2: *From 600 to 1450,* hrsg. v. R. Marsden and E.A. Matter, Cambridge University Press, Cambridge, 2012, S. 380–91. Zu den Unterschieden zwischen Bibeln des 12. und des 13. Jhdts. siehe Christopher de Hamel, *Das Buch: Eine Geschichte der Bibel,* übers. v. M. Bauer und I. Schmidt-Runke, Phaidon, Berlin, 2006, S. 114. Zu Stephen Langton vgl. jedoch Paul Saenger, „The Twelfth-century Reception of Oriental Languages and the Graphic *Mise en Page* of Latin Vulgate Bibles Copied in England", in *Form and Function in the Late Medieval Bible,* hrsg. v. E. Poleg und L. Light, Brill, Leiden und Boston, 2013, S. 31–66, der diese Neuerung nicht Langton in Paris, sondern einem Benediktinerkloster in Saint Albans, England, nach ca. 1180 zuschreibt (S. 31). Zur Form der Bibel vom frühen 13. Jhdt. an siehe E. Poleg und L. Light (Hrsg.), *Form and Function in the Late Medieval Bible.* Zur Bibel im 15. Jhdt. siehe Paul Needham, „The Changing Shape of the Vulgate Bible in Fifteenth-Century Printing Shops", in *The Bible as Book: The First Printed Editions,* hrsg. v. Paul Saenger und Kimberley van Kampen, British Library, London, 1999, S. 53–70; und Kristian Jensen, „Printing the Bible in the Fifteenth Century: Devotion, Philology and Commerce", in *Incunabula and their Readers: Printing, Selling and Using Books in the Fifteenth Century,* hrsg. v. K. Jensen, British Library, London, 2003, S. 115–38.
14 A. Pettegree, „Publishing in Print: Technology and Trade", in *The New Cambridge History of the Bible,* Bd. 3: *From 1450 to 1750,* hrsg. v. E. Cameron, Cambridge University Press, Cambridge, 2016, S. 159–86.
15 Paul Needham, „The Paper Supply of the Gutenberg Bible", *Papers of the Bibliographical Society of America,* 79, 1985, S. 303–74. Siehe R.N. Schwab, T.A. Cahill, A. Thomas, B.H. Kusko und D.L. Wick, „Cyclotron Analysis of the Ink in the 42-Line Bible", *Papers of the Bibliographical Society of America,* 77(3), 1983, S. 285–315; und R.N. Schwab, T.A. Cahill, R.A. Eldred, B.H. Kusko und D.L. Wick, „New Evidence on the Printing of the Gutenberg Bible: The Inks in the Doheny Copy", *Papers of the Bibliographical Society of America,* 79, 1985, S. 375–410. R.N. Schwab, „New Clues About Gutenberg in the Huntington 42-line Bible: What the Margins Reveal", *Huntington Library Quarterly,* 51(3), 1988, S. 177–210; speziell zu den Punkturen siehe S. 182–93.
16 Zit. n. Meuthen, Erich, „Ein neues frühes Quellenzeugnis (zu Oktober 1454?) für den ältesten Bibeldruck: Enea Silvio Piccolomini am 12. März 1455 aus Wiener Neustadt an Kardinal Juan de Carvajal". In Gutenberg-Jahrbuch 57 (1982), S. 108–118. Siehe auch Martin Davies, „Juan de Carvajal and Early Printing: The 42-line Bible and the Sweynheym and Pannartz Aquinas", *The Library,* 18(3), 1996, S. 193–215, S. 196.
17 Siehe Setton, *The Papacy and the Levant,* Kap. 5, insb. S. 151–54; und Nancy Bisaha, „Pope Pius II and the Crusade", in N. Housley (Hrsg.), *Crusading in the Fifteenth Century: Message and Impact,* Palgrave Macmillan, New York, 2004, S. 39–52. Zur zweimal jährlich stattfindenden

Frankfurter Messe siehe Pettegree, *The Book Trade in the Renaissance*, S. 78–82; und John L. Flood, „Omnium totius emporiorum compendium: The Frankfurt Fair in the Early Modern Period", in *Fairs, Markets and the Itinerant Book Trade*, hrsg. v. R. Myers, M. Harris und G. Mandelbrote, Oak Knoll, New Castle, DE, 2007, S. 10.

18 Siehe Davies, „Juan de Carvajal and Early Printing", S. 199.
19 Füssel, *Gutenberg und seine Wirkung*, S. 15.
20 Siehe Needham, „Copy-specifics in the Printing Shop", S. 17. Zum Text der *tabula rubricarum* der 42-zeiligen Bibel siehe den Anhang „The Text of the Rubric Table" in Paul Needham, „A Gutenberg Bible Used as Printer's Copy by Heinrich Eggestein in Strasbourg, ca. 1469", *Transactions of the Cambridge Bibliographical Society*, 9, 1986, S. 36–75, S. 71–72.
21 Siehe Needham, „Copy-specifics in the Printing Shop", S. 13–17.
22 Paul Needham, „Division of Copy in the Gutenberg Bible: Three Glosses on the Ink Evidence", *Papers of the Bibliographical Society of America*, 79, 1985, S. 411–26, S. 425 und Anm. 10. Die Worttrennungen über Spaltengrenzen hinweg befinden sich in Bd. 1, 310r und Bd. 2, 276r.
23 Füssel, *Gutenberg und seine Wirkung*, S. 15.
24 In letzter Zeit von McCarthy in Zweifel gezogen, der nahelegt, das Papier der Bibel sei andernorts, im Herzogtum Savoyen oder in Basel hergestellt worden. Siehe Isabel Feder McCarthy, „Ad Fontes: A New Look at the Watermarks on Paper Copies of the Gutenberg Bible", *The Library*, 17(2), 2016, S. 115–37.
25 Needham, „The Paper Supply of the Gutenberg Bible", S. 303–74.
26 Füssel, *Gutenberg und seine Wirkung*, S. 20–21. Siehe auch Mary Kay Duggan, „Bringing Reformed Liturgy to Print at the New Monastery at Marienthal", *Church History and Religious Culture*, 88, 2008, S. 415–36, S. 416 Anm. 1; und Leonhard Hoffmann, „Der Preis der Gutenberg-Bibel. Zum Kauf der ‚Biblia de molde grande' in Burgos. In Memoriam Horst Kunze", *Gutenberg-Jahrbuch*, 2002, S. 50–56. Zu Gutenbergs Solvenz beim Bruch mit Fust siehe Stillwell, *The Beginning of the World of Books, 1450 to 1470*, S. 85.
27 Band 1: Arch. B b.10; Band 2: Arch. B b.11.
28 Die Informationen zur Provenienz wurden der Datenbank MEI (Material Evidence in Incunabula) entnommen, die von CERL betrieben und gepflegt wird: http://data.cerl.org/mei/.

Stempelschneiden, justieren, gießen

1 Aus dem Kolophon der Mainzer Erstausgabe des *Catholicon*, 1460. Zit. n. Michael Giesecke, Der Buchdruck in der Frühen Neuzeit. Eine historische Fallstudie über die Durchsetzung neuer Informations- und Kommunikationstechnologien, Suhrkamp, Frankfurt, 2006, S. 142. Vgl. auch John L. Flood, „Nationalistic Currents in Early German Typography", *The Library*, 6. Serie, 15(2), Juni 1993, S. 131.
2 Sohn Pow-Key, „Printing Since the 8th Century in Korea", *Koreana*, 7(2), Sommer 1993, S. 4–9; und „Early Korean Printing", *Journal of the American Oriental Society*, 79(2), 1959, S. 96–103, S. 103.
3 Füssel, *Gutenberg und seine Wirkung*, S. 10.
4 Siehe Warren Chappell, *A Short History of the Printed Word*, Hartley & Marks, 1999, S. 43–57.
5 Fred Smeijers, *Counterpunch: Making Type in the Sixteenth Century, Designing Typefaces Now*, Hyphen Press, London, 1996, S. 124–25.
6 Ibid., S. 120–22, insb. Abb. 15.2. Siehe auch Harry Carter, *A View of Early Typography up to about 1600*, Oxford University Press, Oxford, 1969, S. 9.
7 Eine solche Gussform wird erstmals detailliert 1683 in Joseph Moxon's *Mechanick Exercises* beschrieben. Zu weiteren Einzelheiten vgl. die annotierte Ausgabe von Herbert Davis und

Harry Carter, Oxford University Press, London, 1958; und Alan May, „Making Moxon's Type-mould", *Journal of the Printing Historical Society*, 22, Frühjahr 2015, S. 5–22 für einen faszinierenden und informativen Bericht über den Versuch einer modernen Rekonstruktion.

8 Dazu, ob die allerersten Drucker, und unter ihnen Gutenberg, Metallmatrizen oder temporäre Matrizen (z.B. Guss in Sand) verwendeten, siehe Blaise Aguera y Arcas, „Temporary Matrices and Elemental Punches in Gutenberg's DK type", in *Incunabula and Their Readers: Printing, Selling and Using Books in the Fifteenth Century*, hrsg. v. Kristian Jensen, British Library, London, 2003, S. 1–12. Siehe auch die überzeugenden Argumente für beständige Matrizen bei Stephen Pratt, „The Myth of Identical Types: A Study of Printing Variations from Handcast Gutenberg Type", *Journal of the Printing Historical Society*, Neue Serie, 6, 2003, S. 7–17.

9 Füssel, *Gutenberg und seine Wirkung*, S. 12, S. 15.

10 Rolf Schmidt, „Die Klosterdruckerei von St. Ulrich und Afra in Augsburg (1472 bis 1474)", *Augsburger Buchdruck und Verlagswesen von den Anfängen bis zur Gegenwart*, hrsg. v. Helmut Gier und Johannes Janota, Harrassowitz, Wiesbaden, 1997, S. 141–53.

11 Derolez, *The Palaeography of Gothic Manuscript Books*, S. 73, 101.

12 Zu den Ursprüngen der gotischen Kursive und der *Bastarda* in Handschriften siehe B. Bischoff, *Latin Palaeography: Antiquity and the Middle Ages*, Cambridge University Press, Cambridge, 1990, S. 136–45. Zu den zwei Schrifttypen für Ablässe siehe Ing, „The Mainz Indulgences of 1454/5", S. 18–19.

13 ISTC: is00492500. George D. Painter schloss, „grundlegende Unvollkommenheiten" in der Schrift des *Sibyllenbuch*-Fragments würden darauf hinweisen, dass es das früheste der in der DK-Type gedruckten Fragmente sei; siehe Stillwell, *The Beginning of the World of Books, 1450 to 1470*, S. 4. Ähnlich beschreibt Paul Needham die DK-Type der frühesten Ausgaben des Donatus und des *Sibyllenbuch*-Fragments als „auffällig roh und unvollendet im Zustand"; siehe Parshall, *The Woodcut in Fifteenth-Century Europe*, S. 43.

14 ISTC: ib00527000. Zur Identifikation des Druckers und zur Entwicklung der DK-Type siehe Painter, „Gutenberg and the B36 Group. A Reconsideration", S. 292–322. Von 1461 an verwendete Albrecht Pfister in Bamberg die B36-Type.

15 *Vocabularius ex quo*, Eltville: [Nikolaus Bechtermünz], 12. März 1472, ISTC: iv00361900; und Thomas von Aquins *De articulis fidei et ecclesiae sacramentis*, [Eltville: Nikolaus Bechtermünz, zwischen Juni 1469 und März 1472], ISTC: it00272800.

16 Ein Ablassbrief, um für den Krieg gegen die Ottomanen und für die Verteidigung von Rhodos zu werben; ISTC: ij00273260.

17 ISTC: im0008293.

18 Braches, „Gutenberg's ‚scriptorium'", S. 95 Anm. 43 und 44.

19 D. Ganz, „Book Production in the Carolingian Empire and the Spread of Caroline Minuscule", in *The New Cambridge Medieval History*, Bd. 2: *c. 700–c. 900*, hrsg. v. R. McKitterick, Cambridge University Press, Cambridge, 1995, S. 786–808.

20 Erik Kwakkel, „Kissing, Biting and the Treatment of Feet: The Transitional Script of the Long Twelfth Century", in *Turning Over a New Leaf: Change and Development in the Medieval Book*, hrsg. v. Erik Kwakkel, Rosamond McKitterick und Rodney Thomson, Leiden University Press, Leiden, 2012, S. 79–126.

21 Siehe Derolez, *The Palaeography of Gothic Manuscript Books*, S. 68.

22 Stan Knight umreißt vier Grundprinzipien, die die Entwicklung der Schriften beeinflussen. Siehe *Historical Scripts: from Classical Times to the Renaissance*, Oak Knoll Press, New Castle, DE, 2009, S. 9–11.

23 „Die Humanistische Schrift wurde demnach von Coluccio Salutati inspiriert, von Poggio Bracciolini erfunden, von Niccolo Niccoli gefördert, von den Medici bevorzugt…": Ullman, *The Origin and Development of Humanistic Script*, S. 134.

24 Jacob Burckhardt, *Die Kultur der Renaissance in Italien: Ein Versuch*, Fischer, Frankfurt a.M., 2009, S. 193.

25 „…Conradus Sweynheym et Arnoldus Pannartz clerici Maguntine et Coloniensis diocesis…": Scholderer, *Fifty Essays in Fifteenth- and Sixteenth-Century Bibliography*, S. 72. Päpstliche Aufzeichnungen bestätigen diese Provenienz: „…den päpstlichen Registern hervorgeht Pannartz als Inhaber einer Altarstelle am Dom von Köln, die er vertreten lassen konnte, Sweynheym als Inhaber einer Präbende an St. Viktor vor Mainz": Uwe Israel, „Romnähe und Klosterreform oder: Warum die erste Druckerpresse Italiens in der Benediktinerabtei Subiaco stand", *Archiv für Kulturgeschichte*, 88, 2006, S. 284.

26 G.D. Hargreaves, „Florentine Script, Paduan Script, and Roman Type", *Gutenberg-Jahrbuch*, 1992, S. 22 Anm. 24.

27 Stanley Morison, „Early Humanistic Script and the First Roman Type", *The Library*, 24(1–2), 1943, S. 1–29, S. 21.

28 Lotte Hellinga, *Texts in Transit: Manuscript to Proof and Print in the Fifteenth Century*, Brill, Leiden und Boston, 2014, S. 157, 166–67.

29 Aus Lotte Hellinga, „The Rylands Incunabula: An International Perspective", *Bulletin du bibliophile*, 1, 1989, S. 34–52, S. 48–49.

30 ISTC: ip00147000.

31 Siehe A. Hind, *An Introduction to a History of Woodcut*, Bd. 1, Dover-Reprint, New York, 1963, S. 193–94; K. Haebler, *Die italienischen Fragmente vom Leiden Christi, das älteste Druckwerk Italiens*, J. Rosenthal, München, 1927; und Parshall, *The Woodcut in Fifteenth-Century Europe*, S. 69–70. Für eine Zusammenschau der Argumente siehe Christie's, King Street, London, Sale 6055, 23. November 1998, lot 18, https://goo.gl/yruldn.

Die Heilige Katharina und die Piraten

1 Aus der Widmung von Aldus Manutius' Juvenal von 1501, gerichtet an seinen Freund Scipio Carteromachus. Siehe Daniel Berkeley Updike, *Printing Types, Their History, Forms and Use: A Study in Survivals*, Bd. 1, Harvard University Press, Cambridge, MA, 1937, S. 126.

2 Siehe Martin Davies, *Aldus Manutius: Printer and Publisher of Renaissance Venice*, British Library, London, 1995, S. 13

3 *Institutiones grammaticae*, ISTC: im00226500. Siehe Lamberto Donati (Hrsg.), *Miscellanea bibliografica in memoria di don Tommaso Accurti*, Bd. 15–16, Edizioni di Storia e Letteratura, Rom, 1947, S. 193–203.

4 ISTC: ic00767000. Für weitere Details zu diesem ungewöhnlichen Buch siehe H. Szepe, „Desire in the Printed Dream of Poliphilo", *Art History*, 19(3), 1996, S. 370–92.

5 Siehe Davies, *Aldus Manutius*, S. 46. Zu den Vergleichskosten und denen pro Blatt siehe Stanley Boorman, *Ottaviano Petrucci: Catalogue Raisonné*, Oxford University Press, Oxford, 2005, S. 355, insb. Tab. 10–12.

6 ISTC: IC00281000; Bod-inc C-120.

7 Siehe A.C. de la Mare und Laura Nuvolonis exzellentes Werk *Bartolomeo Sanvito: The Life and Work of a Renaissance Scribe*, Association Internationale de Bibliophilie, London, 2009; für ein Beispiel von Sanvitos humanistischer Kursive siehe James Wardrop, *The Script of Humanism, Some Aspects of Humanistic Script, 1460–1560*, Clarendon Press, Oxford, 1963, Abb. 38.

8 Siehe L.V. Gerulaitis, *Printing and Publishing in Fifteenth-Century Venice*, American Library Association, Chicago, 1976, S. 40, 44.

9 Siehe Will Kemp, „Counterfeit Aldines and Italic-Letter Editions Printed in Lyons 1502–1510: Early Diffusion in Italy and France", *Papers of The Bibliographical Society of Canada*, 35(1), 1997; und David Shaw, „The Lyons Counterfeit of Aldus's Italic Type: A New Chronology", in *The Italian Book 1465–1800*, hrsg. v. Denis V. Reidy, British Library, London, 1993, S. 117–33; und H. George Fletcher, *In Praise of Aldus Manutius: A Quincentenary Exhibition*, Ausstellungskatalog, Pierpont Morgan Library, New York, 1995, S. 55–59.

10 Siehe „Counterfeit Aldines", S. 56.
11 Paul J. Angerhofer et al., *In Aedibus Aldi: The Legacy of Aldus Manutius and his Press*, Brigham Young University Library, Provo, UT, 1995, S. 2–3.
12 Siehe Lowry, *The World of Aldus Manutius*, S. 156.
13 Der Begriff scheint als „Italico charactere" erstmals von dem Pariser Verleger Denis Roce im Jahr 1512 zur Beschreibung dieser Typen verwendet worden zu sein (auch wenn der Begriff bereits zuvor verwendet worden war – jedoch zur Beschreibung von Antiquaschriften). Siehe H.D.L. Vervliet, *The Palaeotypography of the French Renaissance: Selected Papers on Sixteenth-Century Typefaces*, Bd. 1, Brill, Leiden und Boston, 2008, S. 288.
14 Beispielsweise Granjons First Long Primer Italic von 1545. Siehe ibid., S. 289, 314.
15 Ibid., S. 322.
16 Siehe Kay Amert und R. Bringhurst, *The Scythe and the Rabbit*, RIT Press, Rochester, NY, 2012, S. 21–25.
17 Soncino schreibt Griffo hebräische Typen zu: „un nobilissimo sculptore de littere, graece et hebraice, chiamato M. Francesco, da Bologna": G. Manzoni, *Annali tipografici dei Soncino*, Romagnoli, Bologna, 1886, Teil 2, S. 27.
18 Ein in späteren Ausgaben getilgter Lobpreis. Soncino hatte kurze Zeit mit Manutius an einer mehrsprachigen Bibel (Hebräisch, Griechisch und Latein) zusammengearbeitet, die jedoch unglücklicherweise nie in Druck ging.
19 Siehe Davies, *Aldus Manutius*, S. 55.
20 Petrarcas *Canzonier*. USTC: 847791; ibid., S. 52.
21 *De rerum natura*, Januar 1515 (USTC: 838803). Zuvor publiziert im Dezember 1500 von Manutius im Quartformat (ISTC: il00335000; Bod-inc L-184).
22 „Omnis cum in tenebris praesertim vita laboret": Buch II, l. 54.

Allen Widrigkeiten zum Trotz

1 Um Virginia Woolf in *Ein eigenes Zimmer* (Fischer, Frankfurt a. Main, 2018, S. 50) zu paraphrasieren: „Ich würde sogar die Vermutung wagen, dass der Anonymus, der so viele Gedichte schrieb, ohne seinen Namen darunter zu setzen, oft eine Frau war."
2 Sherrill Cohen, *The Evolution of Women's Asylums Since 1500*, Oxford University Press, Oxford, 1992, S. 13; Sherrin Marshall (Hrsg.), *Women in Reformation and Counter-reformation Europe*, Indiana University Press, Bloomington, IN, 1989, S. 170.
3 J.H. Plumb, *The Italian Renaissance*, Houghton Mifflin, Boston und New York, 2001, S. 132.
4 Malcolm Gaskill, *Witchcraft: A Very Short Introduction*, Oxford University Press, Oxford, 2010, S. 76. Manche Autoren führen wesentlich höhere Zahlen an.
5 L. Hurtado und C. Keith, „Book Writing and Production in the Hellenistic and Roman Period", in *New Cambridge History of the Bible: From the Beginnings to 600*, hrsg. v. James Carleton-Paget und Joachim Schaper, Cambridge University Press, Cambridge, 2013, S. 71 Anm. 15.
6 Siehe Alison Beach, *Women as Scribes: Book Production and Monastic Reform in Twelfth-Century Bavaria*, Cambridge University Press, Cambridge, 2004.
7 Martin Lowry, „Aldus Manutius and Benedetto Bordon: In Search of a Link", *Bulletin of the John Rylands University Library of Manchester*, 66, 1984, S. 173–97, S. 186–88.
8 Cynthia J. Cyrus, *The Scribes for Women's Convents in Late Medieval Germany*, Toronto Press, Toronto, Buffalo und London, 2009, S. 55.
9 ISTC: ip01123500.
10 *Behinat Olam*: ISTC: ij00218520; Bod-inc Heb-47. Zur Datierung siehe A.K. Offenberg: „The Chronology of Hebrew Printing at Mantua in the Fifteenth Century: A Re-examination", *Library*, 6. Serie, 16(4), 1994, S. 298–315. Siehe A. Rosenthal, „Some Remarks on ‚The

Daily Performance of a Printing Press in 1476'", *Gutenberg-Jahrbuch*, 1979, S. 39–50, S. 40. Das erste datierte hebräische gedruckte Buch ist Rashis Torah-Kommentar, *Perusch ha-Torah*, 17. Februar 1475 (ISTC: is00625180).

11 Vgl. David Werner Amram, *The Makers of Hebrew Books in Italy: Being Chapters in the History of the Hebrew Printing Press*, Edward Stern and Co. Inc., Philadelphia, PA, 1909, S. 32.

12 Sheila Edmunds, „Anna Rugerin Revealed", *Journal of the Early Book Society for the Study of Manuscripts and Printing History*, 2, 1999, S. 179–81, p. 180.

13 Helen Smith, „‚Print[ing] Your Royal Father Off': Early Modern Female Stationers and the Gendering of the British Book Trades", *Text*, 15, 2003, S. 163–86, S. 163.

14 D. Parker, „Women in the Book Trade in Italy, 1475–1620", *Renaissance Quarterly* 49(3), 1996, S. 509–41, S. 527.

15 Ibid., S. 509.

16 Beech, Beatrice, „Charlotte Guillard: A Sixteenth-Century Business Woman", *Renaissance Quarterly*, 36(3), 1983, S. 345–67.

Vom Blockbuch bis zu Plinius

1 Leonardo da Vinci, *Traktat über die Malerei*, nach der Übersetzung von Heinrich Ludwig neu herausgegeben und eingeleitet von Marie Herzfeld, Eugen Diederichs, Jena 1909, S. 14. Siehe auch Paola Spinozzi, „Interarts and Illustration: Some Historical Antecedents, Theoretical Issues, and Methodological Orientations", *Journal of Illustration Studies*, Dezember 2007, www.jois.ua.no.

2 Zur Datierung von Blockbüchern siehe Nigel F. Palmer, „Junius's Blockbooks: Copies of the ‚Biblia pauperum' and ‚Canticum canticorum' in the Bodleian Library and their Place in the History of Printing", *Renaissance Studies*, 9(2), 1995, S. 137–65.

3 William Young Ottley, *An Inquiry into the Origin and Early History of Engraving upon Copper and in Wood, with an Account of Engravers and Their Works*, John und Arthur Arch, London, 1816, S. 111–37. Zu Büchern, die auf der Handschriftentradition illustrierter Apokalypsen des 10. und 11. Jhdts. basieren, vgl. Suzanne Lewis, *Reading Images: Narrative Discourse and Reception in the Thirteenth-Century Illuminated Apocalypse*, Cambridge University Press, Cambridge, 1995; R.K. Emmerson und Suzanne Lewis, „Census and Bibliography of Medieval Manuscripts Containing Apocalypse Illustrations, Ca. 800–1500: II", *Traditio*, 41, 1985, S. 367–409.

4 Siehe H. Schulz, „Albrecht Pfister and the Nurnberg Woodcut School", *Gutenberg-Jahrbuch*, 1953, S. 39–49.

5 ISTC: ib00974500.

6 Siehe A. Hyatt Mayor, *Prints & People: A Social History of Printed Pictures*, Metropolitan Museum of Art, New York, 1971, S. 24. Siehe auch Samuel Weller Singer, *Researches into the History of Playing Cards*, R. Triphook, London, 1816, S. 23–24.

7 *Apocalypsis cum figuris*, ISTC: ij00226000.

8 USTC: 683073 (VD16: S 4587); Bodleian Library: Douce D subt. 41. Hind, *An Introduction to a History of Woodcut*, 1963, S. 384.

9 Z.B. Bod-inc: B-504, B-506, B-512, B-513.

10 Jonathan J.G. Alexander (Hrsg.), *The Painted Page: Italian Renaissance Book Illumination, 1450–1550*, Prestel, München, 1994, S. 174–76; ISTC: ip00801000; Bod-inc: P-372(2); Arch. G b.6.

Mehrfarbigkeit im Druck

1 Michelangelo zugeschrieben. Zitiert nach R.J. Clements, *Michelangelo's Theory of Art*, New York University Press, New York, 1961, S. 311–12.

2   Zum Beispiel das *Book of the Dead of the Goldworker of Amun, Sobekmose*, ca. 1500–1480 v. Chr. Papyrus, Tusche, Farbe, 35.6 × 744.2 cm. Brooklyn Museum, Charles Edwin Wilbour Fund, 37.1777e.

3   Siehe Bischoff, *Latin Palaeography: Antiquity and the Middle Ages*, S. 187–88.

4   Zu mittelalterlichen Pigmenten, Grundierungen, Bindematerialien und Malpraktiken siehe D. V. Thompson, *The Materials and Techniques of Medieval Painting*, Dover Publications, New York, 1956, insb. S. 74–187 zu Pigmenten und Farben; und Janet L. Ross, *Pigments Used in Late Medieval Western European Manuscript Illumination*, University of Texas Press, Austin, 1971. Siehe auch das monumentale vierbändige Werk, R. Ashok et al., *Artists' Pigments: A Handbook of their History and Characteristics*, 4 Bde., National Gallery of Art, Washington, DC, 1987, 1994, 1997, 2007.

5   Siehe N. Eastaugh, V. Walsh, T. Chaplin und R. Siddall, *Pigment Compendium: A Dictionary of Historical Pigments*, Elsevier, Oxford, 2007, S. 219 (Ultramarin), 233–35 (Bleiweiß), 385 (Mennige), 105 (Zinnober), 285 (Gelbtöne).

6   Siehe Richard S. Field, *Fifteenth-Century Woodcuts and Metalcuts from the National Gallery of Art*, National Gallery of Art, Washington, DC, 1965, S. 71 Anm. 2. Zu Datierung und Provenienz des Buxheimer Hl. Christophorus siehe Hind, *An Introduction to a History of Woodcut*, S. 104–13.

7   Parshall, *The Woodcut in Fifteenth-Century Europe*, S. 300–01.

8   Zum Gebrauch von Pigmenten in Drucken des 15. und 16. Jhdts. siehe Thomas Primeau, „The Materials and Technology of Renaissance and Baroque Hand-Colored Prints", in S. Dackerman, *Painted Prints: The Revelation of Color in Northern Renaissance & Baroque Engravings, Etchings, & Woodcuts*, Penn State Press, University Park, PA, 2002, S. 49–78.

9   Margaret Smith, *The Title-Page: Its Early Development, 1460–1510*, British Library, London, und Oak Knoll Press, New Castle, DE, 2000, S. 36 Anm. 3. Siehe auch Hellmut Lehmann-Haupt, *Peter Schoeffer of Gernsheim and Mainz*, Printing House of L. Hart, Rochester, NY, 1950, S. 53.

10 Siehe Margaret M. Smith, „Red as a Textual Element During the Transition from Manuscript to Print" (Kritischer Essay), *Essays and Studies*, 2010, S. 187–200. Siehe auch Scholderer, *Fifty Essays in Fifteenth- and Sixteenth-Century Bibliography*, S. 265–70. Margaret Smith schätzt (ausgehend von einem recht umfangreichen Beispielmaterial von 4.194 Ausgaben), dass etwa 13,4 % der Inkunabeln in Rot gedruckten Text enthalten. Zählt man Breviere nicht mit, so fällt die Anzahl zwischen 6 und 7 %: Margaret Smith, „From Manuscript to Print: Early Design Changes", in *Archiv für Geschichte des Buchwesens*, hrsg. v. M. Estermann, U. Rautenberg und R. Wittmann, Bd. 59, De Gruyter, Saur, 2005, S. 5 und Anm. 22–23. Siehe auch M. Smith und A. May, „Early Two-Colour Printing", *Bulletin of the Printing Historical Society*, 44, Winter 1997, S. 1–4, S. 1. Margaret Smith, „Patterns of Incomplete Rubrication in Incunables and What They Suggest about Working Methods", in *Medieval Book Production: Assessing the Evidence*, hrsg. v. L. L. Brownrigg, Anderson-Lovelace, Los Altos Hills, CA, 1990, S. 133–46, S. 133.

11 Zur Bedeutung des Hervorhebungscharakters von Rot in Manuskripten siehe Smith, „From Manuscript to Print: Early Design Changes", S. 3–6. „Rot war eine der Grundlagen der textuellen Auszeichnung in Manuskripten, vorhanden selbst im bescheidensten der professionell produzierten Bücher, und oft sogar in jenen, die nicht berufsmäßig produziert worden waren.", S. 4.

12 Ad Stijnman und Elizabeth Savage (Hrsg.), *Printing Colour 1400–1700: Histories, Techniques, Functions and Receptions*, Brill, Leiden und Boston, 2015, S. 24–25.

13 Mayumi Ikeda, „The Fust and Schoffer Office and the Printing of the Two-Coloured Initials in the 1457 Mainz Psalter", in Stijnman und Savage, *Printing Colour 1400–1700*, S. 65–75.

14 Peter Schöffer, *Psalterium Benedictinum cum canticis et hymnis*, Mainz, 31. August 1490. ISTC: ip01062500.

15 Henry Meier, „Woodcut Stencils of 400 Years Ago", *Bulletin of the New York Public Library*, 42,

1938, S. 10–19; wiederabgedruckt ohne Einleitung und Bibliografie, in *Print Collector's Quarterly*, 25(1), 1938, S. 9–31.

16 Zur Geschichte und zum vielfachen späteren Gebrauch von Schablonen in liturgischen Büchern siehe Eva Judd O'Meara, „Notes on Stencilled Choir-Books: With Seven Figures", *Gutenberg-Jahrbuch*, 1933, S. 169–85, S. 170.

17 Thomas Primeau, „Coloring within the Lines: The Use of Stencil in Early Woodcuts", *Art in Print* 3(3), 2013.

18 Zur Rolle des berufsmäßigen Koloristen von Druckwerken, oder *Briefmalers*, siehe Dackerman, *Painted Prints*, S. 17–25; und W. Schreiber, „Die Briefmaler und ihre Mitarbeiter", *Gutenberg-Jahrbuch*, 1932, S. 53–54. Mit der Ausbreitung des Drucks und der damit einhergehenden Zunahme gedruckter Illustrationen nahm die Anzahl der *Briefmaler* zu. „Zwischen etwa 1550 und 1750 waren mindestens 260 *Briefmaler* allein in Augsburg aktiv.": J. Paas, „Georg Kress, a ‚Briefmaler' in Augsburg in the Late Sixteenth and Early Seventeenth Centuries", *Gutenberg-Jahrbuch*, 1990, S. 177.

19 Siehe den Text in Abb. 36.

20 Dackerman, *Painted Prints*, S. 68

21 Elizabeth Savage, „New Evidence of Erhard Ratdolt's Working Practices: The After-life of Two Red Frisket-sheets from the Missale Constantiense (c. 1505)", *Journal of the Printing Historical Society*, Frühjahr 2015, S. 81–97; und Elizabeth Upper, „Red Frisket Sheets, c. 1490–1700: The Earliest Artifacts of Color Printing in the West", *Papers of the Bibliographical Society of America*, 108(4), 2014, S. 477–522.

22 Siehe Joseph A. Dane, „An Early Red-Printed Correction Sheet in the Huntington Library", *Papers of the Bibliographical Society of America*, 110(2), 2016, S. 227–36, S. 231.

23 ISTC: ib00296700; siehe A. Stijnman und E. Upper, „Color Prints before Erhard Ratdolt: Engraved Paper Instruments in Lazarus Beham's *Buch von der Astronomie* (Köln: Nicolaus Götz, c. 1476)", *Gutenberg-Jahrbuch*, 2014, S. 86–105.

24 Siehe A. Stijnman und E. Savage, „Materials and Techniques for Early Colour Printing", in Stijnman und Savage, *Printing Colour 1400–1700*, S. 11–22, S. 12.

25 Der Prozess wird beschrieben in Stijnman und Upper, „Color Prints before Erhard Ratdolt", S. 91–92.

26 Siehe Ignaz Schwarz, *Die Memorabilien des Augsburger Buchdruckers Erhard Ratdolt (1462–1523)*, K.F. Koehler, Leipzig, 1924.

27 9. August 1482; ISTC: ir00094000; Bod-inc: R-034.

28 30. April 1485; ISTC: ib01146900.

29 [Vor dem 4. November] 1485; ISTC: ij00406000; Bod-inc: J-182. Siehe G.R. Redgrave, *Erhard Ratdolt and His Work at Venice*, Chiswick Press, London, 1894, S. 57.

30 ISTC: ib01030000; Bod-inc: B-482. Zum sogenannten „Schoolmaster Printer" siehe Nicolas Barker, „The St. Albans Press: The First Punch-Cutter in England and the First Native Typefounder", *Transactions of the Cambridge Bibliographical Society*, 7(3), 1979, S. 257–78.

31 Joseph A. Dane, „Two-Color Printing in the Fifteenth Century as Evidenced by Incunables at the Huntington Library", *Gutenberg-Jahrbuch*, 1999, S. 142.

32 Stijnman und Savage, *Printing Colour 1400–1700*, S. 220.

33 *Glossa magistralis Psalterii*, 12. Februar 1478, ISTC: ip00477000; Bod-inc: P-220. Siehe Stijnman und Savage, *Printing Colour 1400–1700*, S. 25 und Anm. 12.

34 De Hamel, *Das Buch: Eine Geschichte der Bibel*, 2002, S. 205.

35 Erasmus von Rotterdam, *De recta Latini Graecique sermonis pronuntiatione dialogus*, als Lesetext herausgegeben, übersetzt und kommentiert v. Johannes Kramer, Anton Hain, Meisenheim am Glan, 1978, S. 69. Siehe auch John Gage, *Color and Culture: Practice and Meaning from Antiquity to Abstraction*, University of California Press, Berkeley, 1999, S. 33–34; und Gregory Jecmen und Freyda Spira, *Imperial Augsburg: Renaissance Prints and Drawings, 1475–1540*, Ashgate Publishing, Farnham, 2012, S. 67–68.

36 Ad Stijnman, „Jacob Christoff Le Blon and the Invention of Trichromatic Colour Printing, c.1710", in Stijnman und Savage, *Printing Colour 1400–1700*, S. 216–18.
37 Ibid., S. xvi.

Gedruckte Illuminationen

1 Ein Rezept für Goldpulver zur Verwendung in Goldfarben aus dem frühen 16. Jhdt. Agricola, Georg, *Rechter Gebrauch der Alchimei / Mitt vil bißher verborgenen nutzbaren unnd lustigen Künsten / Nit allein den fürwitzigen Alchimisten / sondern allen kunsbaren Werckleutten / in und ausserhalb feurs. Auch sunst allerhand aller menglichen inn vil wege zugebrauchen*, 1531, Fol. 13. Vgl. auch D.T. Rodgers, B. Raman und H. Reimitz (Hrsg.), *Cultures in Motion*, Princeton University Press, Princeton, NJ, 2013, S. 115–16.
2 *Des heiligen Kirchenvaters Eusebius Hieronymus ausgewählte Briefe* (Des heiligen Kirchenvaters Eusebius Hieronymus ausgewählte Schriften Bd. 2–3) Kempten und München: J. Kösel und F. Pustet, 1936–1937, Brief 32, vgl. auch R. Zorach und M.W. Phillips, *Gold: Nature and Culture*, Reaktion Books, London, 2016, S. 74.
3 De Hamel, *A History of Illuminated Manuscripts*, S. 105.
4 *Elementa geometriae*, ISTC: ie00113000; Bod-inc: E-036 (Signaturen: Auct. K 3.19 and Byw. E 1.6.) In den Exemplaren der Bodleian Library ist die Widmung nicht in Gold gedruckt.
5 V. Carter, L. Hellinga et al., „Printing With Gold in the Fifteenth Century", *British Library Journal*, 9(1), 1983, S. 1–13. Zacharias Kallierges (ca. 1473–ca. 1524) begann 1499 in Venedig zu drucken. 1515 hatte er seine Druckerpresse bereits nach Rom verlegt. Vgl. Deno Geanakoplos, *Byzantium and the Renaissance: Greek Scholars in Venice: Studies in the Dissemination of Greek Learning from Byzantium to Western Europe*, Archon Books, Hamden, CT, 1973, S. 201–02.
6 ISTC: ie00112000; Bod-inc: E-034. Vgl. Nicolas Barker, *Aldus Manutius and the Development of Greek Script and Type in the Fifteenth Century*, Fordham University Press, New York, NY, 1985, S. 69–72.
7 R. Proctor, *The Printing of Greek in the Fifteenth Century*, Bibliographical Society at the Oxford University Press, Oxford, 1900, S. 119.
8 ISTC: it00361000; Bod-inc: T-204; Carter, Hellinga et al., „Printing With Gold in the Fifteenth Century", S. 1–13, S. 13 Anm. 19.
9 USTC: 691414.
10 E.P. Goldschmidt, *The Printed Book of the Renaissance: Three Lectures on Type, Illustration and Ornament*, Cambridge University Press, Cambridge, 1950, S. 19.
11 *La Commedia*, ISTC: id00022000; Bod-inc: D-007.
12 *De officiis*, ISTC: ic00575000; Bod-inc: C-307.
13 Jecmen und Spira, *Imperial Augsburg*, S. 74, 76–77.
14 Siehe Elizabeth Savage, „Jost de Negker's Woodcut Charles V (1519): An Undescribed Example of Gold Printing", *Art in Print*, (Juli–August) 2015, S. 9–15, S. 9.
15 D. Hunter, *Papermaking: The History and Technique of an Ancient Craft*, Dover Publications, New York, 1978, S. 495.
16 Primeau, „The Materials and Technology of Renaissance and Baroque Hand-Colored Prints", S. 70–71. Joseph Moxon, *Mechanick Exercises: Or, the Doctrine of Handy-works. Applied to the Art of Printing*, Bd. 2, J. Moxon, London, 1683, S. 331–33, 428.
17 Parshall, *The Woodcut in Fifteenth-Century Europe*, S. 288 und Anm. 55.
18 Ein Rezept zur Herstellung von Musivgold findet sich in einem chinesischen alchemistischen Handbuch aus dem frühen 4. Jhdt.: *Baopuzi*. Helaine Selin (Hrsg.), *Encyclopaedia of the History of Science, Technology, and Medicine in Non-Western Cultures*, Springer Science & Business Media, Dordrecht, 2013, S. 18.
19 J. Elkins und R. Williams, *Renaissance Theory*, Routledge, New York und London, 2008, S. 438–42.

Alchemie und Antimon

1. Aus dem Vorwort des Livius von Manutius aus dem Jahr 1518, vgl. Edward S. Rogers, „Some Historical Matter Concerning Trade-Marks", *Michigan Law Review*, 9(1), 1910, S. 29–43.
2. Markus Schiegg, „Scribes' Voices: The Relevance and Types of Early Medieval Colophons", *Studia Neophilologica*, 88(2), 2016, S. 129–47, S. 129.
3. „Heu male finivi quia scribere non bene scivi": Schiegg, „Scribes' Voices", S. 135.
4. Cyrus, *The Scribes for Women's Convents in Late Medieval Germany*, S. 97, 122.
5. Kolophon aus dem Mainzer Psalter zit. n. Füssel, S. 33, siehe auch Alfred W. Pollard, *An Essay on Colophons, with Specimens and Translations*, Caxton Club, Chicago, 1905, S. 12.
6. Siehe F.I. Schechter, „Early printers' and publishers' devices", *Papers of the Bibliographical Society of America*, 19(1), 1925, S. 11–22; und William Roberts, *Printers' Marks: A Chapter in the History of Typography*, Chiswick Press, London, 1893, S. 42–43.
7. ISTC: ib00529000; Bod-inc: B-239. Dies war die vierte Auflage der lateinischen Vulgata, gesetzt nach einem Exemplar der Gutenberg-Bibel. Der Kolophon existiert in drei Varianten. Siehe Paul Needham, „The 1462 Bible of Johann Fust and Peter Schoffer (GW 4204): A Survey of its Variants", *Gutenberg-Jahrbuch*, 2006, S. 19–49.
8. Siehe Stijnman und Savage, *Printing Colour 1400–1700*, S. 24–25, insb. Anm. 10.
9. Thomas D. Walker, „The Cover Design", *Library Quarterly: Information, Community, Policy*, 68(1), 1998, S. 80–81.
10. Pollard, *An Essay on Colophons, with Specimens and Translations*, S. 21–24.
11. 30 solche Zeichen, größtenteils italienische, werden wiedergegeben in Roberts, *Printers' Marks*, S. 25, 209 Anm. 1. Siehe auch die Faksimile-Reproduktionen von frühen Druckerzeichen in P.A. Orlandi, *Origine e progressi della stampa*, Pisarius, Bologna, 1722, S. 228; und J. Ames, *Typographical Antiquities…*, W. Faden, London, 1749.
12. *Rosarium decretorum* (ISTC: ib00288000), Guido de Baysios Kommentar zu Gratians *Decretum*.
13. Etwa die Druckerzeichen von Pariser Druckern im frühen 16. Jhdt., Simon Vostre, Felix Baligault und Thielman Kerver. Für sehr schöne Faksimile-Reproduktionen siehe Theodore Low De Vinne, *The Practice of Typography: A Treatise on Title-Pages*, Century Co., New York, 1902, S. 26–29.
14. Für das Zeichen von Neapel siehe ISTC: ib00742000; für das von Rom siehe ISTC: ib01288500 und ib00230500.
15. „… de Argentina": eine archaische lateinische Bezugnahme auf die Stadt Straßburg. Für ein Faksimile des kleineren Zeichens siehe Vassar College Library, *A list of the printers' marks in the windows of the Frederick Ferris Thompson Memorial Library*, Vassar College, Poughkeepsie, NY, 1917, S. 6.
16. Siehe Marian Harman, *Printer's and Publisher's Devices in Incunabula in the University of Illinois Library*, 1983, Nr. 5.
17. Siehe Lotte Hellinga, „William Caxton, Colard Mansion, and the Printer in Type 1", *Bulletin du bibliophile*, 1, 2011, S. 102 Anm. 3.
18. ISTC: im00719200; Bod-inc: M-271 (2 Fragmente). Caxton beauftragte Guillermus Maynyal in Paris, dieses Werk zu drucken, wenngleich in die Exemplare bei deren Ankunft in Westminster das Druckerzeichen von Caxton gestempelt wurde. Siehe G.D. Painter, *William Caxton: A Biography*, Putnam, New York, 1977, S. 195.
19. Siehe R.B. McKerrow, *Printers' & Publishers' Devices in England & Scotland, 1485–1640*, Chiswick Press, London, 1913, S. xi.
20. William Blades legt nahe, dass die stilisierte 74 die Publikation von *Recuyell of the historyes of Troye* (ISTC: il00117000) markiert, deren Übersetzung ins Englische Caxton in Brügge begonnen und im Kölner Exil fertiggestellt hatte. Siehe William Blades, *The Biography and Typography of William Caxton, England's First Printer*, Trubner & Co., London, 1877, S. 137–38. Lotte Hellinga vertritt die Ansicht, dass Caxtons *Recuyell* gegen Ende 1473 oder

möglicherweise sehr früh im Jahr 1474 publiziert wurde. Siehe Hellinga, „William Caxton, Colard Mansion, and the Printer in Type 1", S. 88.

21 Für einen kurzen Überblick zum aldinischen Druckerzeichen mit Delfin und Anker siehe Fletcher, *In Praise of Aldus Manutius*, S. 25–34.
22 Aus EDIT 16, einer Datenbank mit Druckerzeichen und Verlagssignets aus dem 16. Jhdt., die 48 Versionen des aldinischen Druckerzeichens mit Delfin und Anker auflistet.
23 USTC: 838283; Bodleian Library: Auct. 2 R 5.16–19.
24 Zit. n. Rogers, „Some Historical Matter Concerning Trade-Marks", S. 36. Siehe auch J. Kostylo, „Commentary on Aldus Manutius's Warning against the Printers of Lyon (1503)", in „Primary Sources on Copyright (1450–1900)", hrsg. v. L. Bently und M. Kretschmer, 2008, www.copyrighthistory.org; Schechter, „Early printers' and publishers' devices", S. 3; und Nuovo, *The Book Trade in the Italian Renaissance*, S. 150 Anm. 15.
25 George Putnam, *Books and their Makers during the Middle Ages*, Putnam, London, 1896, S. 450–53.
26 Reproduziert in Charles H. Timperley, *A Dictionary of Printers and Printing: With the Progress of Literature; Ancient and Modern*, hrsg. v. H. Johnson, London, 1839, S. 416.
27 Amert und Bringhurst, *The Scythe and the Rabbit*, S. 17.
28 Siehe Nuovo, *The Book Trade in the Italian Renaissance*, S. 153–54; und Ian Maclean, *Learning and the Market Place: Essays in the History of the Early Modern Book*, Brill, Leiden und Boston, 2009, S. 233 Anm. 21.
29 Nuovo, *The Book Trade in the Italian Renaissance*, S. 157 Anm. 37.
30 Ein Greifvogel, verwendet von 1532 an in Lyon von dem deutschen Drucker Sebastien Gryphius (EDIT 16: CNCE 597). Das Druckerzeichen des Schweizer Druckers Christoph Froschauer zeigt ein auf einem recht großen Frosch reitendes Kind, eine Anspielung auf den Namen des Druckers.
31 Roberts, *Printers' Marks*, S. 48.
32 Goldschmidt, *The Printed Book of the Renaissance*, S. 79.

Anfänge über Anfänge

1 Stanley Morison, *First Principles of Typography*, Macmillan, New York, 1936.
2 Für dieses Kapitel bin ich ganz besonders Smith, *The Title-Page: Its Early Development, 1460–1510*, verpflichtet.
3 „Der erste bekannte bedruckte Schutzumschlag wurde 1832 in London für *The Keepsake* erstellt": M.F. Suarez und H.R. Woudhuysen (Hrsg.), *The Oxford Companion to the Book*, Oxford University Press, Oxford und New York, 2010, S. 152, 684.
4 ISTC: ip00655750 (lateinisch); ISTC: ip00655800 (deutsch). Lateinische Ausgabe mit sechs Blättern; deutsche Ausgabe acht Blätter. Smith, *The Title-Page: Its Early Development*, S. 38.
5 *Coronatio Maximiliani*, ISTC: im00384000. Die Titelseite ist wieder als „paragraph title" dargeboten.
6 *The Practice of Typography*, S. 97; Smith, *The Title-Page: Its Early Development*, S. 40. Oder auch „label ‚title-page'": A.W. Pollard, *Last Words on the History of the Title-Page*, Chiswick Press, London, 1891, S. 15.
7 Smith, *The Title-Page: Its Early Development*, S. 97: „Selbst am Ende des [15. Jhdts.] fand sich bei deutlich mehr als 40 % der Ausgaben das Erscheinungsjahr nirgendwo im Buch gedruckt."
8 Ibid., S. 44 Anm. 18.
9 Lateinische (ISTC: ir00093000) und italienische (ISTC: ir00103000) Ausgaben datierend von 1476; und eine deutsche Ausgabe datierend von 1478 (ISTC: ir00100500). Siehe auch Redgrave, *Erhard Ratdolt and His Work at Venice*, S. 6, 7, 28, 31.

10 Zu für ihren Stil repräsentativen Beispielen siehe Stanley Morison, *Four Centuries of Fine Printing*, zweite Auflage, Ernest Benn Ltd, London, 1949, S. 120 (USTC: 146801) und S. 170 (USTC: 11321).

11 Mayor, *Prints & People*, 1971, S. 211–14. Zur Differenzierung ihrer Gebrauchsweisen zu bibliografischen Zwecken und in der Kunstgeschichte siehe den Eintrag bei Smith, *The Title-Page: Its Early Development*, Glossar, S. 147.

12 Siehe M. Corbett und R.W. Lightbown, *The Comely Frontispiece: The Emblematic Title-page in England, 1550–1660*, Routledge und Kegan Paul, London, 1979.

13 ISTC: ic00430000; Bod-inc: C-171; ESTC: S106568. GW datiert es auf „etwa 1494". Siehe Blades, *The Biography and Typography of William Caxton*, 1877, S. 45. Zu Wynkyn de Wordes Titelseite siehe ibid., S. 355–56. Zu den Inhalten dieses Titels siehe T.F. Dibdin, *Bibliotheca Spenceriana*, Bd. 4, Shakespeare Press, Northampton, England, 1815, S. 336–39.

14 Drei Ausgaben (ESTC: S91355; S111592; S111595) dieses Buchs wurden etwa zur selben Zeit von William de Machlinia gedruckt. Nur die Ausgabe in der British Library (ISTC: ij00013600; ESTC: S111595) trägt einen Label-Titel auf einer separaten Seite. Eine Fotografie davon ist wiedergegeben in W.T. Berry und H.E. Poole, *Annals of Printing: A Chronological Encyclopaedia from the Earliest Times to 1950*, Blandford Press, London, 1966, S. 58. Zur Datierung und zu einer vollständigen Faksimile-Reproduktion einer der anderen Ausgaben (ISTC: ij00013200; ESTC: S91355) siehe G. Vine, *The John Rylands Facsimiles, No. 3, „A litl boke for the Pestilence"*, Manchester University Press, Manchester, 1910.

15 *Novum epistolarium*, ISTC: ip00617000; Bod-inc: P-280; siehe A.F. Johnson, *The First Century of Printing at Basle*, Charles Scribner's Sons, New York, NY, 1926, S. 7.

16 Erasmus' Name erscheint auf dem Schmutztitel, auf der Titelseite und im „paragraph-title" über dem Textanfang. So etwa in den *Opera* von 1516 (VD 16: H3482; USTC: 679364).

17 Sowards, *Collected Works of Erasmus*. Zit. n. B.C. Halporn, *The Correspondence of Johann Amerbach*, University of Michigan Press, Ann Arbor, MI, 2000, S. 362–63.

18 B.H. Bronson, *Facets of the Enlightenment: Studies in English Literature and its Contexts*, University of California Press, Berkeley und Los Angeles, 1968, S. 343–55.

19 Siehe die Titelseiten, die reproduziert sind in F.E. Pardoe, *John Baskerville of Birmingham: Letter-Founder & Printer*, F. Muller, London, 1975, S. 49, 85, 86.

Polyphonie im Druck

1 Isidor von Sevilla, *Die Enzyklopädie des Isidor von Sevilla*, übersetzt und mit Anmerkungen versehen von Lenelotte Möller, Marix Verlag, Wiesbaden, 2008, iii.xvii.1, S. 134.

2 Ibid., iii.xv.2, S. 133.

3 Jeremy Yudkin, *Music in Medieval Europe*, Prentice Hall, Englewood Cliffs, NJ, 1989, S. 16.

4 Siehe Carl Parrish, *The Notation of Medieval Music*, Pendragon Press, New York, NY, 1978, S. 4–5.

5 Joseph Otten, „Guido of Arezzo", *The Catholic Encyclopedia*, Bd. 7, Robert Appleton Co., New York, 1910.

6 Jane A. Bernstein, *Print Culture and Music in Sixteenth-century Venice*, Oxford University Press, Oxford, 2001, S. 20.

7 ISTC: ig00329700. Zur Datierung, Provenienz und Bedeutung des süddeutschen Graduale siehe Alec Hyatt King, „The 500th Anniversary of Music Printing: The Gradual of c1473", *Musical Times*, 114(1570), 1973, S. 1220–23. Ohly argumentiert dafür, Heinrich Eggestein sei der Drucker des Graduale von ca. 1474: siehe K. Ohly, „Eggestein, Fyner, Knoblochtzer. Zum Problem des deutschsprachigen Belial mit Illustrationen", *Gutenberg-Jahrbuch*, 1962, S. 122–35. Scholderer jedoch weist das Werk einem anonymen Drucker in Straßburg zu, der „enge Beziehungen zu Eggestein unterhalten" habe: Scholderer, *Fifty Essays in Fifteenth- and*

Sixteenth-century Bibliography, S. 224–28. Zum frühmodernen Druck von Gradualen siehe R.J. Agee, „The Printed Dissemination of the Roman Gradual in Italy during the Early Modern Period", *Notes*, 64(1), 2007, S. 9–42.

8   ISTC: ig00199000; Bod-inc: G-112.
9   King, „The 500th Anniversary of Music Printing: The Gradual of c1473", S. 1220 Anm. 1.
10 12. Oktober 1476, ISTC: im00689000.
11 ISTC: im00688500; Bod-inc: M-266.
12 Mary Kay Duggan, *Italian Music Incunabula, Printers and Type*, University of California Press, Berkeley, CA, 1992, S. 45. Der frühe Notendruck umfasst auch Beispiele von gedruckten Notenlinien (in Erwartung einer späteren Hinzufügung von Noten von Hand); siehe etwa die *Musica practica* des Bartholomaeus Ramus, gedruckt in Bologna 1482; und umgekehrt Beispiele von Noten, die ohne Notenzeilen gedruckt wurden bzw. *in campo aperto* (wörtlich „auf einem offenen Feld"), wie in der *Grammatica* des Franciscus Niger von 1480 im Quartformat (ISTC: in00226000; Bod-inc: N-104).
13 Ulrich Han's Nachfolger, Stephan Planck, verwendete Han's Typen von 1482 bei der Veröffentlichung eines *Missale Romanum* im Folioformat (ISTC: im00692400).
14 Vgl. Duggan, *Italian Music Incunabula, Printers and Type*, S. 80.
15 10. April 1477; ISTC: ig00329800.
16 James Haar (Hrsg.), *European Music, 1520–1640*, Boydell & Brewer Ltd., Woodbridge, 2014, S. 282.
17 Für einen Überblick über das Venezianische Privilegiensystem siehe Horatio F. Brown, *The Venetian Printing Press 1469–1800*, J.C. Nimmo, London, 1891, S. 51–59: „Monopole, Urheberrechte, Patente und alle anderen speziellen Konzessionen von Seiten der Regierung zum Thema Bücher und Druck sind unter dem Sammelbegriff Privilegien (*privilegii*) bekannt", S. 51. Zu Privilegien beim Musikdruck siehe R.J. Agee, „The Venetian Privilege and Music-printing in the Sixteenth Century", *Early Music History*, 3, 1983, S. 1–42.
18 Boorman, *Ottaviano Petrucci* 2005, S. 77–78. Siehe Jane A. Bernstein, *Music Printing in Renaissance Venice: The Scotto Press (1539–1572)*, Oxford University Press, Oxford und New York, 1998, S. 36–37; und Bernstein, *Print Culture and Music in Sixteenth-century Venice*, S. 120. Für eine hervorragende und umfassende Diskussion des Petrucci zuerkannten Privilegiums von 1498 siehe J. Kostylo, „Commentary on Ottaviano Petrucci's music printing patent (1498)", in „Primary Sources on Copyright (1450–1900)", hrsg. v. L. Bently und M. Kretschmer, www.copyrighthistory.org.
19 William Cummings, „Music Printing", *Proceedings of the Musical Association*, 11th Sess. (1884–1885), 1885, S. 103.
20 Stanley Boorman, „The ‚First' Edition of the Odhecaton A", *Journal of the American Musicological Society*, 30(2), 1977, S. 183–207.
21 Pietro Bembos Brief von 1513 ist in ganzer Länge in englischer Übersetzung wiedergegeben in Cummings, „Music Printing", S. 103–04.
22 Vielleicht das früheste Beispiel für gedruckte Musik von Metallstichen ist Francesco da Milanos *Intabolatura di liuto de diversi*, ca. 1536 (EDIT 16: 43606). Der Druck von Metallstichen wurde erst mit der Erfindung der Walzenpresse im 16. Jhdt. populär.
23 Es sind nur fragmentarische Belege für Rastells Notendruck in einem Druckgang erhalten geblieben, darunter ein Lied für drei Stimmen, „Tyme to pas with goodly sport", das Teil eines Bühnenstücks ist; und ein abgeschnittener Einblattdruck, der nur 30 Noten eines polyphonen Lieds enthält. Wiedergegeben in J. Milsom, „Songs and Society in Early Tudor London", *Early Music History*, 1997, 16, S. 242–44. Siehe auch Samuel F. Pogue, „The Earliest Music Printing in France", *Huntington Library Quarterly*, 50(1), 1987, S. 35–57, S. 36; und A. King, „The Significance of John Rastell in Early Music Printing", *The Library*, 26(3), 1971, S. 197–214. Zu früheren Experimenten mit dem Druck von Chorälen in einem Druckgang siehe Stanley Boorman, „The Salzburg Liturgy and Single-Impress Music Printing", in *Music*

in the German Renaissance: Sources, Styles, and Contexts, hrsg. v. J. Kmetz, Cambridge University Press, Cambridge, 1994, S. 235–53. Daniel Heartz, *Pierre Attaingnant, Royal Printer of Music: A Historical Study and Bibliographical Catalogue*, University of California Press, Berkeley, 1969.

24 Daniel Heartz, „Typography and Format in Early Music Printing: With Particular Reference to Attaingnant's First Publications", *Notes*, 23(4), 1967, S. 702–06, S. 704–05.

25 Bernstein, *Music Printing in Renaissance Venice*, S. 27–28.

26 ISTC: im00692700.

27 ISTC: im00691000.

28 Pettegree, *The Book Trade in the Renaissance*, 2010, S. 173.

29 John Milton, „On the Music of the Spheres" (publ. 1674).

Gedruckte Atlanten

1 Homer, *Odyssee*, aus dem Griechischen übersetzt und kommentiert von Kurt Steinmann, Manesse, Zürich, 2007, Erster Gesang, Verse 51–54.

2 Herodot, *Geschichte*, übersetzt von Adolf Schöll zu Tübingen, Stuttgart, Verlag der Metzler'schen Buchhandlung, 1829, 4. Buch § 35. Siehe auch Wayne Horowitz, *Mesopotamian Cosmic Geography*, Eisenbrauns, Winona Lake, IN, 1998, S. 41.

3 J.B. Harley und David Woodward (Hrsg.), *The History of Cartography*, Bd. 1: *Cartography in Prehistoric, Ancient, and Medieval Europe and the Mediterranean*, University of Chicago Press, Chicago, IL, 1987, S. 286, 342. J. Harley schreibt über die europäische Kartografie seit dem 17. Jhdt.: „Der Kartensteller ist oft ebenso sehr damit beschäftigt, die Konturen des Feudalismus zu umreißen, die Gestalt einer religiösen Hierarchie oder die Stufen in der sozialen Rangordnung wie die Topografie der physischen und menschlichen Landschaft." J. Harley, „Deconstructing the Map", in *Classics in Cartography: Reflections on Influential Articles from Cartographica*, hrsg. v. Martin Dodge, John Wiley & Sons, Chichester, 2010, S. 273–94, S. 276. Zum Einfluss der Religion auf die mittelalterliche Kartenherstellung siehe Pauline Moffitt Watts, „The European Religious Worldview and Its Influence on Mapping" in *The History of Cartography*, Bd. 3: *Cartography in the European Renaissance*, hrsg. v. David Woodward, S. 382–400.

4 Das chinesische *Dili zhi tu* datiert auf das frühe 12. Jhdt. Zur Diskussion und zu einer Reproduktion siehe Woodward, *The History of Cartography*, Bd. 3: *Cartography in the European Renaissance*, S. 591–92.

5 Siehe Evelyn Edson, *Mapping Time and Space: How Medieval Mapmakers Viewed Their World*, British Library, London, 1997, S. 41–42.

6 ISTC: ii00181000; Bod-inc: I-035; Durchschnitt des Holzschnitts: 65 mm. Eine elaboriertere Version der TO-Karte des Isidor wurde herausgebracht in einer Ausgabe der *Etymologiae* von ca. 1476, gedruckt in Köln (ISTC: ii00183000). Etwa zwei Jahrzehnte später erschien in Florenz die erste mehrfarbige TO-Karte, ganzseitig in rot und schwarz gedruckt (*Orbis breviarium*. 1493; ISTC: il00218000).

7 Siehe Patrick Gautier Dalché, „The Reception of Ptolemy's Geography (End of the Fourteenth to Beginning of the Sixteenth Century)", in *The History of Cartography*, Bd. 3: *Cartography in the European Renaissance*, hrsg. v. David Woodward, S. 285–364. Zu handschriftlichen Vorlagen für die frühesten gedruckten Ausgaben der *Geographia* des Ptolemäus siehe Chet Van Duzer, „Ptolemy from Manuscript to Print: New York Public Library's Codex Ebnerianus (MS MA 97)", *Imago Mundi*, 67:1, 2015, S. 1–11.

8 ISTC: ip01082000; Bod-inc: P-531. Die erste (nichtillustrierte) Ausgabe des Werks von Ptolemäus wurde von Hermannus Liechtenstein in Vicenza gedruckt am 13. September 1475 (ISTC: ip01081000; Bod-inc: P-526).

9   ISTC: ip01083000; Bod-inc: P-527. Die 27 Kupferplatten für diese Ausgabe wurden wiederverwendet für eine Ausgabe des Jahres 1490, herausgegeben von Petrus de Turre in Rom (ISTC: ip01086000; Bod-inc: P-530).

10 *Historia naturalis*, Rom, 7. Mai 1473. ISTC: ip00789000; Bod-inc: P-361.

11 Siehe Adrian Wilson und J. Lancaster Wilson, *The Making of the Nuremberg Chronicle*, Nico Israel, Amsterdam, 1976; und D.C. Duniway, „A Study of the Nuremberg Chronicle", *Papers of the Bibliographic Society of America*, 35, 1941, S. 17–34.

12 Siehe Füssel, *Gutenberg und seine Wirkung*, S. 81–85.

13 *Liber chronicarum*, 12. Juli 1493 (ISTC: is00307000; Bod-inc: S-108).

14 *Das Buch der Croniken und Geschichten*, 23. Dezember 1493 (ISTC: is00309000; Bod-inc: S-110).

15 Die *Geographia* des Ptolemäus wurde in den ersten Jahrzehnten des 16. Jhdts. mit überarbeiteten Karten weiterhin gedruckt; so etwa eine venezianische Ausgabe, gedruckt für Giacomo Penzio im Jahr 1511 (USTC: 851475; Bodleian Library: Vet. F1 b.6); ihr vollständiger Titel, *Liber geographiae cum tabulis et universali figura et cum additione locorum quae a recentioribus reperta sunt diligenti cura emendates et impressus*, gibt zu erkennen, dass rezente Entdeckungen in die Karten des Ptolemäus einbezogen wurden. Bemerkenswert an diesen als Holzschnitt, jedoch mit Metall-Lettern für Ortsnamen, ausgeführten Karten ist der zweifarbige Druck (rot und schwarz).

16 Siehe Tony Campbell, *The Earliest Printed Maps 1472–1500*, University of California Press, Berkeley, 1987.

17 Der vollständige Titel lautet *Universalis cosmographia secunda Ptholemei traditionem et Americi Vespucci aliorum que lustrationes* („Die vollständige Kosmografie nach der Überlieferung des Ptolemäus sowie nach dem Augenschein Amerigo Vespuccis und anderer"). Für eine aufschlussreiche und unterhaltsame Einführung zur Waldseemüller-Karte von 1507 siehe Kapitel 5 von Jerry Brottons *Die Geschichte der Welt in zwölf Karten*, übers. v. M. Müller. C. Bertelsmann, München, 2014.

18 Siehe Library of Congress, „Library of Congress Completes Purchase of Waldseemüller Map", www.loc.gov/item/prn-03-110/.

19 Eine Quelle hält fest, einmal in Jerusalem angekommen, habe die Gruppe insgesamt 150 Personen umfasst. Siehe Hugh William Davies, *Bernhard von Breydenbach and his Journey to the Holy Land 1483–84. A Bibliography*, J. & J. Leighton, London, 1911, S. v.

20 ISTC: ib01189000; Bod-inc: B552; Signatur: Arch. B C.25; GW: 5075.

Der Tugendbold und der Fabeldichter

1   Wordsworth, *Präludium oder Das Reifen eines Dichtergeistes. Ein autobiographisches Gedicht*, ins Deutsche übertragen, kommentiert und mit einer Einleitung herausgegeben von Hermann Fischer, Reclam, Stuttgart, 1974, Buch 5, S. 125–26, Verse 359–62.

2   Für Beispiele siehe Kathryn Rudy, „An Illustrated Mid-Fifteenth-Century Primer for a Flemish Girl: British Library, Harley MS 3828★", *Journal of the Warburg and Courtauld Institutes*, 69, 2006, S. 51–94.

3   Füssel, *Gutenberg und seine Wirkung*. S. 25–26. Einige frühe Ausgaben von Donatus (nur in Fragmenten erhalten) datieren aus den 1450er Jahren. Zu ihrem frühen Druck siehe: W.O. Schmitt, „Die Ianua (Donatus): Ein Beitrag zur lateinischen Schulgrammatik des Mittelalters und der Renaissance", *Beiträge zur Inkunabelkunde*, 3(4), 1969, S. 43–80.

4   ISTC: ia00116000; Bod-inc A-053. Übersetzung von Heinrich Steinhöwel, dem Stadtarzt von Ulm. Wieder abgedruckt von Günther Zainer in Augsburg, ca. 1477–78 (ISTC: ia00119000) mit etwa 190 Holzschnitten; und von Anton Sorg, ca. 1479 (ISTC: ia00120000). Die Holzschnitt-Gestaltung wurde oft nachgeahmt und fand ihren Weg nach England, Frankreich und

in die Niederlande. Zum Ulmer Äsop siehe Füssel, *Gutenberg und seine Wirkung*, S. 88–90; und Martin Davies, „A Tale of Two Aesops", *The Library*, 7(3), 2006, S. 257 88.

5   John Locke, *Gedanken über Erziehung*, Reclam, Stuttgart, 2007, §156.
6   ISTC: ia00117500; Bod-inc: A-054; Signatur: Arch. G d.13(4). Übersetzt von Caxton, aus der französischen Sammlung von Julien Macho.
7   ISTC: ib01029500. Siehe Alessandra Petrina, „Young Man, Reading: Caxton's Book of Curtesye", in *MedieVaria. Un liber amicorum per Giuseppe Brunetti*, hrsg. v. A. Petrina, Unipress, Padua, 2011, S. 115–34.
8   Wynkyn de Worde dominierte den Markt für Grammatiken, wobei 30 % seines Outputs allein schon Grammatiken von John Stanbridge und Robert Whittington ausmachten. Siehe V. Gillespie und S. Powell, *A Companion to the Early Printed Book in Britain, 1476–1558*, Boydell & Brewer Ltd, Woodbridge, 2014, S. 32.
9   R.C. Alston, *A Bibliography of the English Language from the Invention of Printing to the Year 1800*. Bd. 15: *Greek, Latin to 1650*, E.J. Arnold & Son, Leeds, 2001.
10 USTC: 516129; ESTC: S124868. Mein Dank gilt Peter Kilpe, der mich auf diese Ausgabe aufmerksam gemacht hat.
11 M. Grenby, „Chapbooks, Children, and Children's Literature", *The Library*, 8(3), 2007, S. 277–303.
12 Ibid., S. 283. Gedruckte Ausgaben von Robin Hood erscheinen in London und York in England ganz zu Beginn des 16. Jhdts. Siehe Bod-inc: R-080 (ISTC: ir00209000) und Bod-inc: R-081 (ISTC: ir00208950).
13 Siehe H.G. Good, „The ‚First' Illustrated School-Books", *Journal of Educational Research*, 35(5), 1942, S. 338–43.
14 Siehe die im Faksimile reproduzierte Doppelseite in Berry and Poole, *Annals of Printing*, S. 133.
15 Der volle deutsche Titel lautet: („Geistliches Exempel-Buch Für Kinder/ Das ist/ Ein ausführlicher Bericht/ von der Bekehrung/ heiligem und exemplarischen Leben/ Wie auch Frölichem Tode unterschiedlicher junger Kinder".
16 Siehe auch Ernst Schulz, *Das erste Lesebuch an den Lateinschulen des späten Mittelalters*, Verlag der Gutenberg-Gesellschaft, Mainz, 1929, S. 18–30.
17 Für eine Diskussion von de Madiis's *Zornale* siehe M. Walsby und N. Constantinidou, *Documenting the Early Modern Book World: Inventories and Catalogues in Manuscript and Print*, Brill, Leiden und Boston, 2013, Kap. 14 und S. 401.
18 Rudy, „An Illustrated Mid-Fifteenth-Century Primer", S. 51–94, S. 60.
19 Type 9:130G (Typenrepertorium der Wiegendrucke).
20 ISTC: ia00928000; Bod-inc A-363.
21 Die Zahlen entstammen einer Suche im Gesamtkatalog der Wiegendrucke.

Epilog

1   Matthäus 20:16.
2   *Elementa geometriae*, ISTC: ie00113000; Bod-inc: E-036(1 & 2), Signaturen: Auct. K 3.19. & Byw. E 1.6. Renzo Baldasso, „La stampa dell'editio princeps degli Elementi di Euclide (Venezia, Erhard Ratdolt, 1482)", in *The Books of Venice/Il libro veneziano*, hrsg. v. Lisa Pon und Craig Kallendorf, La Musa Talìa, Venedig, und Oak Knoll Press, New Castle, DE, 2009, S. 61–100. Baldasso legt nahe, dass Ratdolt dünne, in Gips gesetzte Metallstreifen bzw. Drucker-Lineale verwendet hat, um die den Text begleitenden geometrischen Figuren zu drucken.
3   ISTC: ir00029840.
4   R. Hirsch, *Printing, Selling and Reading, 1450–1550*, Harrassowitz, Wiesbaden, 1967, S. 118 Anm. 18.

5 ISTC: il00117000; Bod-inc: L-060.
6 ISCT: ic00413000; Bod-inc: C-168 (Signatur: Arch. G d.2.). Zu seinem Druckort siehe Hellinga, „William Caxton, Colard Mansion, and the Printer in Type 1", S. 86–114.
7 P. Needham, *The Printer & the Pardoner: An Unrecorded Indulgence Printed by William Caxton for the Hospital of St. Mary Rounceval, Charing Cross*, Library of Congress, Washington, DC, 1986, S. 32, 61.
8 *Circa* 1476–77, ISTC: ic00431000; Bod-inc: C-172 (Signatur: Douce Fragm. e.3.). Siehe auch Knight, *Historical Types*, S. 20–21.
9 ISTC: ic00355700; Bod-inc: C-155 (Signatur: Arch. G e.37). Gedruckt in Caxtons Type 3:136G.
10 *Ordinale seu Pica ad usum Sarum*, erhalten nur in Fragmenten. ISTC: i000087500 (Datierung 1476/77); STC: 16228 (Datierung 1477); GW 8455 (Datierung 1477/78). Paul Needham datiert das Ordinale und den Werbehinweis darauf auf 1477. Siehe Needham, *The Printer & the Pardoner*, S. 82. „Pica" spielt auf die (geringe) Schriftgröße an.
11 Updike, *Printing Types, Their History, Forms, and Use*, S. 116–17.
12 SCT: 12413. J.B. Trapp, „The Humanist Book", in *The Cambridge History of the Book in Britain*, hrsg. v. L. Hellinga and J.B. Trapp, Cambridge University Press, Cambridge, 1999, S. 290.
13 Speziell zum Aufkommen der Antiqua-Schrift in der zweiten Hälfte des 16. Jhdts. in England siehe W.C. Ferguson, *Pica Roman Type in Elizabethan England*, Bower Publishing Co., Brookfield, VT, 1989.
14 Zur Frühgeschichte der Typografie und des Schriftgusses in Schottland siehe A J. Mann, „The Anatomy of the Printed Book in Early Modern Scotland", *Scottish Historical Review*, 80(210), 2001, S. 181–200; A.J. Mann, *The Scottish Book Trade 1500 to 1720: Print Commerce and Print Control in Early Modern Scotland*, Tuckwell Press, East Linton, 2000; und A.F. Johnson „Type Designs and Type-founding in Scotland", in *Selected Essays on Books and Printing*, hrsg. v. P. Muir, Van Gendt & Co., Amsterdam, 1970, S. 312–26. Siehe auch J. Hinks, „The Book Trade in Early Modern Britain", in *Print Culture and Peripheries in Early Modern Europe*, hrsg. v. B.R. Costas, Brill, Leiden und Boston, 2013: „Der Buchdruck wurde im Jahr 1507 durch Jakob IV. bewusst ‚aus nationalistischen, kulturellen und patriotischen Gründen' nach Schottland eingeführt", S. 120. Eines der ersten Bücher, wenn nicht das erste überhaupt, das aus der Druckerpresse von Chepman und Myllar hervorging, war *The mayng or disport of Chaucer*, datierend vom 4. April 1508. ESTC: S114461; USTC: 501013.
15 USTC: 517883; ESTC: S93748. Raymond Gillespie und Andrew Hadfield (Hrsg.), *The Oxford History of the Irish Book*, Bd. 3: *The Irish Book in English, 1550–1800*, Oxford University Press, Oxford, 2006, S. 63.
16 *Breviarium Othoniense* (Odense), ISTC: ib01173400.
17 Während der Zeit der Wiegendrucke druckten nur zwei skandinavische Nationen Bücher, Dänemark und Schweden, mit etwa 23 Ausgaben, die zwischen 1482 und 1500 publiziert wurden. Siehe Wolfgang Undorf, *From Gutenberg to Luther: Transnational Print Cultures in Scandinavia 1450–1525*, Brill, Leiden und Boston, 2014, S. 11.
18 Ein Almanach in Form einer Broschüre für das Jahr 1474, ISTC: ia00491550. Das erste Buch in polnischer Sprache erschien 1475 aus der Druckerpresse von Caspar Elyan in Breslau (Wrocław); ISTC: is00755300.
19 13. Dezember 1493; ISTC: ij00000300; Bod-inc: Heb-44, Signatur: Opp.fol.724. Siehe A.K. Offenberg, „The Printing History of the Constantinople Hebrew Incunable of 1493: A Mediterranean Voyage of Discovery", *British Library Journal*, 22(2), 1996, S. 221–35. Zur Datierung dieser Ausgabe siehe A.K Offenberg, *A Choice of Corals: Facets of Fifteenth-Century Hebrew Printing*, De Graaf, Nieuwkoop, 1992, S. 102–32.
20 ISTC: im00079400; Bod-inc: Heb-58. Bibliothèque nationale du Canada und Brad Sabin Hall, *Incunabula, Hebraica & Judaica*, Ausstellungskatalog, National Library of Canada, 1981, S. 3. Zu Datum und Ort des Drucks siehe A.K. Offenberg, Review von „David Goldstein, *Hebrew*

Incunables in the British Isles: A Preliminary Census, London 1985", *The Library,* 6. Serie, 8(1), 1986, S. 72.

21 ISTC: is00625180. „Der früheste aus Reggio [di Calabria] stammende datierte [Druck eines Kommentars von] Raschi wurde am 10. Adar 1475 vollendet, was dem 18., nicht dem 5. Februar entspricht.": Alexander Marx, „Hebrew Incunabula", *Jewish Quarterly Review,* 11(1), 1920, S. 98–119, S. 101.

22 ISTC: ic00575000; Bod-inc: C-307. Zur Frühgeschichte der griechischen Drucktypen siehe Proctor, *The Printing of Greek in the Fifteenth-century.*

23 ISTC: ih00065000 (Bod-Inc: L-038) und ih00300800. E. Layton, „The Earliest Printed Greek Book", *Journal of the Hellenic Diaspora,* 5(4), 1979, S. 63–79, S. 69–70.

24 ISTC: ih00484300 und i000022250.

25 Philip K. Hitti, „The First Book Printed in Arabic", *Princeton University Library Chronicle,* 4(1), 1942, S. 5–9, S. 9. Miroslav Krek, „The Enigma of the First Arabic Book Printed from Movable Type", *Journal of Near Eastern Studies,* 3, 1979, S. 203–12.

26 *Sermo in festo praesentationis beatissimae Mariae virginis,* ISTC: ir00303000. Zur gedruckten Foliierung siehe Margaret M. Smith, „Printed Foliation: Forerunner to Printed Page-Numbers?", *Gutenberg-Jahrbuch,* 1988, S. 54–57.

27 ISTC: ih00160800. Bod-inc: H-081. ISTC nimmt die Zuweisung „nicht nach 1467" vor. Zur Datierung dieser Ausgabe siehe D.E. Rhodes, Rezension von Bennett Gilbert, „*A Leaf from the Letters of St. Jerome, First Printed by Sixtus Reissinger, Rome, c. 1466–1467,* London, 1981", *The Library,* 6. Serie, 5, 1983, S. 68–71. Colin Clair, *A Chronology of Printing,* Praeger, New York und Washington, DC, 1969, S. 13.

28 ISTC: ia00297000. E.E. Willoughby, „The Cover Design", *Library Quarterly: Information, Community, Policy,* 22(3), 1952, S. 302.

29 *Enarrationes Satyrarum Juvenalis,* ISTC: im00501000; Bod-inc: M-200.

30 ISTC: ir00352000; Bod-inc: R-148. Das Werk eines anonymen Druckers, der Theodoric Rood voranging. Manche haben es tentativ Rood zugeschrieben. Siehe Ian Gadd (Hrsg.) *History of Oxford University Press,* Bd. 1: *Beginnings to 1780,* Oxford University Press, Oxford, 2013, S. 41–44. Roods Druckerpresse „unterschied sich grundlegend von der seines Vorgängers", S. 41; und Lotte Hellinga, „die Rufinus-Ausgabe … war sicher nicht das Produkt einer voll eingerichteten Druckerei wie derjenigen, die Theodericus Rood wenige Jahre später in Oxford einrichtete": L. Hellinga, *Texts in Transit,* S. 221 (basierend auf einer früheren, 1978 publizierten Arbeit, siehe S. 218 Anm. 1).

31 Der ISTC der British Library, mittlerweile von der CERL unterhalten, verzeichnet (Stand: März 2017) insgesamt 30.523 Ausgaben. http://data.cerl.org/istc/_stats (letzter Zugriff am 8. Oktober 2017).

32 E.M. White, „The Gutenberg Bibles that Survive as Binders' Waste", in *Early Printed Books as Material Objects,* hrsg. v. B. Wagner und M. Reed, De Gruyter Saur, Berlin und New York, 2010, S. 21–38.

Weiterführende Literatur

Agee, R.J., „The Venetian Privilege and Music-Printing in the Sixteenth Century", *Early Music History*, 3, 1983, S. 1–42

Agee, R.J., „The Printed Dissemination of the Roman Gradual in Italy during the Early Modern Period", *Notes*, 64(1), 2007, S. 9–42

Alexander, J.J.G. (Hrsg.), *The Painted Page: Italian Renaissance Book Illumination, 1450–1550*, Prestel-Verlag, München, 1994

Allmand, C. und R. McKitterick, *The New Cambridge Medieval History*, Bd. 2: *c. 700–c. 900*, Cambridge University Press, Cambridge, 1995

Allmand, C. und R. McKitterick, *The New Cambridge Medieval History*, Bd. 7: *c. 1415–c. 1500*, Cambridge University Press, Cambridge, 1998

Alston, R.C., *A Bibliography of the English Language from the Invention of Printing to the Year 1800. Bd. 15: Greek, Latin to 1650*, E.J. Arnold & Son, Leeds, 2001

Amert, K. und R. Bringhurst, *The Scythe and the Rabbit*, RIT Press, Rochester, NY, 2012

Ames, J., *Typographical Antiquities…*, W. Faden, London, 1749

Amram, D.W., *The Makers of Hebrew Books in Italy: Being Chapters in the History of the Hebrew Printing Press*, Edward Stern and Co. Inc., Philadelphia, PA, 1909

Angerhofer, P.J. et al., *In Aedibus Aldi: The Legacy of Aldus Manutius and his Press*, Brigham Young University Library, Provo, UT, 1995

Ashok, R. et al., *Artists' Pigments: A Handbook of their History and Characteristics*, 4 Bde., National Gallery of Art, Washington, DC, 1987, 1994, 1997, 2007

Barker, N., „The St. Albans Press: The First Punch-Cutter in England and the First Native Typefounder", *Transactions of the Cambridge Bibliographical Society*, 7(3), 1979, S. 257–78

Barker, N., „Aldus Manutius: Mercantile Empire of the Intellect", *Occasional Papers*, 3, UCLA, Los Angeles, CA, 1989, S. 1–25

Barker, N., *Aldus Manutius and the Development of Greek Script and Type in the Fifteenth Century*, Fordham University Press, New York, NY, 1992

Barker, N. (Hrsg.), *A Potencie of Life: Books in Society*, Oak Knoll Press, New Castle, DE, 2001

Batchelor, D., *Chromophobia*, Reaktion Books, London, 2000

Baurmeister, U., „Clement de Padoue, enlumineur et premier imprimeur italien?", *Bulletin du Bibliophile*, 1, 1990

Beach, A., *Women as Scribes: Book Production and Monastic Reform in Twelfth-Century Bavaria*, Cambridge University Press, Cambridge, 2004

Beech, B., „Charlotte Guillard: A Sixteenth-Century Business Woman", *Renaissance Quarterly*, 36(3), 1983, S. 345–67

Bently, L. und M. Kretschmer (Hrsg.), „Primary Sources on Copyright (1450–1900)", www.copyrighthistory.org

Bernstein, J.A., *Music Printing in Renaissance Venice: The Scotto Press (1539–1572)*, Oxford University Press, Oxford und New York, 1998

Bernstein, J.A., *Print Culture and Music in Sixteenth-century Venice*, Oxford University Press, Oxford, 2001

Berry, W.T. und H.E. Poole, *Annals of Printing: A Chronological Encyclopaedia from the Earliest Times to 1950*, Blandford Press, London, 1966

Bibliothèque nationale du Canada und Brad Sabin Hall, *Incunabula, Hebraica & Judaica*, Ausstellungskatalog, National Library of Canada, 1981

Bietenholz, P.G. (Hrsg.), *Contemporaries of Erasmus: A Biographical Register of the Renaissance and Reformation*, University of Toronto Press, Toronto, 2003

Bischoff, B., *Latin Palaeography: Antiquity and the Middle Ages*, Cambridge University Press, Cambridge, 1990

Blades, W., *The Biography and Typography of William Caxton, England's First Printer*, Trübner & Co., London, 1877

Boorman, S., „The ‚First' Edition of the Odhecaton A", *Journal of the American Musicological Society*, 30(2), 1977, S. 183–207

Boorman, S., „The Salzburg Liturgy and Single-Impress Music Printing", in *Music in the German Renaissance: Sources, Styles, and Contexts*, hrsg. v. J. Kmetz, Cambridge University Press, Cambridge, 1994, S. 235–53

Boorman, S., *Ottaviano Petrucci: Catalogue Raisonné*, Oxford University Press, Oxford, 2005

Braches, E. und A.E.C. Simoni, „Gutenberg's ‚scriptorium'", *Quaerendo*, 21(2), 1991, S. 83–98

Bringhurst, R., *The Elements of Typographic Style*, Hartley & Marks, Dublin, 2005

Bronson, B.H., *Facets of the Enlightenment: Studies in English Literature and its Contexts*, University of California Press, Berkeley und Los Angeles, 1968

Broomhall, S., *Women and the Book Trade in Sixteenth-Century France*, Ashgate, Farnham, 2002

Brotton, J., *Die Geschichte der Welt in zwölf Karten*, übers. v. M. Müller. C. Bertelsmann, München, 2014

Brown, H.F., *The Venetian Printing Press 1469–1800*, J.C. Nimmo, London, 1891

Browne, M.W., „A Beam of Protons Illuminates Gutenberg's Genius: A New Examination Reveals Details of the Earliest Use of Movable Type", *New York Times*, 12. Mai 1987

Brownrigg, L.L. (Hrsg.), *Medieval Book Production: Assessing the Evidence*, Anderson-Lovelace, Los Altos Hills, CA, 1990

Burckhardt, J., *Die Kultur der Renaissance in Italien: Ein Versuch*, Fischer, Frankfurt a. Main, 2009

Buringh, E., *Medieval Manuscript Production in the Latin West*, Brill, Leiden und Boston, 2011

Buringh, E. und J.L. van Zanden, „Charting the ‚Rise of the West': Manuscripts and Printed Books in Europe, a Long-Term Perspective from the Sixth through Eighteenth Centuries", *Journal of Economic History*, 69(2), 2009, S. 409–45

Cameron, E. (Hrsg.), *The New Cambridge History of the Bible*, Bd. 3: *From 1450 to 1750*, Cambridge University Press, Cambridge, 2016

Camille, M., *Image on the Edge: The Margins of Medieval Art*, Reaktion Books, London, 2004

Campbell, T., *The Earliest Printed Maps 1472–1500*, University of California Press, Berkeley, 1987

Carleton-Paget, J. und Joachim Schaper (Hrsg.), *New Cambridge History of the Bible*, Bd. 1: *From the Beginnings to 600*, Cambridge University Press, Cambridge, 2013

Carter, H., *A View of Early Typography up to about 1600*, Oxford University Press, Oxford, 1969

Carter, V., L. Hellinga et al., „Printing with Gold in the Fifteenth Century", *British Library Journal*, 9(1), 1983, S. 1–13

Chappell, W., *A Short History of the Printed Word*, Hartley & Marks, Vancouver, 1999

Christian, J., „Toward a Cultural History of Cartography", *Imago Mundi*, 48, 1996, S. 191–98

Clair, C., *Christopher Plantin*, Cassell, London, 1960

Clair, C., *A Chronology of Printing*, Praeger, New York und Washington, DC, 1969

Clemens, R. und T. Graham, *Introduction to Manuscript Studies*, Cornell University Press, Ithaca, NY, und London, 2007

Cohen, S., *The Evolution of Women's Asylums Since 1500: From Refuges for ex-Prostitutes to Shelters for Battered Women*, Oxford University Press, Oxford, 1992

Corbett, M. und R.W. Lightbown, *The Comely Frontispiece: The Emblematic Title-page in England, 1550–1660*, Routledge und Kegan Paul, London, 1979

Costas, B.R. (Hrsg.), *Print Culture and Peripheries in Early Modern Europe*, Brill, Leiden und Boston, 2013

Cummings, W.H., „Music Printing", *Proceedings of the Musical Association*, 11th Sess. (1884–1885), 1885, S. 99–116

Cyrus, C.J., *The Scribes for Women's Convents in Late Medieval Germany*, University of Toronto Press, Toronto, Buffalo und London, 2009

Dackerman, S., *Painted Prints: The Revelation of Color in Northern Renaissance and Baroque Engravings, Etchings, & Woodcuts*, Penn State Press, University Park, PA, 2002

Dane, J.A., „Two-Color Printing in the Fifteenth Century as Evidenced by Incunables at the Huntington Library", *Gutenberg-Jahrbuch*, 1999, S. 131–45

Dane, J.A., *Out of Sorts: On Typography and Print Culture*, University of Pennsylvania Press, Philadelphia und Oxford, 2011

Dane, J.A., „An Early Red-Printed Correction Sheet in the Huntington Library", *Papers of the Bibliographical Society of America*, 110(2), 2016, S. 227–36

Davies, H.W., *Bernhard von Breydenbach and his Journey to the Holy Land 1483–84. A Bibliography*, J. & J. Leighton, London, 1911

Davies, M., *Aldus Manutius: Printer and Publisher of Renaissance Venice*, British Library, London, 1995

Davies, M., „Juan de Carvajal and Early Printing: The 42-line Bible and the Sweynheym and Pannartz Aquinas", *The Library*, 18(3), 1996, S. 193–215

Davies, M., „A Tale of Two Aesops", *The Library*, 7(3), 2006, S. 257–88

De Hamel, C., *A History of Illuminated Manuscripts*, Phaidon, London, 1994

De Hamel, C., *Das Buch: Eine Geschichte der Bibel*, übers. v. M. Bauer und I. Schmidt-Runke, Phaidon, Berlin, 2006

De la Mare, A.C. und L. Nuvoloni, *Bartolomeo Sanvito: The Life and Work of a Renaissance Scribe*, Association Internationale de Bibliophilie, London, 2009

Derolez, A., *The Palaeography of Gothic Manuscript Books: From the Twelfth to the Early Sixteenth Century*, Cambridge University Press, Cambridge, 2003

De Vinne, T., *The Practice of Typography: A Treatise on Title-Pages*, Century Co., New York, 1902

Dibdin, T.F., *Bibliotheca Spenceriana*, Bd. 4, Shakespeare Press, Northampton, England, 1815

Dijstelberge, P. und A.R.A. Croiset van Uchelen (Hrsg.), *Dutch Typography in the Sixteenth Century: The Collected Works of Paul Valkema Blouw*, Brill, Leiden und Boston, 2013

Dodge, M. (Hrsg.), *Classics in Cartography: Reflections on Influential Articles from Cartographica*, John Wiley & Sons, Chichester, 2010

Donati, L. (Hrsg.), *Miscellanea bibliografica in memoria di don Tommaso Accurti*, Bde. 15–16, Edizioni di Storia e Letteratura, Rom, 1947

Drogin, M., *Medieval Calligraphy: Its History and Technique*, Dover Publications, New York, NY, 1989

Duggan, M.K., *Italian Music Incunabula, Printers and Type*, University of California Press, Berkeley, CA, 1992

Duggan, M.K., „Bringing Reformed Liturgy to Print at the New Monastery at Marienthal", *Church History and Religious Culture*, 88, 2008, S. 415–36

Duniway, D.C., „A Study of the Nuremberg Chronicle", *Papers of the Bibliographic Society of America*, 35, 1941, S. 17–34

Eastaugh, N., V. Walsh, T. Chaplin und R. Siddall, *Pigment Compendium: A Dictionary of Historical Pigments*, Elsevier, Oxford, 2007

Eckehard, S., *The „Türkenkalendar" (1454) Attributed to Gutenberg and the Strasbourg Lunation Tracts*, Medieval Academy of America, Cambridge, MA, 1988

Edmunds, S., „Anna Rügerin Revealed", *Journal of the Early Book Society for the Study of Manuscripts and Printing History*, 2, 1999, S. 179–181

Edson, E., *Mapping Time and Space: How Medieval Mapmakers Viewed their World*, British Library, London, 1997

Eisenstein, E.L., *The Printing Press as an Agent of Change*, Cambridge University Press, Cambridge, 1979

Eisenstein, E.L., *Die Druckerpresse. Kulturrevolutionen im frühen modernen Europa*, übers. v. H. Friessner, Wien und New York, Springer, 1997

Elkins, J. und R. Williams, *Renaissance Theory*, Routledge, New York und London, 2008

Emmerson, R.K. und S. Lewis, „Census and Bibliography of Medieval Manuscripts Containing Apocalypse Illustrations, Ca. 800–1500: II", *Traditio*, 41, 1985, S. 367–409

Estermann, M., U. Rautenberg und R. Wittmann (Hrsg.), *Archiv für Geschichte des Buchwesens*, Bd. 59, De Gruyter Saur, Berlin und Boston, 2005

Farmer Jr, N.K., Review von „The Comely Frontispiece: The Emblematic Title-Page in England, 1550–1660, Margery Corbett Ronald Lightbown", *Renaissance Quarterly*, 33(3), 1980, S. 464–66

Febvre, L. und H.-J. Martin, *The Coming of the Book: The Impact of Printing 1450–1800*, Verso, New York, NY, 1976

Ferguson, W.C., *Pica Roman Type in Elizabethan England*, Bower Publishing Co., Brookfield, VT, 1989

Fernandez-Armesto, F., *Columbus and the Conquest of the Impossible*, Saturday Review Press, New York, NY, 1974

Field, R.S., *Fifteenth Century Woodcuts and Metalcuts from the National Gallery of Art*, National Gallery of Art, Washington, DC, 1965

Fletcher, H.G., *In Praise of Aldus Manutius: A Quincentenary Exhibition*, Ausstellungskatalog, Pierpont Morgan Library, New York, NY, 1995

Flood, J.L., „Nationalistic Currents in Early German Typography", *The Library*, 6. Serie, 15(2), Juni 1993, S. 131

Füssel, S., *Gutenberg und seine Wirkung*, WBG, Darmstadt, 2004

Gadd, J. (Hrsg.), *History of Oxford University Press*, Bd. 1: *Beginnings to 1780*, Oxford University Press, Oxford, 2013

Gage, J., *Color and Culture: Practice and Meaning from Antiquity to Abstraction*, University of California Press, Berkeley, 1999

Gaskill, M., *Witchcraft: A Very Short Introduction*, Oxford University Press, Oxford, 2010

Geanakoplos, D.J., *Byzantium and the Renaissance: Greek Scholars in Venice: Studies in the Dissemination of Greek Learning from Byzantium to Western Europe*, Archon Books, Hamden, CT, 1973

Gerulaitis L.V., *Printing and Publishing in Fifteenth-Century Venice*, American Library Association, Chicago, IL, 1976

Gillespie, R. und A. Hadfield (Hrsg.), *The Oxford History of the Irish Book*, Bd. 3: *The Irish Book in English, 1550–1800*, Oxford University Press, Oxford, 2006

Gillespie, V. und S. Powell, *A Companion to the Early Printed Book in Britain, 1476–1558*, Boydell & Brewer Ltd, Woodbridge, 2014

Goldschmidt, E.P., *The Printed Book of the Renaissance: Three Lectures on Type, Illustration and Ornament*, Cambridge University Press, Cambridge, 1950

Good, H.G., „The ‚First' Illustrated School-Books", *Journal of Educational Research*, 35(5), 1942, S. 338–43

Grenby, M., „Chapbooks, Children, and Children's Literature", *The Library*, 8(3), 2007, S. 277–303

Haar, J. (Hrsg.), *European Music, 1520–1640*, Boydell & Brewer Ltd, Woodbridge, 2014

Haebler, K., *Die italienischen Fragmente vom Leiden Christi, das älteste Druckwerk Italiens*, J. Rosenthal, München, 1927

Halporn, B.C., *The Correspondence of Johann Amerbach*, University of Michigan Press, Ann Arbor, MI, 2000

Hargreaves, G.D., „Florentine Script, Paduan Script, and Roman Type", *Gutenberg-Jahrbuch*, 1992, S. 15–34

Harley, J.B. und D. Woodward (Hrsg.), *The History of Cartography*, Bd. 1–6, University of Chicago Press, Chicago, IL, 1987–

Harman, M., *Printer's and Publisher's Devices in Incunabula in the University of Illinois Library*, Urbana, IL, 1983

Harris M. und R. Myers (Hrsg.), *A Millennium of the Book: Production, Design & Illustration in Manuscript & Print, 900–1900*, St. Paul's Bibliographies, Oak Knoll Press, New Castle, DE, 1994

Heartz, D., „Typography and Format in Early Music Printing: With Particular Reference to Attaingnant's First Publications", *Notes*, 23(4), 1967, S. 702–06

Heartz, D., *Pierre Attaingnant, Royal Printer of Music: A Historical Study and Bibliographical Catalogue*, University of California Press, Berkeley, 1969

Hellinga, L., „The Rylands Incunabula: An International Perspective", *Bulletin du bibliophile*, 1, 1989, S. 34–52

Hellinga, L., „William Caxton, Colard Mansion, and the Printer in Type 1", *Bulletin du bibliophile*, 1, 2011, S. 86–114

Hellinga, L., *Texts in Transit: Manuscript to Proof and Print in the Fifteenth Century*, Brill, Leiden und Boston, 2014

Hellinga, L. und J.B. Trapp (Hrsg.), *The Cambridge History of the Book in Britain*, Cambridge University Press, Cambridge, 1999

Herwaarden, J. van, *Between Saint James and Erasmus: Studies in Late-Medieval Religious Life – Devotion and Pilgrimage in the Netherlands*, Brill, Leiden und Boston, 2003

Hind, A.M., *An Introduction to a History of Woodcut*, 2 Bde., Dover-Reprint, New York, NY, 1963

Hirsch, R., *Printing, Selling and Reading, 1450–1550*, Harrassowitz, Wiesbaden, 1967

Hitti, P.K., „The First Book Printed in Arabic", *Princeton University Library Chronicle*, 4(1), 1942, S. 5–9

Hobson, J.A., *God and Mammon: The Relations of Religion and Economics*, Routledge Revivals, New York, NY, 2011

Hoffmann, L., „Der Preis der Gutenberg-Bibel. Zum Kauf der ‚Biblia de molde grande' in Burgos. In Memoriam Horst Kunze", *Gutenberg-Jahrbuch*, 2002, S. 50–56

Hooper, N. und M. Bennett, *Cambridge Illustrated Atlas: Warfare, the Middle Ages, 768–1487*, Cambridge University Press, Cambridge, 1996

Horowitz, W., „The Babylonian Map of the World", *Iraq*, 50, 1988

Horowitz, W., *Mesopotamian Cosmic Geography*, Eisenbrauns, Winona Lake, IN, 1998

Housley, N. (Hrsg.), *Crusading in the Fifteenth Century: Message and Impact*, Palgrave Macmillan, New York, NY, 2004

Hunter, D., *Papermaking: The History and Technique of an Ancient Craft*, Dover Publications, New York, NY, 1978

Hurtado L. und C. Keith, „Book Writing and Production in the Hellenistic and Roman Period", in *New Cambridge History of the Bible*, Bd. 1: *From the Beginnings to 600*, hrsg. v. James Carleton-Paget und Joachim Schaper, Cambridge University Press, Cambridge, 2013

Ing, J., „The Mainz Indulgences of 1454/5: A Review of Recent Scholarship", *British Library Journal*, 9(1), 1983, S. 14–31

Ing, J., *Johann Gutenberg and His Bible: A Historical Study*, Typophiles, New York, NY, 1988

Isidor von Sevilla, *Die Enzyklopädie des Isidor von Sevilla*, übersetzt und mit Anmerkungen versehen von Lenelotte Möller, Marix Verlag, Wiesbaden, 2008

Israel, U., „Romnähe und Klosterreform oder Warum die erste Druckerpresse Italiens in der Benediktinerabtei Subiaco stand", *Archiv für Kulturgeschichte*, 88(2), 2006, S. 279–96

Jecmen, G. und F. Spira, *Imperial Augsburg: Renaissance Prints and Drawings, 1475–1540*, Ashgate Publishing, Farnham, 2012

Jensen, K. (Hrsg.), *Incunabula and Their Readers: Printing, Selling and Using Books in the Fifteenth Century*, British Library, London, 2003

Johnson, A.F., *The First Century of Printing at Basle*, Charles Scribner's Sons, New York, NY, 1926

Kemp, W., „Counterfeit Aldines and Italic-Letter Editions Printed in Lyons 1502–1510: Early Diffusion in Italy and France", *Papers of the Bibliographical Society of Canada*, 35(1), 1997, S. 75–100

King, A.H., „The Significance of John Rastell in Early Music Printing", *The Library* 26(3), 1971, S. 197–214

King, A.H., „The 500th Anniversary of Music Printing: The Gradual of c1473", *Musical Times*, 114(1570), 1973, S. 1220–23

Knight, S., *Historical Scripts from Classical Times to the Renaissance*, Oak Knoll Press, New Castle, DE, 2009

Knight, S., *Historical Types from Gutenberg to Ashendene*, Oak Knoll Press, New Castle, DE, 2012

Krek, M., „The Enigma of the First Arabic Book Printed from Movable Type", *Journal of Near Eastern Studies*, 3, 1979, S. 203–12

Künast, H.-J. und H. Zäh, „The Revival of a Great German Library", *German Research*, 25, 2003

Kwakkel, E., R. McKitterick und R. Thomson, *Turning Over a New Leaf: Change and Development in the Medieval Book*, Leiden University Press, Leiden, 2012

Layton, E., „The Earliest Printed Greek Book", *Journal of the Hellenic Diaspora*, 5(4), 1979, S. 63–79

Lehmann-Haupt, H., *Peter Schoeffer of Gernsheim and Mainz: With a List of his Surviving Books and Broadsides*, Printing House of L. Hart, Rochester, NY, 1950

Lewis, S., *Reading Images: Narrative Discourse and Reception in the Thirteenth-Century Illuminated Apocalypse*, Cambridge University Press, Cambridge, 1995

Locke, J., *Gedanken über Erziehung*, Reclam, Stuttgart, 2007

Logeswaran, N. und J. Bhattacharya, „Crossmodal Transfer of Emotion by Music", *Neuroscience Letters*, 455(2), 2009

Lowry, M., *The World of Aldus Manutius: Business and Scholarship in Renaissance Venice*, Cornell University Press, Ithaca, NY, 1979

Lowry, M., „Aldus Manutius and Benedetto Bordon: In Search of a Link", *Bulletin of the John Rylands University Library of Manchester*, 66, 1984, S. 173–97

Lucrez, *Über die Natur der Dinge*, in deutsche Prosa übertr. u. komm. v. K. Binder, Galiani, Berlin, 2014

Maclean, I., *Learning and the Market Place: Essays in the History of the Early Modern Book*, Brill, Leiden und Boston, 2009

Mann, A.J., *The Scottish Book Trade 1500 to 1720: Print Commerce and Print Control in Early Modern Scotland*, Tuckwell Press, East Linton, 2000

Mann, A.J., „The Anatomy of the Printed Book in Early Modern Scotland", *Scottish Historical Review*, 80(210), 2001, S. 181–200

Manzoni, G., *Annali tipografici dei Soncino*, Romagnoli, Bologna, 1886

Marsden, R. und E. Matter, *The New Cambridge History of the Bible*, Bd. 2: *From 600 to 1450*, Cambridge University Press, Cambridge, 2012

Marshall, S. (Hrsg.), *Women in Reformation and Counter-reformation Europe*, Indiana University Press, Bloomington, IN, 1989

Marx, A., „Hebrew Incunabula", *Jewish Quarterly Review*, 11(1), 1920, S. 98–119

May, A., „Making Moxon's Type-mould", *Journal of the Printing Historical Society*, 22, Frühjahr 2015, S. 5–22

Mayor, A.H., *Prints & People: A Social History of Printed Pictures*, Metropolitan Museum of Art, New York, NY, 1971

McCarthy, I.F., „Ad Fontes: A New Look at the Watermarks on Paper Copies of the Gutenberg Bible", *The Library*, 17(2), 2016, S. 115–37

McEvedy, C. und R. Jones, *Atlas of World Population History*, Viking, New York, NY, 1978

McKerrow, R.B., *Printers' & Publishers' Devices in England & Scotland, 1485–1640*, Chiswick Press, London, 1913

McTurtie, D.C., *Some Facts Concerning the Invention of Printing*, Chicago Club of Printing House Craftsmen, Chicago, IL, 1939

Meier, H., „Woodcut Stencils of 400 Years Ago", *Bulletin of the New York Public Library*, 42, 1938, S. 10–19

Milsom, J., „Songs and Society in Early Tudor London", *Early Music History*, 16, 1997, S. 235–93

Morison, S., *First Principles of Typography*, Macmillan, New York, NY, 1936

Morison, S., „Early Humanistic Script and the First Roman Type", *The Library*, 24(1–2), 1943, S. 1–29

Morison, S., *Four Centuries of Fine Printing*, zweite Auflage, Ernest Benn Ltd, London, 1949

Morison, S., *Selected Essays on the History of Letter-forms in Manuscript and Print*, Cambridge University Press, Cambridge, 2009

Moxon, J., *Mechanick Exercises: Or, the Doctrine of Handy-works. Applied to the Art of Printing*, 2 Bde., J. Moxon, London, 1683

Moxon, J., *Mechanick Exercises on the Whole Art of Printing*, hrsg. v. H. Davis und H. Carter, Oxford University Press, London, 1958

Muir, P. (Hrsg.), *Selected Essays on Books and Printing*, Van Gendt & Co., Amsterdam, 1970

Myers, R., M. Harris und G. Mandelbrote (Hrsg.), *Fairs, Markets and the Itinerant Book Trade*, Oak Knoll Press, New Castle, DE, 2007

Needham, P., „Division of Copy in the Gutenberg Bible: Three Glosses on the Ink Evidence", *Papers of the Bibliographical Society of America*, 79, 1985, S. 411–26

Needham, P., „The Paper Supply of the Gutenberg Bible", *Papers of the Bibliographical Society of America*, 79, 1985, S. 303–74

Needham, P., „A Gutenberg Bible Used as Printer's Copy by Heinrich Eggestein in Strasbourg, ca. 1469", *Transactions of the Cambridge Bibliographical Society*, 9, 1986, S. 36–75

Needham, P., *The Printer & the Pardoner: An Unrecorded Indulgence Printed by William Caxton for the Hospital of St. Mary Rounceval, Charing Cross*, Library of Congress, Washington, DC, 1986

Needham, P., „The 1462 Bible of Johann Fust and Peter Schöffer (GW 4204): A Survey of its Variants", *Gutenberg-Jahrbuch*, 2006, S. 19–49

Nuovo, A., *The Book Trade in the Italian Renaissance*, Brill, Leiden und Boston, 2013

Offenberg, A.K., Review von „David Goldstein, *Hebrew Incunables in the British Isles: A Preliminary Census*, London 1985", *The Library*, 6. Serie, 8(1), 1986, S. 70–76

Offenberg, A.K., *A Choice of Corals: Facets of Fifteenth-Century Hebrew Printing*, De Graaf, Nieuwkoop, 1992

Offenberg, A.K., „The Chronology of Hebrew Printing at Mantua in the Fifteenth Century: A Re-examination", *The Library*, 6. Serie, 16(4), 1994, S. 298–315

Offenberg, A.K., „The Printing History of the Constantinople Hebrew Incunable of 1493: A Mediterranean Voyage of Discovery", *British Library Journal*, 22(2), 1996, S. 221–35

Ohly, K., „Eggestein, Fyner, Knoblochtzer. Zum Problem des deutschsprachigen Belial mit Illustrationen", *Gutenberg-Jahrbuch*, 1962, S. 122–35

O'Meara, E.J., „Notes on Stencilled Choir-Books: With Seven Figures", *Gutenberg-Jahrbuch*, 1933, S. 169–85

Orlandi, P.A., *Origine e progressi della stampa*, Pisarius, Bologna, 1722

Otten, J., „Guido of Arezzo", *The Catholic Encyclopedia*, Bd. 7, Robert Appleton Co., New York, NY, 1910

Ottley, W.Y., *An Inquiry into the Origin and Early History of Engraving upon Copper and in Wood, with an Account of Engravers and Their Works*, John and Arthur Arch, London, 1816

Paas, J., „Georg Kress, a ‚Briefmaler' in Augsburg in the Late Sixteenth and Early Seventeenth Centuries", *Gutenberg-Jahrbuch*, 1990, S. 177–204

Painter, G.D., *William Caxton: A Biography*, Putnam, New York, NY, 1977

Palmer, N.F., „Junius's Blockbooks: Copies of the ‚Biblia pauperum' and ‚Canticum canticorum' in the Bodleian Library and their Place in the History of Printing", *Renaissance Studies*, 9(2), 1995, S. 137–65

Pardoe, F.E., *John Baskerville of Birmingham: Letter-Founder & Printer*, F. Muller, London, 1975

Parker, D., „Women in the Book Trade in Italy, 1475–1620", *Renaissance Quarterly* 49(3), 1996, S. 509–41

Parrish, C., *The Notation of Medieval Music*, Pendragon Press, New York, NY, 1978

Parshall, P. (Hrsg.), *The Woodcut in Fifteenth-Century Europe*, National Gallery of Art, Washington, DC, 2009

Petrina, A., „Young Man, Reading: Caxton's Book of Curtesye", in *MedieVaria Un liber amicorum per Giuseppe Brunetti*, hrsg. v. A. Petrina, Unipress, Padua, 2011, S. 115–34

Pettegree, A., *The Book Trade in the Renaissance*, Yale University Press, New Haven, CT, 2010

Plumb, J.H., *The Italian Renaissance*, Houghton Mifflin, Boston, MA, und New York, NY, 2001

Pogue, S.F., „The Earliest Music Printing in France", *Huntington Library Quarterly*, 50(1), 1987, S. 35–57

Poleg, E. und L. Light (Hrsg.), *Form and Function in the Late Medieval Bible*, Brill, Leiden und Boston, 2013

Pollard, A.W., *Last Words on the History of the Title-Page*, Chiswick Press, London, 1891

Pollard, A.W., *An Essay on Colophons, with Specimens and Translations*, Caxton Club, Chicago, IL, 1905

Pon, L. und C. Kallendorf (Hrsg.), *The Books of Venice / Il libro veneziano*, La Musa Talìa, Venedig, und Oak Knoll Press, New Castle, DE, 2009

Pratt, S., „The Myth of Identical Types: A Study of Printing Variations from Handcast Gutenberg Type", *Journal of the Printing Historical Society*, Neue Serie, 6, 2003, S. 7–17

Primeau, T., „Coloring within the Lines: The Use of Stencil in Early Woodcuts", *Art in Print*, 3(3), 2013, S. 11–16

Proctor, R., *The Printing of Greek in the Fifteenth Century*, Bibliographical Society at the Oxford University Press, Oxford, 1900

Putnam, G., *Books and Their Makers During the Middle Ages*, Putnam, New York, NY, 1896

Redgrave, G.R., *Erhard Ratdolt and His Work at Venice*, Chiswick Press, London, 1894

Reidy, D.V. (Hrsg.), *The Italian Book 1465–1800*, British Library, London, 1993

Rhodes, D.E. (Hrsg.), *Essays in Honour of Victor Scholderer*, Karl Pressler, Mainz, 1970

Rhodes, D.E. und Bennett Gilbert, „*A Leaf from the Letters of St. Jerome, First Printed by Sixtus Reissinger, Rome, c. 1466–1467*, London, 1981", *The Library*, 6. Serie, 5, 1983, S. 68–71

Rhodes, D.E., „The Career of Thomas Ferrandus of Brescia", *Bulletin of the John Rylands University Library of Manchester*, 67(1), 1984

Richardson, B., *Printing, Writers and Readers in Renaissance Italy*, Cambridge University Press, Cambridge, 1999

Roberts, W., *Printers' Marks: A Chapter in the History of Typography*, Chiswick Press, London, 1893

Rodgers, D.T., B. Raman und H. Reimitz (Hrsg.), *Cultures in Motion*, Princeton University Press, Princeton, NJ, 2013

Rogers, E.S., „Some Historical Matter Concerning Trade-Marks", *Michigan Law Review*, 9(1), 1910, S. 29–43

Rosenthal, A., „Some Remarks on ‚The Daily Performance of a Printing Press in 1476'", *Gutenberg-Jahrbuch*, 1979, S. 39–50

Ross, J.L., *Pigments Used in Late Medieval Western European Manuscript Illumination*, University of Texas Press, Austin, 1971

Rudy, K., „An Illustrated Mid-Fifteenth-Century Primer for a Flemish Girl, British Library, Harley MS 3828★", *Journal of the Warburg and Courtauld Institutes*, 69, 2006, S. 51–94

Rudy, K.M., *Rubrics Images and Indulgences in Late Medieval Netherlandish Manuscripts*, Brill, Leiden und Boston, 2016

Saenger, P. und K. van Kampen (Hrsg.), *The Bible as Book: The First Printed Editions*, British Library, London, 1999

Savage, E., „New Evidence of Erhard Ratdolt's Working Practices: The After-life of Two Red Frisket-sheets from the Missale Constantiense (c. 1505)", *Journal of the Printing Historical Society*, Frühjahr 2015, S. 81–97

Savage, E., „Jost de Negker's Woodcut Charles V (1519): An Undescribed Example of Gold Printing", *Art in Print*, Juli–August 2015, S. 9–15

Scapecchi, P., „An Example of Printer's Copy used in Rome, 1470", *The Library*, 6. Serie, 12, 1990

Schechter, F.I., „Early Printers' and Publishers' Devices", *Papers of the Bibliographical Society of America*, 19(1), 1925, S. 11–22

Schiegg, M., „Scribes' Voices: The Relevance and Types of Early Medieval Colophons", *Studia Neophilologica*, 88(2), 2016, S. 129–47

Schmidt, R., „Die Klosterdruckerei von St. Ulrich und Afra in Augsburg (1472 bis 1474)", *Augsburger Buchdruck und Verlagswesen von den Anfängen bis zur Gegenwart*, hrsg. v. H. Gier und J. Janota, Harrassowitz, Wiesbaden, 1997, S. 141–53

Schmitt, W.O., „Die Ianua (Donatus). Ein Beitrag zur lateinischen Schulgrammatik des Mittelalters und der Renaissance", *Beiträge zur Inkunabelkunde*, 3(4), 1969, S. 43–80

Scholderer, V., *Fifty Essays in Fifteenth- and Sixteenth-Century Bibliography*, Menno Hertzberger und Co., Amsterdam, 1966

Schreiber, W., „Die Briefmaler und ihre Mitarbeiter", *Gutenberg-Jahrbuch*, 1932, S. 53–54

Schulz, E., *Das erste Lesebuch an den Lateinschulen des späten Mittelalters*, Verlag der Gutenberg-Gesellschaft, Mainz, 1929

Schulz, H.C., „Albrecht Pfister and the Nürnberg Woodcut School", *Gutenberg-Jahrbuch*, 1953, S. 39–49

Schwab, R.N., „New Clues About Gutenberg in the Huntington 42-line Bible: What the Margins Reveal", *Huntington Library Quarterly*, 51(3), 1988, S. 177–210

Schwab, R.N., T.A. Cahill, A. Thomas, B.H. Kusko und D.L. Wick, „Cyclotron Analysis of the Ink in the 42-Line Bible", *Papers of the Bibliographical Society of America*, 77(3), 1983, S. 285–315

Schwab, R.N., T.A. Cahill, R.A. Eldred, B.H. Kusko und D.L. Wick, „New Evidence on the Printing of the Gutenberg Bible: The Inks in the Doheny Copy", *Papers of the Bibliographical Society of America*, 79, 1985, S. 375–410

Schwarz, I., *Die Memorabilien des Augsburger Buchdruckers Erhard Ratdolt (1462–1523)*, K.F. Koehler, Leipzig, 1924

Selin, H., (Hrsg.), *Encyclopaedia of the History of Science, Technology, and Medicine in Non-Western Cultures*, Springer Science & Business Media, Dordrecht, 2013

Setton, K.M., *The Papacy and the Levant, 1204–1571*, Bd. 2: *The Fifteenth Century*, American Philosophical Society, Philadelphia, PA, 1976

Sharpe, L., *The Cambridge Companion to Goethe*, Cambridge University Press, Cambridge, 2002

Singer, S.W., *Researches into the History of Playing Cards*, R. Triphook, London, 1816

Smeijers, F., *Counterpunch: Making Type in the Sixteenth Century, Designing Typefaces Now*, Hyphen Press, London, 1996

Smith, C.D., „Imago Mundi's Logo the Babylonian Map of the World", *Imago Mundi*, 48, 1996, S. 209–11

Smith H., „'Print[ing] Your Royal Father Off': Early Modern Female Stationers and the Gendering of the British Book Trades", *Text*, 15, 2003, S. 163–86

Smith, M., „Printed Foliation: Forerunner to Printed Page-Numbers?", *Gutenberg-Jahrbuch*, 1988, S. 54–57

Smith, M., *The Title-Page: Its Early Development, 1460–1510*, British Library, London, und Oak Knoll Press, New Castle, DE, 2000

Smith, M., „Red as a Textual Element During the Transition From Manuscript to Print" (Kritischer Essay), *Essays and Studies*, 2010, S. 187–200

Smith, M. und A. May, „Early Two-Colour Printing", *Bulletin of the Printing Historical Society*, 44, Winter 1997, S. 1–4

Sohn Pow-Key, „Early Korean Printing", *Journal of the American Oriental Society*, 79(2), 1959, S. 96–103

Sohn Pow-Key, „Printing Since the 8th Century in Korea", *Koreana*, 7(2), Sommer 1993, S. 4–9

Sowards, J.K. (Hrsg.), *Collected Works of Erasmus*, University of Toronto Press, Toronto, 1974–1985

Stijnman, A. und E. Savage (Hrsg.), *Printing Colour 1400–1700: Histories, Techniques, Functions and Receptions*, Brill, Leiden und Boston, 2015

Stijnman, A. und E. Upper, „Color Prints before Erhard Ratdolt: Engraved Paper Instruments in Lazarus Beham's *Buch von der Astronomie* (Cologne: Nicolaus Götz, c. 1476)", *Gutenberg-Jahrbuch*, 2014, S. 86–105

Stillwell, M.B., *The Beginning of the World of Books, 1450 to 1470: A Chronological Survey of the Texts Chosen for Printing During the First Twenty Years of Printing Art*, Bibliographical Society of America, New York, NY, 1972

Suarez, M.F. und H.R. Woudhuysen (Hrsg.), *The Oxford Companion to the Book*, Oxford University Press, Oxford und New York, 2010

Swanson, R.N. (Hrsg.), *Promissory Notes on the Treasury of Merits: Indulgences in Late Medieval Europe*, Brill, Leiden und Boston, 2006

Szépe, H., „Desire in the Printed Dream of Poliphilo", *Art History*, 19(3), 1996, S. 370–92

Taitz, E., S. Henry und C. Tallan, *The JPS Guide to Jewish Women: 600 BCE to 1900 CE*, Jewish Publication Society, Philadelphia, PA, 2003

Thompson, D.V., *The Materials and Techniques of Medieval Painting*, Dover Publications, New York, NY, 1956

Timperley, C.H., *A Dictionary of Printers and Printing: With the Progress of Literature; Ancient and Modern*, hrsg. v. H. Johnson, London, 1839

Torrell, J.-P., *Saint Thomas Aquinas: The Person and his Work*, Bd. 1, CUA Press, Washington, DC, 2005

Uhlendorf, B.A., „The Invention of Printing and its Spread till 1470: With Special Reference to Social and Economic Factors", *The Library Quarterly: Information, Community, Policy*, 2(3), 1932, S. 179–231

Ullman, B.L., *The Origin and Development of Humanistic Script*, Edizioni di Storia e Letteratura, Rom, 1960

Undorf, W., *From Gutenberg to Luther: Transnational Print Cultures in Scandinavia 1450–1525*, Brill, Leiden und Boston, 2014

Updike, D.B., *Printing Types, Their History, Forms, and Use: A Study in Survivals*, 2 Bde., Harvard University Press, Cambridge, MA, 1937

Upper, E., „Red Frisket Sheets, c. 1490–1700: The Earliest Artifacts of Color Printing in the West", *Papers of the Bibliographical Society of America*, 108(4), 2014, S. 477–522

Van Duzer, C., „Ptolemy from Manuscript to Print: New York Public Library's Codex Ebnerianus (MS MA 97)", *Imago Mundi*, 67(1), 2015, S. 1–11

Vassar College Library, *A List of the Printers' Marks in the Windows of the Frederick Ferris Thompson Memorial Library*, Vassar College, Poughkeepsie, NY, 1917

Veltri, G. und G. Miletto (Hrsg.), *Rabbi Judah Moscato and the Jewish Intellectual World of Mantua in the 16th–17th Centuries*, Brill, Leiden und Boston, 2012

Vervliet, H.D.L., „Gutenberg or Diderot: Printing as a Factor in World History", *Quaerendo*, 8(1), 1978, S. 3–28

Vervliet, H.D.L., *The Palaeotypography of the French Renaissance: Selected Papers on Sixteenth-Century Typefaces*, Bd. 1, Brill, Leiden und Boston, 2008

Vervliet, H.D.L., *Vine Leaf Ornaments in Renaissance Typography: A Survey*, Oak Knoll Press, New Castle, DE, 2012

Vine, G., *The John Rylands Facsimiles, No. 3, „A litl boke for the Pestilence"*, Manchester University Press, Manchester, 1910

Wagner, B. und M. Reed (Hrsg.), *Early Printed Books as Material Objects: Proceedings of the Conference Organized by the IFLA Rare Books and Manuscripts Section, Munich, 19–21 August 2009*, De Gruyter Saur, Berlin und New York, 2010

Walker, T.D., „The Cover Design", *Library Quarterly: Information, Community, Policy*, 68(1), 1998, S. 80–81

Walsby, M. und N. Constantinidou, *Documenting the Early Modern Book World: Inventories and Catalogues in Manuscript and Print*, Brill, Leiden und Boston, 2013

Wardrop, J., *The Script of Humanism, Some Aspects of Humanistic Script, 1460–1560*, Clarendon Press, Oxford, 1963

Willoughby, E.E., „The Cover Design", *Library Quarterly: Information, Community, Policy*, 22(3), 1952, S. 302

Wilson, A. und J. Lancaster Wilson, *The Making of the Nuremberg Chronicle*, Nico Israel, Amsterdam, 1976

Wunder, H., *He is the Sun, She is the Moon: Women in Early Modern Germany*, Harvard University Press, Cambridge, MA, 1998

Yudkin, J., *Music in Medieval Europe*, Prentice Hall, Englewood Cliffs, NJ, 1989

Zorach, R. und M.W. Phillips, *Gold: Nature and Culture*, Reaktion Books, London, 2016

Bildnachweis

1 Österreichische Nationalbibliothek, Wien, Ink 4.F.35 Alt, Fol. 2r
2 Princeton University Art Museum, Geschenk von Junius S. Morgan, Class of 1888, X1937-559
3 Dover Publications, Inc, 1973
4 Metropolitan Museum of Art, New York, Harris Brisbane Dick Fund, 1934, 34.30(5)
5 Wikimedia Commons
6 Oxford, Bodleian Library, Arch. B b.10, Fol. 231v
7 Copyright bei der University of Manchester, Incunable 17250.1
8 Bayerische Staatsbibliothek, München, Rar. 1, Fol. 1r
9 Oxford, Bodleian Library, Arch. B b.10, Fols 234v–235r
10 Copyright bei der University of Manchester, Incunable 3069
11 Photo © Todd Samuelson / Museum Plantin-Moretus, Antwerp – UNESCO, Welterbe
12 Mit freundlicher Genehmigung der Staatsbibliothek Berlin, aus den Veröffentlichungen der Gesellschaft für Typenkunde, 1907–39, Tab. 1528
13 Mit freundlicher Genehmigung der Staatsbibliothek Berlin, aus den Veröffentlichungen der Gesellschaft für Typenkunde, 1907–39, Tab. 1805 und 1805.2
14 Bern, Burgerbibliothek / Photograph: Codices Electronici AG, www.e-codices.ch Burgerbibliothek Bern, Cod. 4, Fol. 1r
15 Oxford, Bodleian Library, Auct. 7Q 2.19, Fol. 9v
16 Oxford, Bodleian Library, Auct. 2R 7.12, Fol. 1r
17 Copyright bei der University of Manchester, Aldine 8666
18 Oxford, Bodleian Library, Mortara 1244, Frontispiz
19 Oxford, Bodleian Library, MS. Douce 146, Fol. 70r
20 Bibliothèque nationale de France, Gr. 3064
21 National Gallery of Art, Washington, DC, Samuel H. Kress Collection 1939.1.354
22 Bibliothèque nationale de France, MS. Fr. 25526, Fol. 77v
23 Oxford, Bodleian Library, Auct. 4Q 3.19, Fol. 155v
24 Universidad Complutense de Madrid
25 Heritage Auctions
26 Metropolitan Museum of Art, New York. Geschenk von Georgiana W. Sargent, zum Gedenken an John Osborne Sargent, 1924, 24.63.111
27 Oxford, Bodleian Library, Auct. M 3.14, Fol. 22r
28 Herzog August Bibliothek Wolfenbüttel, 16.1 Eth. 2° (1), Fol. 1r
29 Biblioteca Nacional de España, INC/1148
30 Oxford, Bodleian Library, Auct. 6Q 3.24, a10r
31 Oxford, Bodleian Library, Arch. G b.6, Fol. 6r
32 Metropolitan Museum of Art, New York, Geschenk von J. Pierpont Morgan, 1923, 23.73.1.
33 Oxford, Bodleian Library, MS. Douce 31, Fol. 19r
34 Copyright bei der University of Manchester, Blockbuch 17249.2, Vorsatzblatt
35 H. Wallau, „Die zweifarbigen Initialen der Psalterdrucke von Johann Fust und Peter Schöffer", *Festschrift zum fünfhundertjährigen Geburtstage von Johann Gutenberg*, hrsg. v.. Otto Hartwig, 1900), S. 327

36 Dover Publications, Inc, 1973
37 Oxford, Bodleian Library, Broxb. 97.40
38 National Gallery of Art, Washington, DC, Rosenwald Collection 1943.3.757
39 Oxford, Bodleian Library, MS. Canon. Liturg. 287, Fols. 62v–63r
40 Bayerische Staatsbibliothek, München, Rar. 292, Fol. a1 verso
41 © The Trustees of the British Museum
42 © The Trustees of the British Museum
43 Oxford, Bodleian Library, Auct. 2 R 1.12
44 Der Autor
45 Universitäts- und Landesbibliothek Darmstadt, Inc-II-353
46 Der Autor
47 Aus der Sammlung der John J. Burns Library, Boston College
48 Mit freundlicher Genehmigung der Staatsbibliothek Berlin, aus den Veröffentlichungen der Gesellschaft für Typenkunde, 1907–39, Tab. 2401
49 Oxford, Bodleian Library, Douce 207, Titelseite
50 Oxford, Bodleian Library, (OC) 55 c.159
51 Oxford, Bodleian Library, B 1.16 Med, Titelseite
52 Oxford, Bodleian Library, Don. D.185
53 Oxford, Bodleian Library, MS. Don. a. 11, Fol. 5v
54 Oxford, Bodleian Library, Arch. B a.1, Fol. 6r
55 Vatican Library, Sta.Maria.Magg. 105, Fol. 105r
56 Oxford, Bodleian Library, Inc. c.G5.1495.1, Sig. A3r (1)
57 Oxford, Bodleian Library, Arch. A c.11
58 © British Library Board, Add MS 28681. Alle Rechte vorbehalten / Bridgeman Images
59 Harry Ransom Center, University of Texas at Austin, Kraus Map Collection 13
60 Cornell University Library, PJ Mode Collection of Persuasive Cartography, 1003.01
61 Cornell University Library, PJ Mode Collection of Persuasive Cartography, 1002.02
62 Oxford, Bodleian Library, Map Res. 105
63 Oxford, Bodleian Library, Arch. B c.25, Fol. 76
64 Oxford, Bodleian Library, Arch. B c.25, Karte von Venedig
65 © Universitätsbibliothek Heidelberg, GW 00348
66 Oxford, Bodleian Library, Douce 226, Fol. 28r
67 R.C. Alston, *Bibliography of the English language from invention of printing*, Bd. 15, 2001
68 Bayerische Staatsbibliothek, München, Rar. 863, Fol. A1r
69 Der Autor
70 Oxford, Bodleian Library, Arch. G e.37

Register

Seiten mit Illustrationen sind durch *kursive* Seitenzahlen hervorgehoben.

42-zeilige Bibel, *siehe* Gutenberg-Bibel

à la poupée (Farbauftrag) *82*, 83, 152
Ablassbriefe 21–24, *22*, 30, 35, 80, 100, 148
    Schrifttypen 35, *37*
Ablassprediger 21
Adelard von Bath 93
Agostini, Niccolò degli 16
Ägypten 79, 91
Albertus Magnus 150
aldinische Druckerei 45, *48–49*, *50*, 54, 59
    siehe auch Manutius, Aldus
Alkuin 38
Almanach 140
Amerbach, Johann 114
Amman, Jost *12*, 83, *84*, 85
Andreaskreuz (als Druckermarke) 100
Antico, Andrea 123
Antimon 33–34, 101
Antiphonarien 99, *116*, 122
Antiqua 9, 13, 15, 39, 47, 52, 54, 114, 142, 148
    früheste 40, *41*, 42
    Muster *146*, 147
    Wahl der 43, 144
Antwerpen 16, 18, 23, 100, 114
Aquin (Thomas von Aquin, Hl.) 35
Arabisch, erstes Buch gesetzt in 149
Aristoteles 45, 127
Ars cantus mensurabilis (Franco von Köln) 118
Ars minor (Donatus) 24, 139, 144
Ars moriendi 67
Äsop *138*, 140
    siehe auch Fabeln
Atlanten 130, 133
Attaingnant, Pierre 123, 125
Augsburg 15, 35, 71, 128
    Druck eingeführt in 60–61, 69–70, 71
    in ~ arbeitende Frauen 59, 60–61
    Ratdolt in 86, 93, 95, 102, 147
    und der Golddruck 95, 96
    und Holzschnitte 65, 69, 71
Augustinus, Hl. 40, *41*

B36, *siehe* Bamberger Bibel
B42, *siehe* Gutenberg-Bibel

B42-Type 35, *36*
Bähre, Joachim Andreas 96
Bamberg 40, 67
Bamberger Bibel 35
Bämler, Johann 61
Basel 15, 72, 100, 103, 114
Baskerville, John 114, *115*
Bassiano 45
Bastarda 35, 133, 148, 152
Beaufort, Margaret 58
Bechtermünz, Nicolaus 35
Bembo, Bernardo 47
Bembo, Pietro 123
Benedictus de Bavaria (Benedikt Zwink) 42–43
Bibeln:
    36-zeilige Bibel, *siehe* Bamberger Bibel
    42-zeilige Bibel, *siehe* Gutenberg-Bibel
    Armenbibel (*Biblia pauperum*) 67, 69
    B36, *siehe* Bamberger Bibel
    B42, *siehe* Gutenberg-Bibel
    Lateinische Vulgata 24, 25
Blei 33–34, 101
Blockbücher 65, *66*, 67
Bodleian Library, Oxford 31, 133
Bodoni, Giambattista 114
Boethius 117
Bologna 10, 54, 130
Boner, Ulrich 67, *68*
Book of Curtesye, The 140
Book of Hawking, Hunting and Heraldry, The 88
bouquinistes 104
Bracciolini, Poggio 15, 39
Brant, Sebastian 72
Brescia 149, 150
Breviarium Augustanum 86
Breviere 42
Breydenbach, Bernhard von 133, *136–37*
Briefmaler 15, 83, *84*, 85
    siehe auch Kolorierung
Brienne, Étienne Charles de Loménie de 31
britisch 61, 148
British Library 28, 93, 119
Buchmaler, *siehe* Illuminatoren
Buchmalerei, *siehe* Illuminierung
Buchstabenformen 13, 43, 93, 144, *145*

    bei der Subiaco-Type 13, 15, 40, *41*, 42
    Entwicklung von 37–39
    Schneiden von 34
    Strichstärke und -neigung 42
    und Beziehung zwischen Schrift und Type 13, 15, 40, *51*
Bulla cruciata contra Turcos (Papst Pius II.) *108*
Burckhardt, Jacob 39
Burgkmair, Hans 86, *87*, 88, 95
Byzantinisches Reich 21

caduceus (als Druckermarke) *101*, *102*, 103, 104
Canterbury Tales (Geoffrey Chaucer) 148
Cantus planus 117–18
Cantus romanus 120, *120*
Canzoniere (Petrarca) 54
Cartolari, Girolama 61
Carvajal, Juan de 25
Caselle *29*, 30
Caxton, William 58, 111, 140, 147–48, *149*
    Druckermarke *101*, 101–02
Cennini, Cennino 80, 96
chapbooks 140, 145
Chepman, Walter 148
Chess, The Game and Play of 148
Chevallon, Claude *62*, 63
Chiaroscuro-Druck 88, 95
China 9, 10, 65, 96, 128
Chromolithografie 89
Chronica Hungarorum (Johannes de Thwrocz) 95, 96
Chrysografie, *siehe* Gold, Schreiben in
Cicero 13, 39, 40, 55, 95, 149
Clement Patavinus 16
Colines, Simon de 104, *105*, 111
Collectorium super Magnificat (Jean de Gerson) 119
Colonna, Francesco 45
Comenius, John 142
Conat, Estellina 59–60
Coster, Laurens 33
Cranach d. Ä., Lukas *94*, 95
„criss-cross" 144, *145*

Dante Alighieri *8*, 16, *44*, 47, 95
De civitate Dei (Augustinus) 40, *41*, 42–43

De Hamel, Christopher 88
De Institutione Musica (Boethius) 117
De officiis (Cicero) 149
De oratore (Cicero) 40
Dekaden (Livius) 103
Delfin und Anker (als Druckermarke) *53*,
　55, *98*, 99, 103, 104
Diamant-Sutra 65
DK-Typen 24, 35
Donatus, Aelius 24, 35, 40, 46, 139, 144
Donatus-Kalender-Type, *siehe* DK-Typen
Douce Pliny 72, *74–75*
Drach, Peter 100
Druckereien und Druckerpressen 13, *14*, 60,
　69, 75, 86, 150
　und Farbdruck 81–82, 83, 86
　und Notendruck 118–19, 123, 125
　siehe auch individuelle Drucker und Orte
Druckermarken 100–105
　siehe auch individuelle Drucker und ihre Marken
Druckformen 29, 65, 67, 69, 85, 152
Drucklettern 13, 34
Dürer, Albrecht 10, *64*, 71–72, 89, 132

Edelstein, Der (Ulrich Boner) 67, *68*
Einbandmaterialien (Wiederverwendung
　als) 86, 151
Einblattdrucke 25, 80, *81*, *146*, 147
　siehe auch Flugblätter und -schriften
Eltville 35, 40
enchiridion (Handbücher) 47, 55
　siehe auch *libelli portatiles*
Epistolae et Evangelii 75
Erasmus, Desiderius 15, 88–89, 114
Errata, erster Druck von 150
Este, Isabella d' 46, 58
Estienne, Henri II 61
Estienne, Robert (Robertus Stephanus) 24
Etymologiae (Isidor von Sevilla) 127–28, *128*
Etymologicum Magnum Graecum 93
Euklid *92*, 93, 95, 147
Eusebius 58
Eusebius Hieronymus, *siehe* Hl. Hieronymus
Ex Ponto (Ovid) *51*

Fabeln:
　Äsops *138*, 140, *141*
　Edelstein, Der (Ulrich Boner) 67, *68*
Fälschungen 47, 52, 103
Fano 54, 149
Farfengus, Baptista 150
Federicus de Comitibus (Federico del
　Conte) 16
Ferrara 45
festina lente 55
Fibeln 144, *145*
Fleuron (Hedera, Aldusblatt) 147
Florenz 10, 11, 21, 39, 45, 59, 75, 143
Flugblätter (und Flugschriften) 15, 23, 35,
　100, 148

Foligno 15–16, 95
Folio (Format) 25, 45, 46, 59, 60, 93, 120,
　125, 140, 147, 152
Folliierung (Blattzählung) 150
　siehe auch Paginierung (Seitenzählung)
Franco von Köln 118
Frankfurter Messe 25
Frankreich 15, 37, 63, 100, 111
Franz I., König von Frankreich 100, 123
Frauen
　als Sammlerinnen und Mäzeninnen
　　58–59
　Bildung und Alphabetisierung von
　　57, 143
　in der Buchherstellung 58, 59
　Zusammenarbeit mit Ehemännern
　　59–61, 63
　siehe auch Einzelnamen
Friedrich III., Kaiser 25
Frisner, Andreas 88
Froben, Johann 15, 103, 114
　Kursive 52
　Druckermarke *101*, 103
Frontispiz 46, 101, 111, *112*, 152
Fust, Johann 25, 65
　Druckermarke 100
　Partnerschaft mit Gutenberg 18, 30, 35
　Partnerschaft mit Schöffer d. Ä. 30, 83, 95,
　　99–100, 108, 109, 118, *119*, 149

Gama, Vasco da 10, 132
Gaspare da Verona 45
gebrochene Schrift (gotische; Rotunda) 13,
　15, 40, *61*, 108, 142, 152
　früheste 35, *36*, 37
　im Notendruck 119, 120–121, *122*
　und Caxton 148
　und Ratdolt 144, *145*, *146*, 147
　Wahl der 13, 43, 144
Gelthus, Arnold 18
Geographia (Ptolemäus) 130
Gering, Ulrich 63
Gilden 103–04
Giunti-Druckerdynastie:
　Druckermarke *101*, 104
　Fälschungen der 52, 104
　Filippo Giunti 21, 52
globus cruciger, *siehe* Reichsapfel
Gold 88, 91, 95, 96, 152
　Blatt~ 80, 91, 93, 95, 96
　Druck in *92*, 93, *94*, 95–96, *97*, 147
　Schreiben in *90*, 91, 95
　Tinktur 95–96
　Zwischgold 80
„Goldene Legende", *siehe Legenda aurea*
Gotische Schrift, *siehe* gebrochene Schrift
Göttliche Komödie (Dante) *8*, 16, *44*, 47, 95
Götz, Nicolaus 86
Gradualien 99, 118–19
　Graduale Romanum 121

Grammatiken 30, 151
　griechische 149
　lateinische 24, 25, 35, 40, 45, 46, 139,
　　140, 144, 145
Granjon, Robert 52, 54
Grassi, Leonardo 45
Griechisch 18, 45, 47, 93, 100, 108, 117, 118
　Druckerpresse 93
　erstes Buch gesetzt in 149
　Schrift 9, 47, 54, *146*, 147, 149
Griffo, Francesco 9, 21, 54–55
Großbuchstaben 35, 37, *38*, 42, 82, 118, 153
　Antiqua 52
　Capitalis quadrata 37, 42
　geneigte 52, 54
　kleine (auch: Kapitälchen) 52, 82
　Lombarden 71
　Subiaco-Type 40, *41*, 42
Gryphius, Sebastien:
　Druckermarke *101*
Guarino, Battista 45
Guido von Arezzo 118
Guillard, Charlotte *62*, 63
　Druckermarke *63*
Gutenberg, Johannes 9, 13, 15, 18, 21, 24,
　25, 30, 33, 34–35, 43, 45, 65, 69, 83, 99
　Ablassbriefe, gedruckt von 21, *22*, 23,
　　24, 30, 35
　Bibel (*Biblia Latina*, 42-zeilige Bibel),
　　siehe Gutenberg-Bibel
　früheste typographische Versuche *23*, 24, 35
　Grammatiken, gedruckt von 24, 25,
　　30, 35
　Partnerschaft mit Fust 18, 30, 35
Gutenberg-Bibel (*Biblia Latina*, 42-zeilige
　Bibel) 18, 19, *20*, 21, *22*, 24–25, *26–27*,
　28–30, 34–35, 69, 130, 151
　Drucktypen verwendet in 13, 34–35
　Exemplar der Bodleian Library 31
　Exemplar der Harvard Library 31
　Finanzierung der 18, 30
　Initialen in *20*, 28, 65–66
　Papier der *29*, 30
　Produktionskosten 29
　Rubrizierung in *20*, 25, 28, 83

Han, Ulrich 43, 69, 70, 101, 120, *120*, 121
Handgießinstrument (Schriftguss) 13, 34,
　152
Handzettel, *siehe* Flugblätter (und Flug-
　schriften)
Harmonice Musices Odhecaton 121
Harvard, Widener Library 31
Hätzlerin, Clara 59
Haultin, Pierre 125
Hebräisch 54, 59, 148–49
Hedera (Fleuron, Aldusblatt) 147
Hermes 103
Herodot 45, 91
Herwagen (Hervagius), Johannes 15

Hieronymus, Hl. (Eusebius Hieronymus) 24, 91, 114, 150
Historia romana (Appianus) 144
historisierte Initialen 28, 69, 72, 74, 152
   siehe auch Initialen
History of Little Goody Two-Shoes (John Newbery) 143
Holt, John 140, *142*
Höltzel, Hieronymus 72
Holzschnitte 3, 46, 65, 67, 71, 75, 82, *102*, 109, *110*, 111, 123, *146*
   als Buchillustrationen *3*, 45, *62*, 65, 67, *68*, 69, 71, *76–77*, 130, *131*, 133, *136–37*, *138*, 141
   Dürer und *64*, 71–72
   gedruckt 86, *87*, 88, 95
   kolorierte 72; per Hand 80, *81*, *83*, *84*, *85*, *138*; mit Gold *94*, 95–96, *97*
   und Karten 128, 131, *131*, 132
   und Kinderbücher 140, *142*
Hornbücher 144
Humanismus 39, 43, 45
humanistische Schrift 13, 15, 39, 40, 42, 43, 47
Hypnerotomachia Poliphili (Francesco Colonna) 45, 75, *76–77*

Iberische Halbinsel 10, 13, 153
Illuminatoren 47, 59, 67, 72, 99
Illuminierung 25, 72, 79, 91, 152
   von gedruckten Büchern *20*, 21, 28, 65, 72–73, *74–75*, 118
   von Handschriften 67, *78*, 79, 83, *90*, 91, 93, 96, 139
Incipit 107–08, 109
incunabula (Inkunabeln) 15, 19, 46, 72, 82, 108, 119, 130, 132, 151
Index characterum diversarum *146*, 147
Initialen 28, 65–67, 69, 71, 82, 118
   gedruckte 65, 69, *82*, 83, 85, 93, 120, *146*, 147
   handkolorierte *20*, 67, 71, 72, 74
   historisierte 28, 69, 72, 74, 152
   in Gold *90*, 93
   Lombarden 71
   „Puzzle" (Mainzer Psalter) *82*, 83
Innozenz VIII., Papst 58
Intagliodruck 75, 86, 89, 152
Inzigkofen, Kloster von 80
Irland 143, 148
Isidor von Sevilla, Hl. 117, 127, *128*
Italien (Italienische Halbinsel) 11, 13, 40, 43, 46, 47, 69, 75, 86, 100, 101, 148, 149, 153

Jäck, Anna 80
Jacobus de Voragine 71
Janeway, James 142
Japan 30, 65
Jenson, Nicolas 9, 15, 16, 18, 45, 46, 60, 72, 75, 100

Druckermarke 100, *101*
   siehe auch Douce Pliny
Jesi 16
Johannes de Colonia (Johann von Köln) 16, 60, 100
   Druckermarke *101*
Johannes II., König von Zypern 22
Julius II., Papst 121, 150
Justieren (der Matrize) 34, 152
Juvenal 45, *48–49*

Kalendarium (Regiomontanus) 86, 109, *110*
Kalender 30, 35, 65, 80, 83
   Kalendarium (Regiomontanus) 86, 109, *110*
   Türkenkalender 23, 24
Kallierges, Zacharias 93
Kanzleikursive 47, *51*
Karl V., Kaiser 96, *97*
Karolingische Minuskel 13, 38–39, 152
Karten:
   Farbkarten 75
   klimatische *129*
   Londoner Psalterkarte *126*
   ptolemäische 130, *131*, 132
   TO 127–28, *128*, *129*, 130
   siehe auch Mercator, Gerardus
Katherina von Siena, Hl. 46, *50*
Kesler, Nicolaus 100
Kleinbuchstaben (Minuskeln) 34, 35, 42, 52, 54
Klöster 57–58, 59, 80, 99
Knoblochtzer, Heinrich *138*, 141
Koberger, Anton 71, *131*, 131–32
Koenig, Friedrich 150
Köln 15, 40, 86, 102, 147, 150
Kolophone 40, 58, 59, *61*, 95, 99–100, 102, 107, 108, 109, 120, 153
Kolorierung:
   gedruckte 81–83, 86, *87*, 88, 89
   mit Schablonen 83, *84*, 85
   per Hand 72, 75, 79, 80, *81*, 82, 83
   siehe auch Briefmaler; Rubrizierung
Kolumbus, Christoph 10, 21, 128, 132
Konstantinopel 148
   Eroberung von 24, 108
Kopenhagen 148
Kopisten 58, 99
Korea 9, 33
Kupfer 13, 33, 34, 79, 96
Kupferstich 130

Label-Titel 109, 111
   siehe auch Titelseiten
Lac puerorum (John Holt) 140, *142*
Laktanz 13, 40, 149
Lapislazuli 80
Latein 33, 39, 46, 55, 60, 108, 109, 130, 132, 140, 142, 144, 149, 151
   Bibel 18, 24, 25, *38*, 67, 100

Grammatiken 24, 25, 35, 40, 45, 46, 139, 140, 144–145
Psalter 102, 143
Le Blon, Jacob Christoff 89
Leeu, Gerard 100
Legenda aurea (Jacobus de Voragine) 71
Leiden Christi (Fragment) 43
Lettou, John 114
lettres de forme 148
Leuven 100
libelli portatiles 9, 45–47
   siehe auch Oktavo (Oktavformat)
Liber chronicarum, siehe *Nürberger Chronik*
Lilie (als Druckermarke) *101*, 104
Lilliputian Magazine, The 143
Linotype 150
Lippomano, Luigi 63
Lithografie 75, 89, 150
littera humanistica cursiva 47
litterae antiquae 13, 39
Livius 39, 103
Locke, John 140, 142–43
Lombarden, *siehe* Initialen
London 54, 111, 114, 123, 140, 142, 148
Löslein, Peter 86, 109, *110*, 144, 147
Lukrez 55
Lyon 15, 47, 52, 104, 111, 123, 130

Machlinia, William de 111, 114
Madiis, Francesco de 144
Magellan, Ferdinand 132
Mahaut, Gräfin von Artois 58
Mainz 15, 21, 24, 31, 40, 45, 86, 95, 100, 130, 133, 149
   Plünderung von (Mainzer Stiftsfehde) 11, 86
Mainzer Psalter *(Psalterium Benedictinum)* 82, 83, 99–100, 108, 118, *119*
Majuskeln, *siehe* Großbuchstaben
Maler, Bernhard 86, 109, *110*, 144, 147
Malleus Maleficarum (Heinrich Kramer) 58
Mantua 59
Manutius, Aldus (Aldo Manuzio) 9, *11*, 15, 45, 47, 52, *53*, 54, 58, 75, 103
   Antiqua 15
   Druckermarke *53*, 55, *98*, 99, 103–04
   Druckwerke: Grammatiken 45, 46; *Hypnerotomachia Poliphili* 45, 75, *76–77*; „Monitum" 47, 52, *53*; Juvenal 45, *48–49*; Vergil 46, 47, 54
   Kursive 9, *44*, 46, 47, *50*, *51*, 52, 54, 55
   libelli portatiles 9, 45–46, 47
   Motto *(festina lente)* 55
Markenzeichen *siehe* Druckermarke
Matrizen 13, 34, 153
Meditationes (Juan de Torquemada) 69, *70*
Mentelin, Johann 69
Mercator, Gerardus 132–33
   Karte von Island *134–35*
Merkur (als Druckermarke) *102*, 102–03

Metall für Lettern 33–34, 101
Mezzotinto 75
Michelangelo 10, 45
Miniaturen 72, 79
Miniaturisten 59, 79, 111
Minuskeln, *siehe* Kleinbuchstaben
   siehe auch Karolingische Minuskel
Mirandola, Giovanni Pico della 45
Missale 87, 88, 102, 119
   Missale Parisiense 73
   Missale Romanum 120, 125
Missale nach dem Brauch von Salisbury 102
Mocenigo, Doge Giovanni 93
Moderne, Jacques 106, 123
„Monitum" 47, 52, *53*
Monotype 150
Montbaston, Jeanne und Richard de 59, *59*
Morgiani, Lorenzo 75
Moxon, Joseph 96
Moyllis, Bernardus de 121
Moyllis, Damianus de 43, 121
Muschelgold, *siehe* Goldtusche

Narrenschiff, Das (Sebastian Brant) 72
Negker, Jost de 96, *97*
Neumeister, Johann 8, 15–16, 95
Neumen (Musiknotation) 117–18, *122*
Newbery, John 139, 142–43
Niccoli, Niccolò 15, 39
Niederlande 23, 31, 33, 67, 100, 111, 123, 153
Nikolaus V., Papst 21, 22, 23
Nikolaus von Kues 23
Norton, William 104
Notaras, Anna und Loukas 93
Notendruck 119, 120, *120*, 121, *122*, 123, *124*
Nürnberg 65, 71, 88, 130, 142
Nürnberger Chronik (Hartmann Schedel) 130–32, *131*, 151

Oktavo (Oktavformat) 9, 46, *48–49*, 54, 59, 153
Olpe, Johann Bergmann de 72
Opera omnia (Hl. Bernard von Clairvaux) *62*
Orbis Sensualium Pictus (Johann Comenius) 142
Ordnance Survey 75
Orfini, Emiliano 15
Oxford 10, 150
   siehe auch Bodleian Library

Paginierung (Seitenzählung) 82–83
   siehe auch Folierung (Blattzählung)
Pannartz, Arnold 13, 18, 40, *41*, 42–43, 46, 101, 130, 149
Paola, Madonna 60
Papier 10, 16, 25, 28–29, *29*, 30, 52, 80, 86, 95
Papiermühlen 10, 30, 43

Papyrus 79
Paris 10, 15, 16, 24, 31, 59, 63, 72, 104, 111, 114, 123, 125
Parma 43, 121
Pecia-System 10
Pegasus (als Druckermarke) *101*, 104
Peregrinatio in terram sanctam (Bernhard von Breydenbach) 133, *136–37*
Pergament (Vellum) 10, 22, 46, 59, 72, 79, 80, 86, 91, 95, *97*, 151
Persische Sibylle (als Druckermarke) 101
Pest 10, 16, 111, 114
Petrarca 54
Petri, Johannes 75
Petrucci, Ottaviano de 121, 123, 125
Peutinger, Conrad 95
Pfister, Albrecht 67, *68*, 69, 75
Philosophia pauperum (Albertus Magnus) 150
Pianotyp 150
Piccolomini, Aeneas Silvius, *siehe* Pius II., Papst
Pigmente 29, 79–80, 95
   siehe auch Tusche
Pigouchet, Philippe 72
Pio, Alberto 45, 55
Pius II., Papst 25, 108
Plantin, Christoph 16, *17*, 18
Platter, Thomas 15
Pleydenwurff, Wilhelm 132
Plinius d. Ä. 72, 74, 80, 91, 130, 131
   Historia naturalis, siehe Douce Pliny
   Poetae Christiani veteres 103
Privilegien (Druck~, „Copyright") 47, 121, 123
Probeabdruck (Ruß) 34
Psalter 83, 102, 143
   Kinderpsalter (*Psalterium puerorum*) 143–44, *145*
   Londoner Psalterkarte *126*
   Mainzer Psalter (*Psalterium Benedictinum*) 82, 83, 99, 100, 108, 118, *119*
Ptolemäus 117, 130–32
Pulci, Luigi 59
Punzen 32, 34, 54, 153
Punziereisen (Schlagstempel) 34, 153
Pynson, Richard 148

Quarto (Quartformat) 46, 109, 125, 153

Rähmchen 85, *85*
   siehe auch Schablonen
Rastell, John 123
Ratdolt, Erhard 9, 18, 75, 102, 147
   Druckermarke *102*, 102–03
   Farbdruck 86, *87*, 147
   Golddruck *92*, 93, 95, 96, 147
   Notendruck *122*
   Psalterium puerorum 143–44, *145*
   Schriftmuster *146*, 147
   Titelseiten 109, *110*, 147

Regiomontanus (Johannes Müller von Königsberg) 10, 86, 109, *110*, 130
Regnault, François
   Druckermarke *101*, 104
Reichsapfel (*globus cruciger*, Druckermarke) 100–101, *101*, 102, 105
Reichsapfel mit der Zahl 4 (Druckermarke) *63*, 101
Reiseführer 133, *136–37*
Rembolt, Berthold 63
Renner, Franciscus 16
Reuwich, Erhard 133, *136–37*
Reynard the Fox 140
Riessinger, Sixtus 101, 150
Rom 11, 13, 15, 21, 25, 37, 40, 42, 45, 61, 69, 101, 120, 123, 130, 148, 149
   siehe auch Subiaco
Romanae vestustatis fragmenta (Conrad Peutinger) 95
Rotunda 153
   siehe auch gebrochene Schrift
Royal Folio (Format) 25, 83
Rubrizierung 13, 79, 153
   Anleitungen (*tabula rubricarum*) 28
   gedruckte 81–82, 83, 88, 107, 120
   per Hand 13, *20*, 25, 28, 79, 82
Ruffinelli, Giovanni Angelo:
   Druckermarke 104
Rügerin, Anna 60–61

Sacro Speco 42
Sacrobosco, Johannes de 86
Salamanca 10
Salutati, Coluccio 15, 39
Sanvito, Bartolomeo 47, *51*
Sarum Pie, siehe Werbung
Schablonen (Patronen) 83, *84*, 85, 86, 88
   Rähmchen 85, *85*, 86
Schedel, Hartmann 130, *131*, 151
Schoeffer, Peter 25, 40, 52, 65, 83, 109
   Druckermarke 100
   Partnerschaft mit Fust 30, 83, 95, 99–100, 108, 109, 118, *119*, 149
Schöffer d. J., Peter, 52
Schönsperger, Barbara Traut und Johann 60–61
Schottland 148
Schreiber 13, 22, 29, 39, 40, 47, 65, 71, 79, 83, 99, 111, 121
   weibliche 58, 59, 80
Schriften
   Halbunziale 37, 152
   Hierarchie von 38
   humanistische 13, 39, 40, 42, 43, 47
   Kanzleikursive 47, *51*
   karolingische 13, *38*, 39, 152
   litterae antiquae 13, 39
   littera humanistica cursiva 47
   Textualis formata (Textura) 13, 35, 153
   Unziale 37, *38*, 153

Schriftguss 13, 29, 34–35, 150
Schriftmuster 42–43, *146*, 147
Schrifttypen 9, 34–35, 43, 150
    Antiqua 13, 15, 37–38, 40, *41*, 42, 142, *146*, 147
    arabische 149
    B36-Type 35
    B42-Type 35, *36*
    Bastarda 35, 133, 148, 152
    DK-Type 24, 35
    gotische (*Rotunda*) 13, 35–40, 43, 60, 120–121, *146*, 147, 148; *siehe auch* gebrochene Schrift
    gotische Kursive, siehe *Bastarda*
    griechische 9, 47, 54, *146*, 147, 149
    hebräische 54, 59, 148
    kursive 45–47, *51*, 52, 54–55, 142
    kyrillische 149
    Typen für Ablassbriefe 35, *37*
Schutzumschlag 107
Schwarzer Tod 10, 111
    siehe auch Pest
Scotto-Verlagsdynastie 123
Sensenschmidt, Johann 88
Serifen 42
Sessa, Melchior:
    Druckermarke *101*, 104
Sibyllenbuch 24, 35
Sixtus IV., Papst 40
Skriptorien 39, 58, 99
Snell, Johann 148
Soncino, Gershom 54
Sophokles 45
Sorbonne, Paris 63
Speyer 100
Sphaera mundi (Johannes de Sacrobosco) 86
Spielkarten 65, 71, 83
St Albans 88, 102
St. Ulrich und Afra 35, 71
Ständebuch, Das (Hans Sachs) *12*, 83, *84*, 85
Stationers' Company 103
Stempelschneider 9, 34, 55, 153
Stockholm 148
Straßburg 15, 33, 40, 69, 150
Strozzi, Filippo 72, 75

Stundenbücher 46, 58, 72, *90*, 149–150, 151
Subiaco 13, 39, 40, 42–43, 130, 149
Sweynheym, Konrad 13, 18, 40, *41*, 42, 46, 101, 130, 149

tabula rubricarum (Rubrizierungsanleitungen) 28
Tacuinus, Johannes 103
Textualis formata (*Textura*), *siehe* Schriften
Ther Hoernen, Arnold 109, 150
Thomas von Aquin, Hl. 35
Thukydides 45
Thwrocz, Johannes de 95, 96
Tinte 79
Titelseiten 88, 102, 105, *106*, 108, 109, 111, *113*, 114, *115*, *124*
    früheste dekorierte 93, 109, *110*, 147
    Beziehung zu Frontispiz 111, *112*
TO-Karten 127–28, *128*, *129*, 130
Tommy Thumb's Pretty Song Book 142
Torquemada, Kardinal Juan de 69
Torresanus, Andreas (Andrea Torresani) 45, 99, 103
Tournes, Jean de 111
Trot, Barthelemy 47
Türkenkalender 23, 24
Tusche 25, 29–30
    Auftrag: à la poupée *82*, 83, 152;
    durch Schablonen 85, *85*
    Gold 93, 95, 96
    Gutenbergs Rezept 29–30
    Transfer auf Papier 69, 75, 86
    siehe auch Pigmente
Tyndale, William 140
Typografie 9, 13, 18, 19, 33, 43, 52, 147

Ugelheimer, Margherita und Peter 46
Ulm 69, 140
Universalis Cosmographia (Martin Waldseemüller) 132
Unterstreichungen 82, 88, 108
    siehe auch Rubrizierung
Unziale 37, *38*, 153
Urban V., Papst 40

Valdarfer, Christoph 16
Veldener, Johann 100
Venedig 15, 16, 40, 60, 93, 103, 104
    Frauen in 58, 143
    illumininierte Bücher 72, 75
    Jenson in 72, 100
    Manutius in 45, 47
    Notendruck 123, 125
    Protektionismus 71, 103, 121
    Ratdolt in 86, 93, 96, 102, 109, 143, 147
Vérard, Antoine 72
Vergil 46–47, 54, *115*
Verona 45
Vesalius, Andreas *113*
Vespasiano da Bisticci 18
Volkssprachen, früher Druck in 45, 140, 149
Vulgata (*Biblia Latina*) 18, 24, 25

Waldseemüller, Martin 132
Wappen 88, 100
Wasserzeichen 24, 25, *29*, 30, 43
Wechello, Andrea:
    Druckermarke *101*, 104
Wenssler, Michael 100
Werbung, erste auf Englisch gedruckte 148, *149*
Widener Library, Harvard 31
Widmungen 54, 72, *92*, 93
Wolgemut, Michael 71, 132
Worde, Wynkyn de 54, 111, 140

Zainer, Günther 60–61, 67, 69, 71, *128*, 130, 140
Zainer, Johann 69, 140
Zazzera, Stefano:
    Druckermarke 104
Zinn 33, 34, 101
Zinnguss 13, 33
Zornale (Francesco de Madiis) 144
Zünfte 60, 71
    siehe auch Gilden
Zwink, Benedikt (Benedictus de Bavaria) 42–43
Zwischgold 80